Impressionnistes
et néo-impressionnistes
en Bretagne

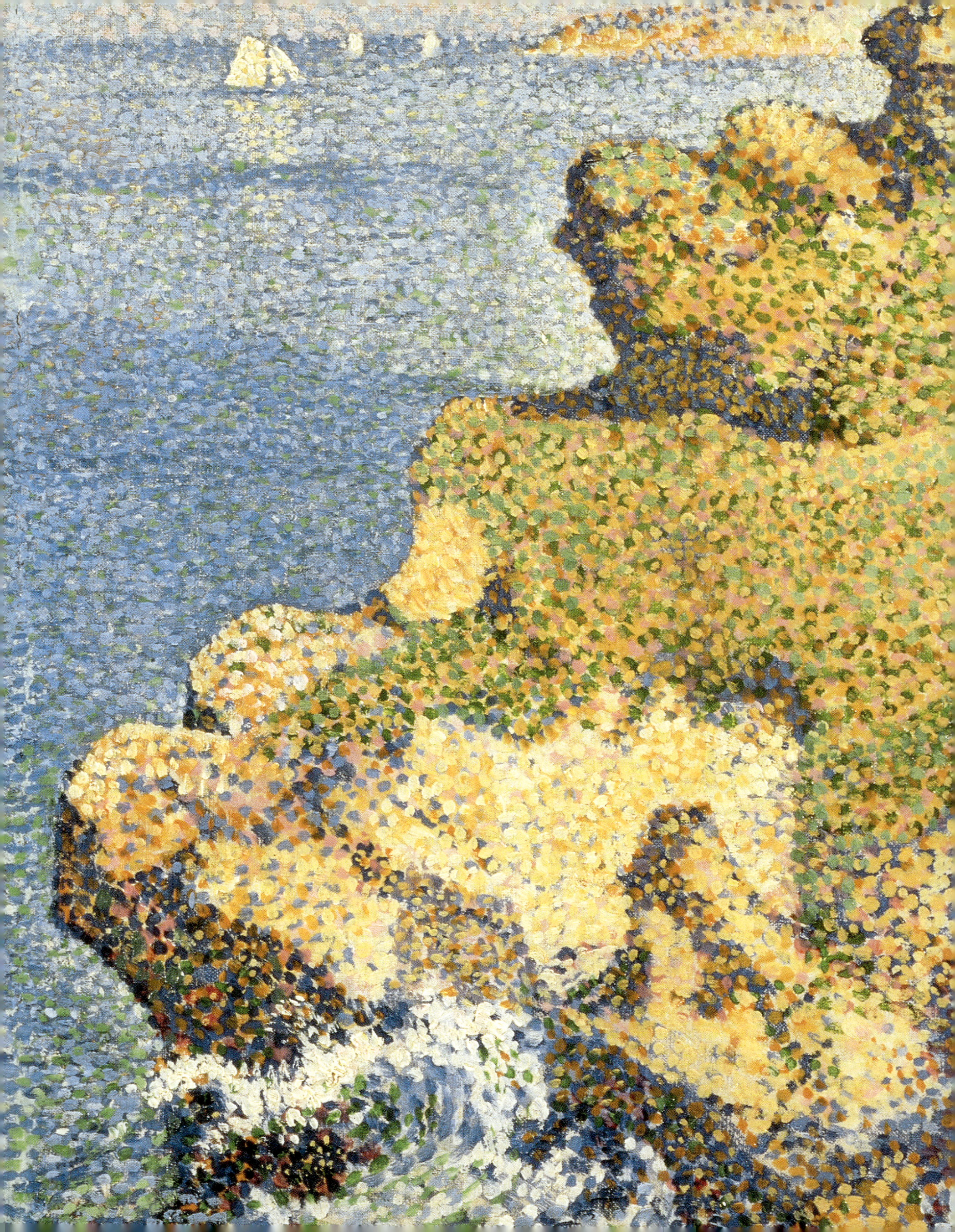

André Cariou

Impressionnistes et néo-impressionnistes en Bretagne

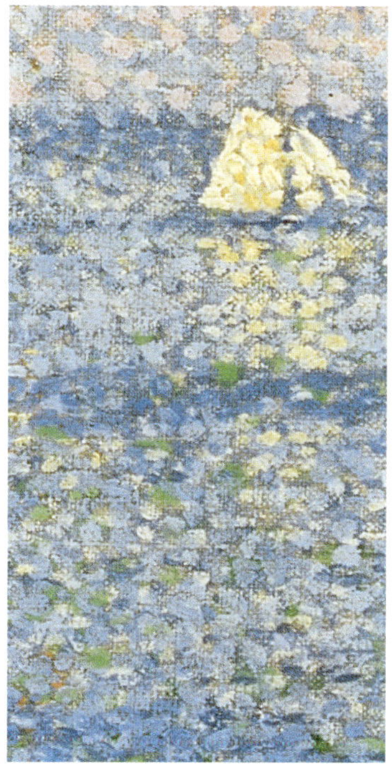

Éditions Ouest-France
13, rue du Breil, Rennes

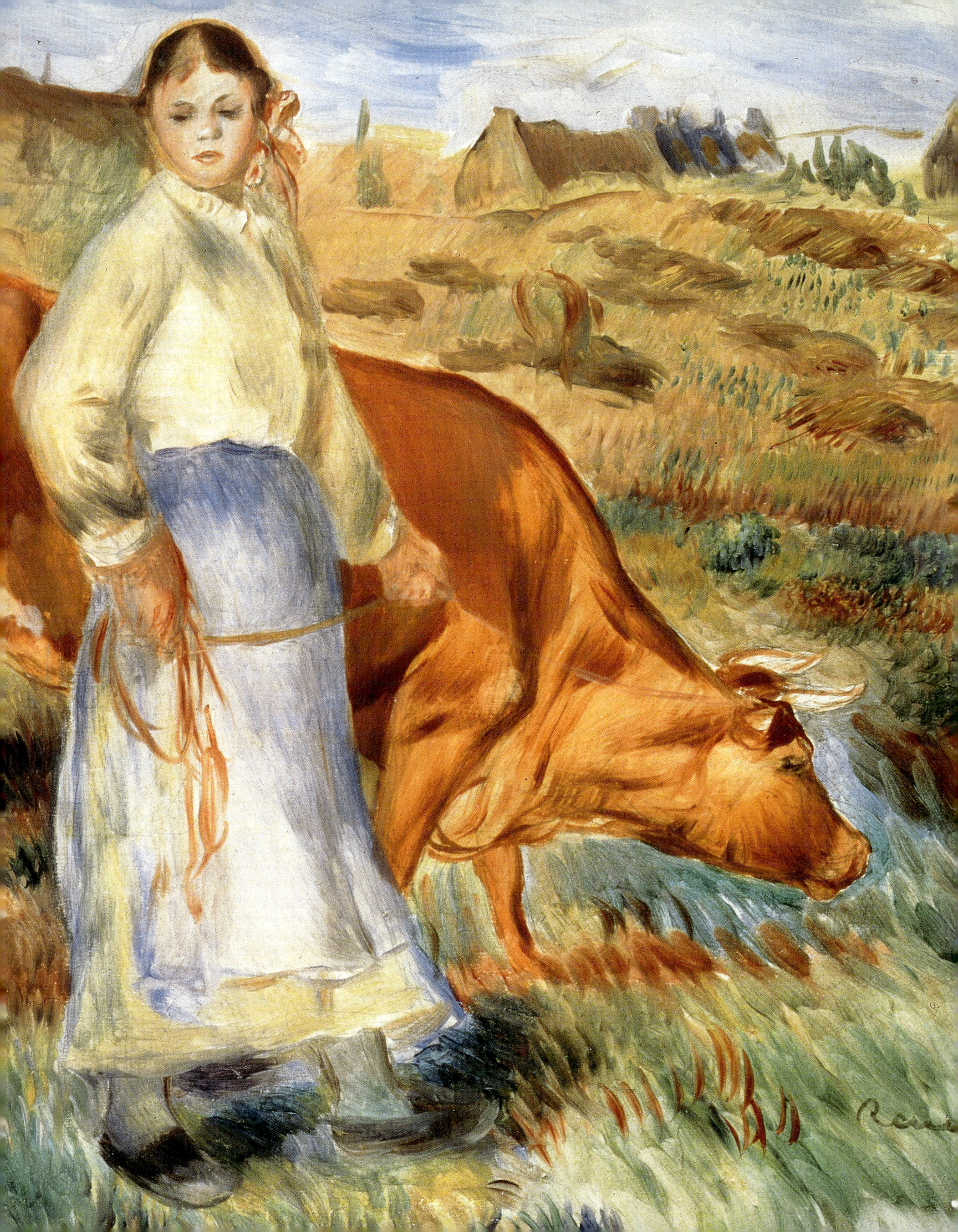

Sommaire

Avant-propos 11

Introduction
Les paysagistes découvrent la Bretagne 13

Chapitre 1
Le Normand Eugène Boudin adopte la Bretagne 13

Chapitre 2
Les impressionnistes en Bretagne 25
Berthe Morisot rend visite à ses sœurs 25
Les impressionnistes en 1886 27
Les vacances d'Auguste Renoir 28
Claude Monet, contre vents et marées 33
La bonne fortune d'Armand Guillaumin 40

Chapitre 3
Les néo-impressionnistes en Bretagne 43
Georges Seurat, une année de service militaire 43
Paul Signac, les années décisives en Bretagne 44
Le voyage de noces de Théo Van Rysselberghe 49
Maximilien Luce en visite chez son ami Antoine 50

Chapitre 4
Les impressionnistes à Pont-Aven en 1886 57
Un impressionniste nommé Gauguin 57
Claude-Emile Schuffenecker en vacances scolaires 61
Emile Bernard, un tour de Bretagne à pied 64
Henri Delavallée, le pointilliste de l'Ecole de Pont-Aven 67
La rupture avec les divisionnistes 68

Chapitre 5
Les paysagistes impressionnistes de l'Ecole de Pont-Aven 73
Ernest de Chamaillard, un homme de loi quimpérois 73
Henry Moret, de Belle-Ile à Ouessant 75
Maxime Maufra, de Nantes à Pont-Aven 77
Gustave Loiseau, la seconde génération impressionniste 80
Ferdinand du Puigaudeau, l'amateur de nocturnes 83

Chapitre 6
La diffusion de l'impressionnisme 87
Sargent, la Bretagne cosmopolite d'un portraitiste anglais 87
Un Australien à Belle-Ile, John Peter Russel 89
Anna Boch, une Belge au cœur de la peinture moderne 92
Childe Hassam, un impressionniste américain à Pont-Aven 93
Les fidèles de Saint-Malo 95

Chapitre 7
La nouvelle génération 97
Henri Matisse, les années de rupture, la découverte de la couleur 97
Jean Puy, un peintre-marin le long des côtes bretonnes 101
La jeunesse nantaise de Jean Metzinger 103
Robert Delaunay, deux étés dans le pays bigouden 104

Chapitre 8
Les derniers reflets de l'impressionnisme en Bretagne 107
Henri Martin, le décorateur impressionniste 107
Henri Le Sidaner, le chantre de Quimperlé 109
Constantin Kousnetzoff, un impressionniste russe 111

Chronologie 114
Bibliographie sommaire 116
Liste des œuvres exposées 118
Remerciements 123
Crédits photographiques 124

N° 6
Auguste Renoir
La Jeune gardienne de vache
(détail), 1886
Fitzwilliam Museum, Cambridge

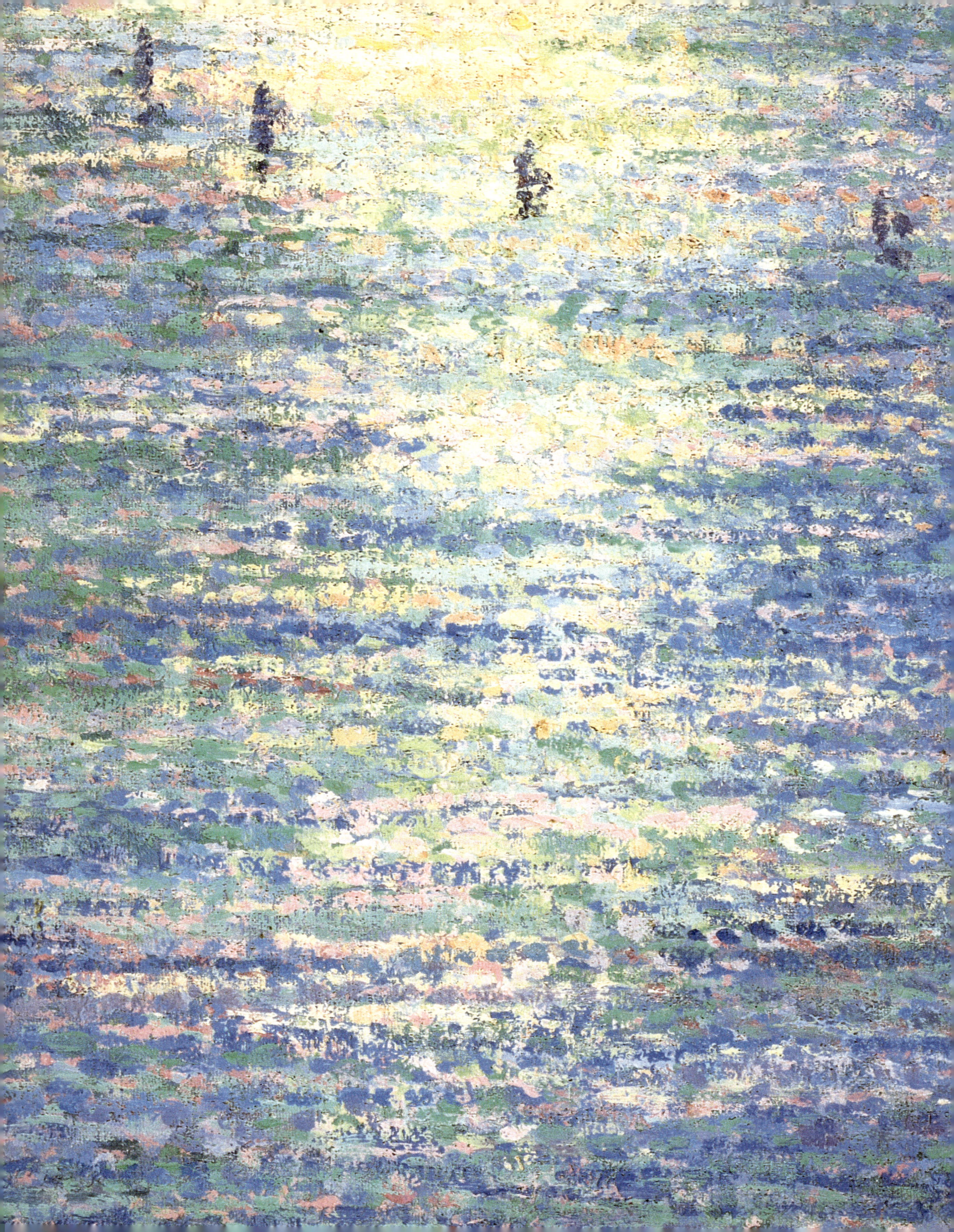

Avant-propos

De prime abord, il peut sembler artificiel et incongru, à la lecture du titre de cet ouvrage, de vouloir faire de la Bretagne une terre de l'impressionnisme, au même titre que l'Ile-de-France et la Normandie. On sait que Manet, Degas, Sisley, Caillebotte ou Pissarro n'y sont jamais venus. Seurat n'a connu Brest que le temps du service militaire. Pont-Aven et Saint-Briac ne sont pas Honfleur ou Trouville. Il est inutile de comparer quelques sites bretons avec les berges de la Seine à Bougival ou Argenteuil, l'île de la Grande-Jatte ou la gare Saint-Lazare.

Toutefois, à un moment où l'impressionnisme s'essouffle et où le néo-impressionnisme conquiert la jeune génération, vers 1886, la Bretagne prend le relais, à un certain égard. N'est-il pas étonnant de constater la présence dans la péninsule, durant cette même année 1886, celle de la dernière exposition du groupe des impressionnistes, de peintres aussi différents qu'Auguste Renoir, Claude Monet, Paul Gauguin, Claude-Emile Schuffenecker, Emile Bernard, Henri Delavallée, Ferdinand du Puigaudeau ou John Peter Russel !

Les quatre premiers ont participé aux expositions du groupe, d'autres sont inconnus, comme Bernard, seulement âgé de 18 ans, ou l'Australien Russel, venu se former en France.

Les motivations des uns et des autres sont diverses : Renoir y passe des vacances familiales, l'enseignant Schuffenecker est en vacances scolaires ; Monet, Russel, Delavallée, du Puigaudeau et Bernard sont à la recherche de motifs ; Gauguin, sans le sou, vit à crédit en attendant des jours meilleurs.

Certains se rencontrent, comme Monet et Russel à Belle-Ile, Schuffenecker et Bernard à Concarneau, Gauguin, Delavallée et du Puigaudeau à Pont-Aven. D'autres se manquent de peu comme Renoir et Bernard à Saint-Briac, tandis que ce dernier croise Gauguin à Pont-Aven.

Cette année-là, Eugène Boudin, qui fréquente presque chaque année la Bretagne depuis 1855, ne fait pas le voyage et Paul Signac, qui est devenu un familier de Saint-Briac, préfère Collioure.

Ainsi vont les artistes, qui se communiquent les bonnes adresses à propos d'auberges accueillantes et bon marché et des lieux où ils peuvent peindre des paysages à leur convenance. Certains, comme l'Américain Hassam, ne passent qu'un été, l'Australien Russel, lui, s'installe pour vingt ans. Pont-Aven et ses environs jusqu'au Pouldu bénéficient toujours d'une grande notoriété dans les ateliers. Mais c'est Belle-Ile qui attire le plus les paysagistes sur les sites où Monet a travaillé. Le pittoresque des ports de pêche et des scènes de pardon n'est plus de mise. Les peintres recherchent une certaine solitude. La Cornouaille perd progressivement sa primauté.

Alors que, depuis les années 1890, la Méditerranée est à la mode, l'engouement pour la Bretagne demeure. Dans les années 1900, sur les pas de Monet ou de Gauguin, de jeunes artistes comme Matisse, Puy, Delaunay ou Metzinger y empruntent les chemins de l'impressionnisme et du néo-impressionnisme avant de creuser les sillons qui les mèneront au fauvisme, au cubisme ou à l'abstraction.

N° 17
Maximilien Luce
Camaret, bateaux de pêche au large (détail)
1893
Gemeentemuseum Den Haag, La Haye, Pays-Bas

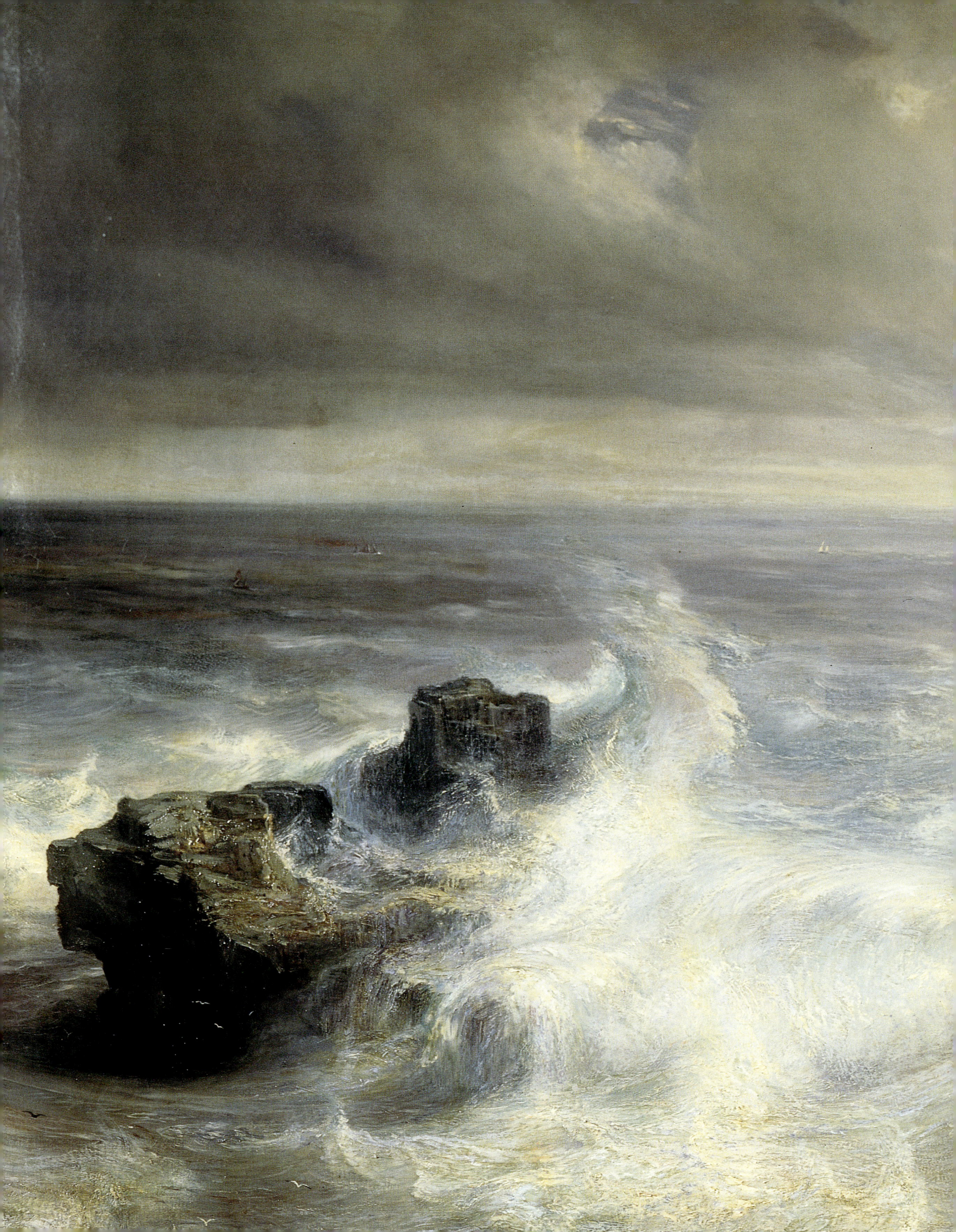

Introduction

Les paysagistes découvrent la Bretagne

Ces peintres qui se retrouvent aux quatre coins de la Bretagne en 1886, Renoir, Monet, Gauguin, Russel, Bernard, Schuffenecker ou du Puigaudeau, auxquels on peut adjoindre Boudin, Morisot et Signac déjà venus les années précédentes, ne font que suivre un mouvement général, celui de la découverte de la péninsule armoricaine par les artistes.

Depuis les années 1830, la Bretagne, plus que toute autre province française, les attire. Cette attraction prend naissance dans le mouvement romantique. Au début du XIXe siècle, peintres et écrivains s'intéressent désormais au celtisme et au Moyen Age. Les regards se tournent vers l'histoire de la France et de ses provinces, plutôt que vers celle de la Grèce ou de l'Italie. Les écrits de Chateaubriand, lui-même d'origine bretonne, ou de Michelet poussent les artistes à se rendre sur les promontoires rocheux, face à l'océan un jour de tempête et à y peindre une scène de naufrage ou bien une évocation de Velléda, la célèbre druidesse de l'île de Sein que Chateaubriand a choisie comme héroïne de son roman *Les Martyrs*.

L'exploration des mégalithes, la collecte des légendes, la visite des petites villes dont les maisons à colombage rappellent le Moyen Age ou la découverte des innombrables chapelles et des calvaires, relatant d'une manière qui semble archaïque les vies étonnantes des saints bretons, séduisent les artistes, depuis Caruelle d'Aligny et Jules Coignet jusqu'à Eugène Isabey. Ils ont l'impression que la civilisation bretonne, conservant encore des caractères originels très anciens, va bientôt disparaître et qu'ils peuvent, dans le moment, être témoins de traditions ancestrales. De plus, la Bretagne rurale, isolée du reste de la France, est demeurée en marge des premiers bouleversements économiques du XIXe siècle. Aussi, la société paysanne bretonne offre à cette époque une remarquable identité qui s'exprime dans son mobilier, ses costumes, ses pardons, ses chants et ses danses.

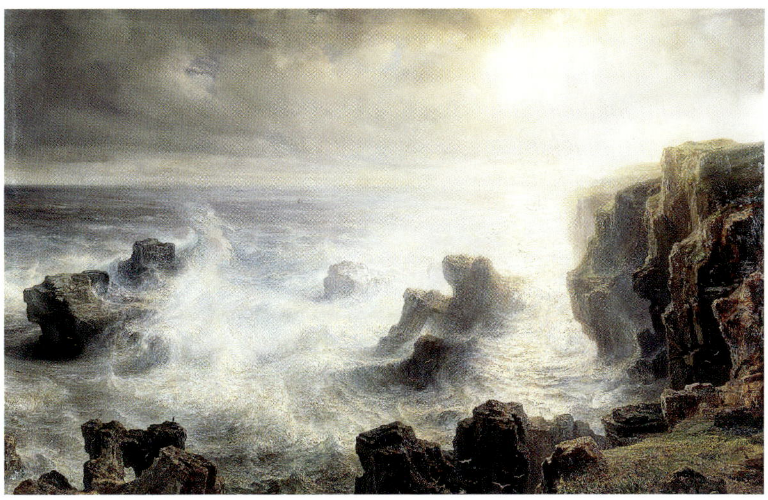

Ill. 1
Théodore Gudin
Tempête sur les côtes de Belle-Ile
1851
Huile sur toile, H. 131,5 - L. 202,5
Musée des Beaux-Arts, Quimper
Page de gauche : détail

Depuis leurs ateliers parisiens, ils connaissent déjà de réputation cette province mystérieuse par les écrits de Chateaubriand (*René*, 1802, *Les Martyrs*, 1809 et les *Mémoires d'outre-tombe*, 1850), de Balzac (*Le Dernier Chouan ou la Bretagne en 1800*, 1829, *Béatrix*, 1839), de Michelet (*Le Tableau de la France*, 1835), de Brizeux (*Marie*, 1831) ou de Renan (*La Poésie des races celtiques*, 1854), par les recueils de légendes, traditions, chansons et poésies bretonnes (La Villemarqué, le *Barzaz Breizh*, 1839 et Souvestre, *Les Derniers Bretons*, 1835), par les multiples albums d'estampes qui sont édités à cette époque (*La Galerie armoricaine*, 1844-1846, *Les Voyages pittoresques et romantiques*, 1845 et *La Bretagne contemporaine*, 1865) et par les critiques qui se complaisent à présenter les innombrables peintures d'inspiration bretonne exposées chaque année au salon depuis 1838.

Pour ces peintres en quête d'images, l'idée d'exotisme n'est pas très éloignée et ils sont persuadés de connaître en Bretagne un véritable dépaysement. Cette perception est d'autant plus forte que se rendre en Bretagne est alors une véritable expédition. La différence de langue, les lenteurs et difficultés du voyage, surtout avant l'arrivée du chemin de fer, et les séjours dans de rares auberges inconfortables posent de réels problèmes à ceux qui s'y aventurent à la recherche de nouveaux motifs. L'impression d'éloignement et d'isolement est accentuée par la forme elle-même de la péninsule dans laquelle ils avancent. Jusqu'aux années 1850, ils y viennent rarement, parfois par la Loire jusqu'à Nantes ou par la Seine puis par le vapeur du Havre à Morlaix. Certains empruntent les malcommodes malles-poste qui parcourent les quelques grandes routes entre les principales villes. Les plus curieux, mais également les plus courageux, comme Emile Bernard en 1886, font le tour de la péninsule à pied. Mais à partir de 1851, des lignes de chemin de fer sont créées au nord, de Rennes à Brest, et au sud, de Nantes à Quimper. Le premier train arrive à l'extrémité de la Bretagne à Quimper fin 1863 et à Brest deux années plus tard. Les premiers guides destinés aux touristes paraissent à cette époque.

Pierre-Henri de Valenciennes, créateur du paysage composé, fondateur du paysage français du XIXe siècle, qui peint à Saint-Malo vers 1800 une marine d'un esprit préromantique est le premier paysagiste à découvrir la Bretagne. L'un des suivants est l'Anglais Turner qui en 1826 effectue un voyage le long des côtes bretonnes depuis Morlaix jusqu'à Nantes puis remonte la Loire.

La génération suivante est celle des paysagistes qui, à longueur d'année, ne cessent de parcourir différentes régions françaises à la recherche de motifs. Ainsi, Eugène Isabey séjourne

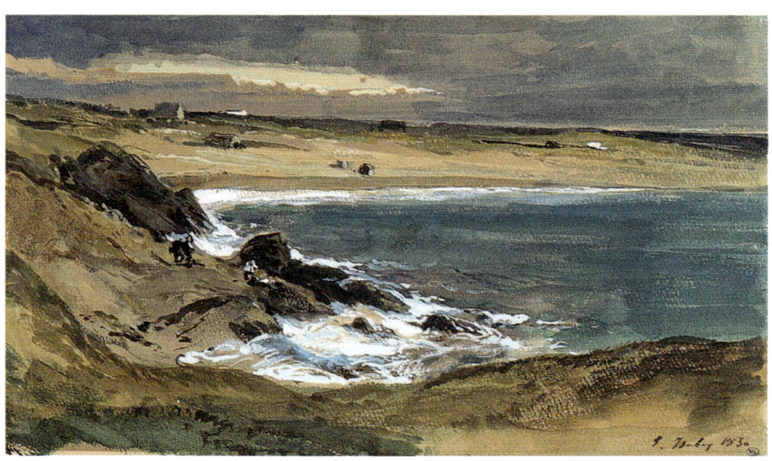

Ill. 2
Eugène Isabey
Saint-Servan, la baie des Sablons
Vers 1850
Aquarelle et gouache sur papier,
H. 22 - L. 35
Département des arts graphiques,
musée du Louvre, Paris

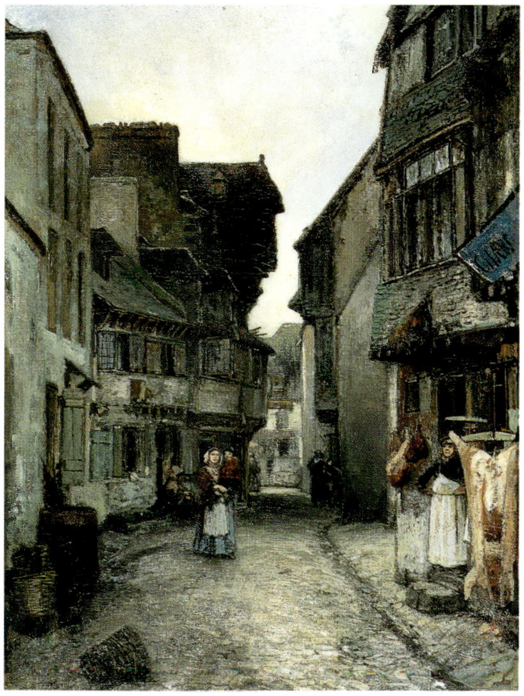

Ill. 3
Johan Barthold Jongkind
Une rue à Landerneau
1857
Huile sur toile, H. 60 - L. 40
Gemeentemuseum Den Haag, La Haye, Pays-Bas

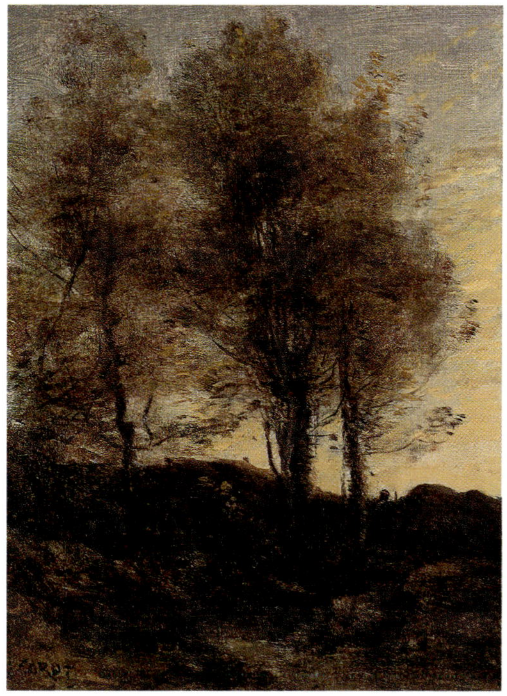

Ill. 4
Jean-Baptiste Camille Corot
Paysage breton
Vers 1860-1865 ou 1873-1875
Huile sur toile, H. 33 - L. 25
Musée des Beaux-Arts, Quimper

régulièrement en Normandie et en Bretagne. On le trouve en 1824 à Tréboul près de Douarnenez et vers 1828 au Mont-Saint-Michel. Plus tard, vers 1850, il effectue un long séjour sur la Côte d'Emeraude, dessinant des aquarelles à Saint-Malo, Cancale, Dinard et Saint-Enogat. En 1851, en compagnie de son ami Jongkind, il prend le vapeur du Havre à Morlaix, puis passe par Landerneau, Châteaulin, Douarnenez et Brest. Jean-Baptiste Camille Corot est également l'un des premiers à parcourir la péninsule qu'il découvre en 1829 « pour faire des études ». Il y reviendra sans doute à sept reprises, si ce n'est davantage, vers 1842-

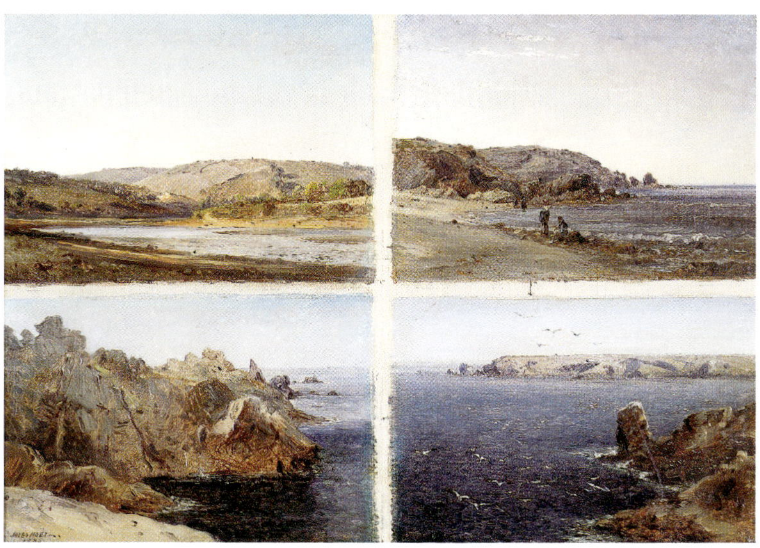

Ill. 5
Jules Noël
Quatre études de paysages côtiers
1859
Huile sur toile, H. 38,5 - L. 54,5
Musée des Beaux-Arts, Quimper

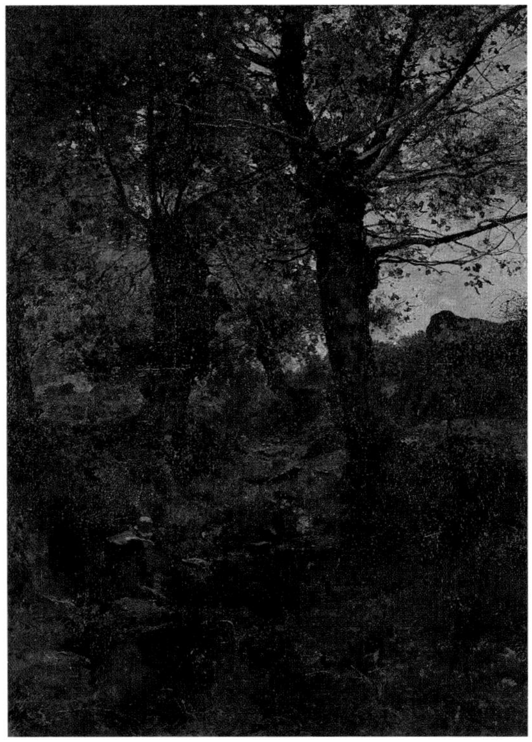

Ill. 6
Léon-Germain Pelouse
Le Chemin de Rustéphan à Pont-Aven
Vers 1877-1880
Huile sur toile, H. 92 - L. 65,5
Musée des Beaux-Arts, Quimper

1845, 1855, 1857, 1860 et 1865, visitant la région de Dinan et Saint-Malo, Brest, Quimper, la Bretagne centrale et en particulier Mûr-de-Bretagne, Le Croisic et Saint-Nazaire, peut-être aussi Pont-Aven. Cette itinérance le mène d'auberges à des maisons amies comme celle des peintres Camille Bernier à Brest puis à Bannalec ou Charles Leroux à Paimbœuf. Corot ne réduit jamais sa vision à l'anecdote et ne vient pas en Bretagne à la recherche d'un quelconque pittoresque. Il en est de même de Johan Barthold Jongkind qu'Isabey a découvert en Hollande en 1845 et a invité à Paris. Le paysagiste hollandais viendra trois fois en Bretagne : en juillet 1847, en juillet 1850 à Brest et en août 1851 avec Isabey. L'œuvre bretonne de Jongkind n'est pas d'une importance majeure, mais il n'est pas indifférent de savoir que ce peintre préimpressionniste, qui a influencé fortement Monet et que Manet a surnommé le « père du paysage moderne », connaisse la Bretagne comme Isabey et Boudin. D'autres paysagistes comme Paul Huet en 1842 puis 1865, Louis Cabat en 1869 et 1870 ou le professeur de dessin Jules Noël qui peint durant ses vacances, sont tout autant attirés par les côtes que par la campagne.

Plus avant dans le siècle, Emmanuel Lansyer, qui se consacre pour l'essentiel aux marines depuis sa découverte de Douarnenez en 1862, est une figure isolée. En effet, la plupart se laissent séduire par les traditions, particulièrement vivantes, qu'ils découvrent en Bretagne. Elle leur procure ainsi d'innombrables sujets d'inspiration campagnarde. A cette époque, après une période de rejet des premières scènes peintes par Courbet ou Millet, les représentations du monde paysan et des scènes de genre rurales sont à la mode. Alexandre Antigna, Charles Fortin, Adolphe Leleux, François Bonvin puis Jules Breton ou Charles Lhermitte abordent le thème breton, certains deviennent des spécialistes. En quelques années le mouvement va s'amplifier à un point tel que la critique, vers 1860, commence à se lasser des scènes de pardon, de noces, de marché, de ces *bretonneries* pour la plupart peintes en Cornouaille, où les peintres aiment à décrire les magnifiques costumes traditionnels.

Ce phénomène est certainement dû à l'arrivée du chemin de fer aux extrémités de la péninsule, qui offre des possibilités nouvelles de déplacement aux peintres. Mais il est également la conséquence d'un goût moindre, pour les amateurs, des œuvres peintes en Ile-de-France, en particulier dans la forêt de Fontainebleau autour du village de Barbizon, par un trop grand nombre d'artistes incapables d'innover. La mode de la Bretagne et de Pont-Aven en particulier correspond bien à une certaine lassitude pour l'Ile-de-France et la forêt de Fontainebleau. Ainsi à partir de 1865, un paysagiste habitué de Cernay, Jean-Germain Pelouse, abandonne l'Ile-de-France au profit de la Bretagne et y entraîne quelques élèves. Ses séjours les plus longs ont lieu jusqu'en 1883 à Rochefort-en-Terre et à Pont-Aven où il

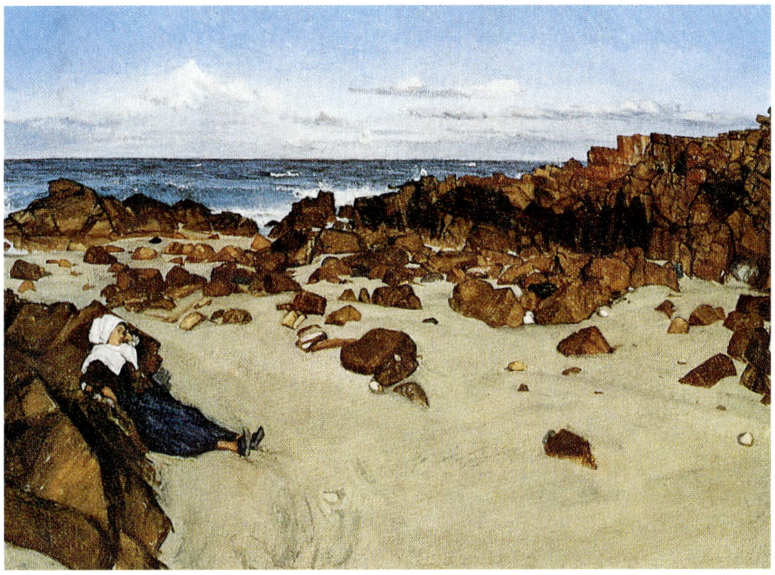

Ill. 7
James Abbott McNeill Whistler
Seule avec le flot
1861
Huile sur toile, H. 87,3 - L. 115,6
Wadsworth Atheneum, Hartford

peint des paysages suivant l'esprit de l'Ecole de Barbizon en les agrémentant d'une touche bretonne.

Bannissant le pittoresque, l'Américain James Abbott McNeill Whistler, qui s'est lié avec Fantin-Latour et Manet, peint sur le motif dans les environs de Perros-Guirec en 1861 une œuvre où la finalité illusionniste a disparu et où les principes de composition sont nouveaux, sans doute inspirés par les estampes japonaises que tous découvrent alors avec enthousiasme. Charles Daubigny, quant à lui, après un premier voyage de découverte en 1855, a choisi en 1867 de s'établir à l'extrémité du pays bigouden. Il a trouvé là, à Kérity, un site original et peu fréquenté, où la terre, l'estran, la mer et le ciel se mêlent. Sa sensibilité aux effets atmosphériques lui permet de traduire, suivant une harmonie colorée austère et un format allongé, la relation entre la nature inhospitalière et le peuple qui y vit.

Mais comme Whistler, Charles Daubigny ne fait que passer. Au contraire, Eugène Boudin effectuera vingt-six séjours entre 1855 et 1897 et aura le temps d'explorer la péninsule et de traduire ses impressions à travers plusieurs centaines de peintures et de dessins.

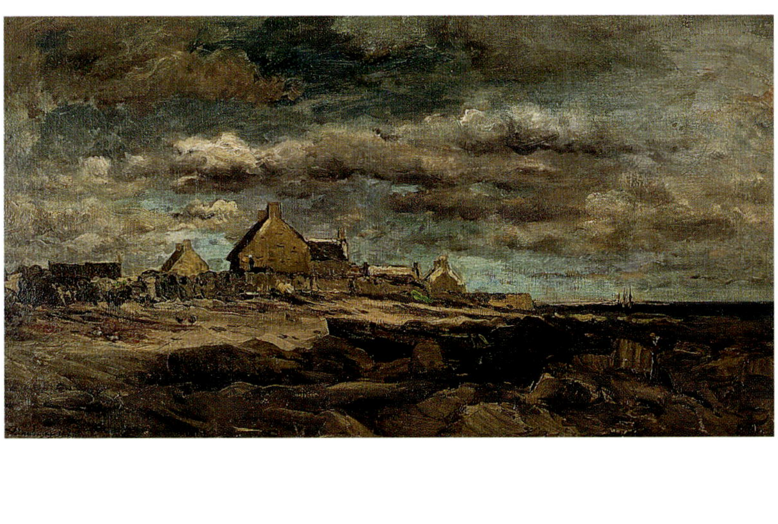

Ill. 8
Charles Daubigny
L'Entrée de Kérity
1871
Huile sur toile, H. 46 - L. 83
Musée des Beaux-Arts, Reims

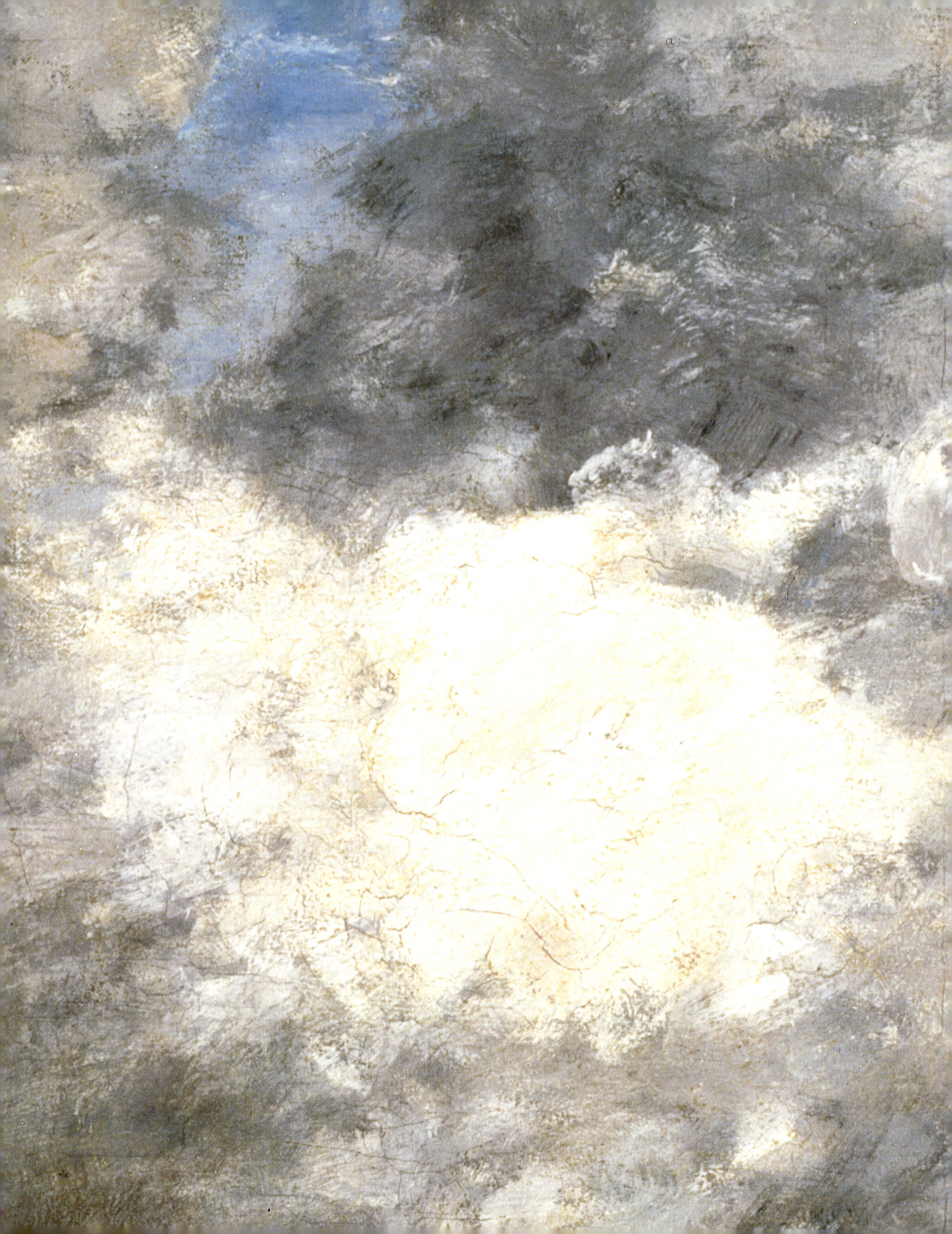

Chapitre premier

Le Normand Eugène Boudin adopte la Bretagne

Eugène Boudin (Honfleur, 1824-Deauville, 1898) est souvent considéré comme un « préimpressionniste » et comme le maître de Monet. Né en 1824, il figure comme un « ancien » par rapport à la génération des Sisley, Monet et Renoir, nés respectivement en 1839, en 1840 et en 1841. Mais si on le situe par rapport à Pissarro et Manet, nés en 1832 ou Degas, né en 1834, il n'y a pas de décalage significatif qui mérite de le reléguer à la génération antérieure. D'ailleurs, Eugène Boudin est présent, aux côtés des autres, à la première exposition du groupe impressionniste en 1874.

Cette différence de perception sur la place du peintre tient à ces quelques années de différence. En 1858, lorsque Claude Monet, âgé de 17 ans, le rencontre, Eugène Boudin est déjà un peintre expérimenté qui connaît personnellement Millet, Troyon, Isabey ou Couture. Il connaît bien les peintres de cette génération précédente, celle de l'Ecole de Barbizon, dont certains fréquentent la Normandie et séjournent aussi à la ferme Saint-Siméon à Honfleur ; outre les peintres déjà cités, Boudin s'est lié avec Courbet, Corot et Daubigny. Baudelaire, qu'il rencontre en Normandie, sera un admirateur constant. Vers 1868, sa réputation est faite et les amateurs s'intéressent à ses œuvres, tandis que Renoir et Monet quittent à peine l'atelier de Gleyre à l'Ecole des Beaux-Arts. Surtout, avant les autres, Boudin s'est intéressé aux paysagistes hollandais du XVIIe siècle qu'il copie au Louvre. Sa rencontre avec Jongkind en 1862 le conforte dans sa volonté de saisir les variations les plus fugitives de l'air et de la lumière et de transcrire ses impressions les plus éphémères. Le fait qu'il peigne les ciels des paysages de son ami Troyon traduit bien cette situation, à mi-chemin entre le naturalisme barbizonesque et l'impressionnisme. Ce qui semble également le différencier des autres impressionnistes, c'est l'inspiration. Les thèmes choisis ont rarement ce caractère « moderne » et parisien qui qualifie l'impressionnisme et les vaches ruminant sur les bords de la Touques n'ont rien à voir avec les locomotives rejetant leur vapeur sous la verrière de la gare Saint-Lazare. En effet, Eugène Boudin a peu fréquenté Paris. Très peu d'œuvres ont pour thème l'Ile-de-France. Au contraire la Normandie est omniprésente : le port du Havre, le bassin et le marché de Honfleur, les plages de Deauville et Trouville, la vallée de la Touques ou les falaises de Port-en-Bessin. A partir de 1864, le peintre entreprend chaque année un long voyage qui le mène à Anvers, en Hollande, à Bordeaux, dans le Midi ou à Venise, à la recherche de nouveaux motifs susceptibles de plaire, parfois suivant les suggestions de son marchand, la galerie Durand-Ruel, qui l'expose et vend ses œuvres depuis 1872.

N° 2
Eugène Boudin
Port de Camaret (détail)
1872
Musée d'Orsay, Paris

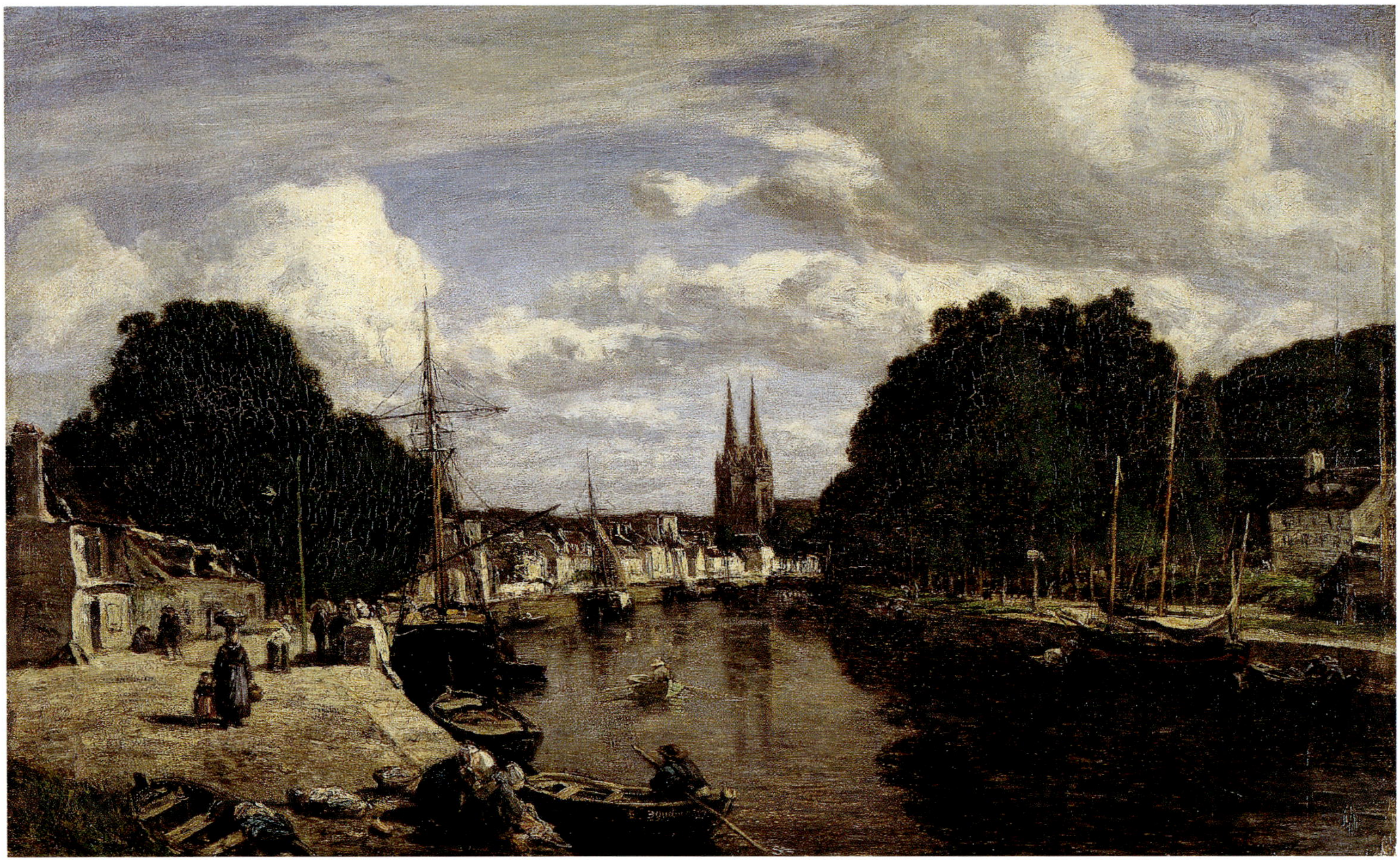

N° 1
Eugène Boudin
Vue du port de Quimper, prise de l'aval
1858
Huile sur bois, H. 40 - L. 61
Musée des Beaux-Arts, Quimper

La découverte de la Bretagne en 1855 se situe à un moment où le peintre, âgé de 31 ans, a besoin de se renouveler. Il écrit le 26 novembre 1856 : « L'envie de fuir Le Havre me tourmente. Il faut essayer des voyages, ça dérouille. » Sans doute a-t-il été conseillé par son professeur Adolphe Couveley, conservateur du musée du Havre et par ses amis Troyon et Isabey. Ces trois peintres sont déjà en effet, quelques années auparavant, venus pour découvrir une région et à la recherche de nouveaux motifs.

Le premier voyage le mène dans la région de Quimper. Les impressions sont plutôt négatives. La Normandie lui semble plus intéressante. Il écrit dans une lettre du 12 août 1857, certainement à propos de l'Odet : « J'ai trouvé une petite rivière dont les bords sont jolis, mais je pouvais avoir beaucoup mieux à Caudebec ou dans ces parages. » Eugène Boudin dessine beaucoup et peint sur le motif quelques petits panneaux dans le style de Barbizon[1]. Bien que les paysages côtiers et le port de Douarnenez retiennent son attention, ce sont les costumes et la vie traditionnelle qui l'attirent le plus et lui font oublier sa première déconvenue. Les costumes qu'il voit aux pardons de Notre-Dame-de-Kerdévot ou de Sainte-Anne-la-Palud, le faste des noces, l'animation des marchés et des foires sont pour lui une véritable révélation. Il travaille d'une manière encore traditionnelle, passant de l'étude peinte sur le motif à l'œuvre définitive réalisée en atelier, perdant au passage spontanéité et vivacité. Ainsi, pour son premier envoi au Salon en 1859, il choisit de traiter le pardon de Sainte-Anne-la-Palud[2]. Le choix d'un thème pittoresque, la composition panoramique permettant

1. *Vue du port de Quimper*, 1857, Quimper, musée des Beaux-Arts ; *L'Odet aux environs de Quimper*, Quimper, musée des Beaux-Arts ; *Une ferme à Quimper*, Reims, musée des Beaux-Arts.
2. Vers 1857-1858, Le Havre, musée Malraux.

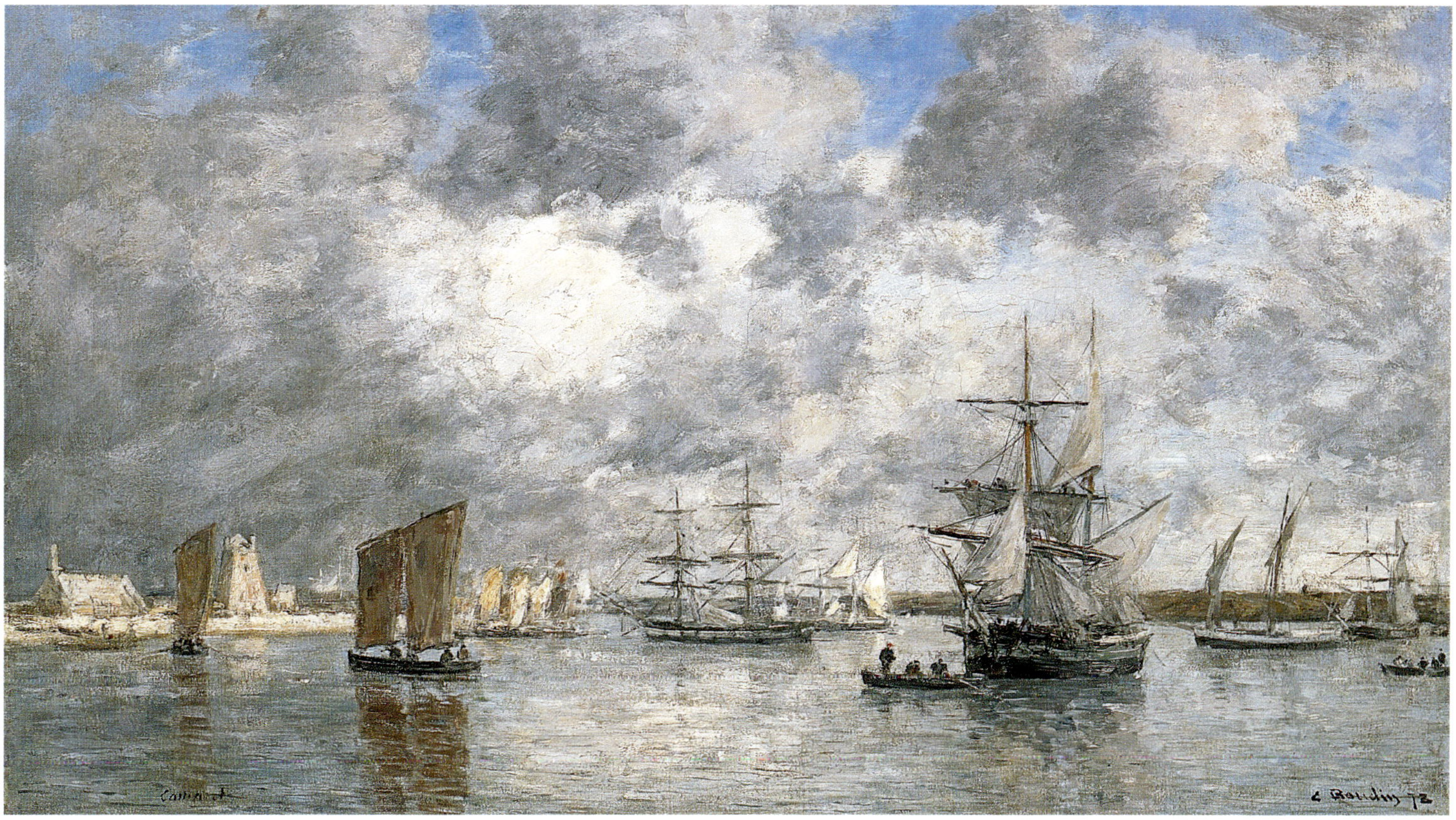

N° 2
Eugène Boudin
Port de Camaret
1872
Huile sur toile, H. 55,5 - L. 89,5
Musée d'Orsay, Paris

une présentation descriptive, le format de la toile et une certaine sécheresse dans le rendu montrent combien le peintre est encore tributaire des leçons du passé.

En 1861, Eugène Boudin rencontre à Paris Marie-Anne Guédès, originaire du village de Hanvec, situé au fond de la rade de Brest. Après son mariage deux ans plus tard, le peintre vient presque chaque année dans sa belle-famille. Délaissant les scènes pittoresques, il s'intéresse aux rivages, ports et bateaux de tout genre. Les environs de Hanvec lui procurent d'innombrables sujets : des bateaux sous voiles dans le port de Camaret[3] ou au mouillage à Kerhor[4], les lavandières à L'Hôpital-Camfrout[5], l'attente du bac sur les rives de l'Elorn[6].

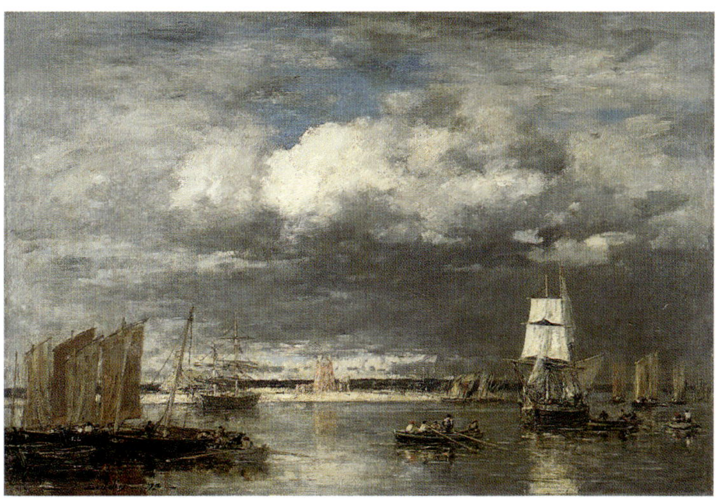

Ill. 9
Eugène Boudin
Orage sur le port de Camaret
1873
Huile sur toile, H. 79 - L. 109,5
Palais des Beaux-Arts, Lille

3. *Le Port de Camaret*, 1872, Paris, musée d'Orsay ; *Camaret, voiliers dans la rade*, 1872, Paris, musée d'Orsay ; *Camaret, le port*, 1872, Paris, musée d'Orsay ; *Orage sur le port de Camaret*, 1873, Palais des Beaux-Arts, Lille ; *Le Port de Camaret*, 1872, Copenhague, Ny Carlsberg Glyptotek ; *Camaret, marée basse dans la rade*, Buenos Aires, Musée national des Beaux-Arts ; *Le Quai à Camaret, pêcheurs attendant la marée*, Los Angeles, County Museum of Art ; *Camaret le port*, 1878, et *Camaret, marée basse*, 1871, Liberec, Oblastini Galerie.
4. *Kerhor, pêcheur en attente*, Edimbourg, National Galleries of Scotland.
5. *Paysage aux lavandières, Le Faou*, 1873, Paris, musée d'Orsay ; *Bretagne, village au bord de la mer, Le Faou*, Le Caire, musée ; *Le Faou, le village au bord de la mer*, New York, The Metropolitan Museum of Art ; *Rivière de l'Hôpital*, Denver, The Denver Museum of Art ; *Le Faou, le port*, 1873, Lisbonne, Fondation Calouste Gulbenkian.
6. *Plougastel, le passage du bac*, 1870, et *Plougastel, le passage*, Genève, Modern Art Foundation.

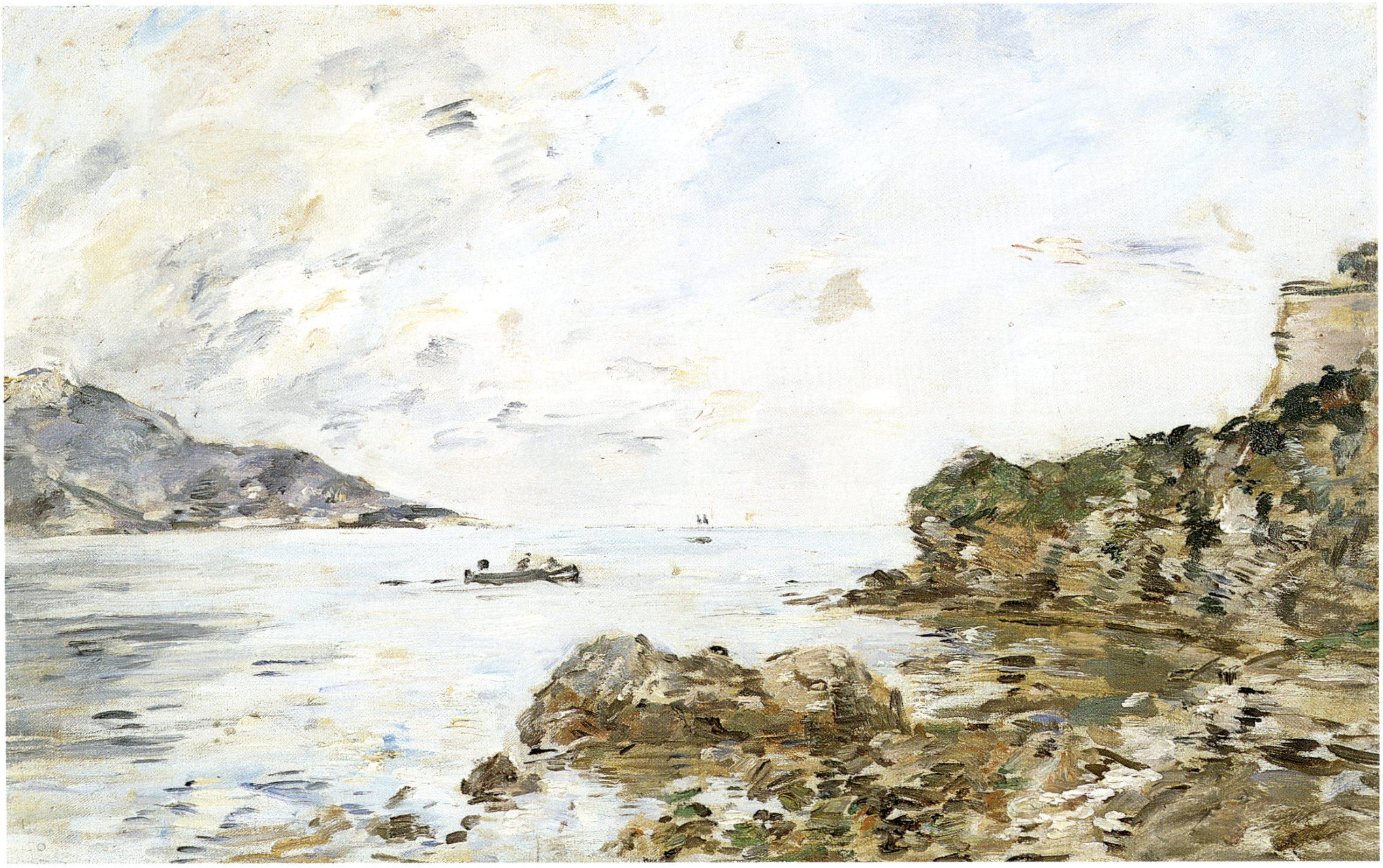

N° 3
Eugène Boudin
Crique en Bretagne
Vers 1897
Huile sur toile, H. 36 - L. 57
Musée Malraux, Le Havre

Il est toujours captivé par l'animation des ports mais avant tout par la lumière et les ciels changeants. Il reprend presque indéfiniment certains thèmes comme les bateaux évoluant dans le port de Camaret ou ceux échoués à Portrieux[7]. Dans ses tableaux, les ciels occupent la moitié de la surface et parfois plus. Les « cumulus bretons », épais et bien ronds, sont peints à satiété, donnant à l'ensemble une tonalité gris-bleu qui se retrouve dans les autres parties. Après la mort de son épouse en 1889, le peintre vient moins souvent. En 1897, à l'âge de 73 ans, il effectue un long voyage depuis Le Croisic jusqu'à Camaret, en passant par Pont-Aven et Douarnenez. Quelques œuvres en chantier, demeurées dans l'atelier à sa mort quelques mois plus tard, traduisent la liberté, la virtuosité et la sensibilité du vieil artiste. Sans doute, elles devaient être « précisées » ou « retravaillées » ultérieurement avant leur présentation au public. Mais elles demeurent ainsi, par leurs étonnantes qualités plastiques, parmi les chefs-d'œuvre de la peinture impressionniste[8].

7. *Portrieux, le port à marée basse*, 1873, Berwick-upon-Tweed, Museum and Art Gallery ; *Portrieux, le port à marée basse*, Glasgow, Museum and Art Gallery ; *Panorama de Portrieux*, 1874, Budapest, musée des Beaux-Arts ; *Portrieux, le port, marée basse*, 1874, Genève, Modern Art Foundation ; *Portrieux, débarquement d'un terre-neuva*, 1874, Washington, Corcoran Gallery of Art ; *Portrieux, déchargement du poisson à marée basse*, 1875, Buenos Aires, Musée national des Beaux-Arts ; *Portrieux, bateaux échoués*, et *Portrieux, le rivage à marée basse*, Rio de Janeiro, Musée national des Beaux-Arts.
8. *Crique en Bretagne*, *Bourgade au bord de la mer*, *Le Croisic*, *Les Barques à Douarnenez* et *Bretagne, falaises à Douarnenez*, atelier Boudin, Le Havre, musée Malraux.

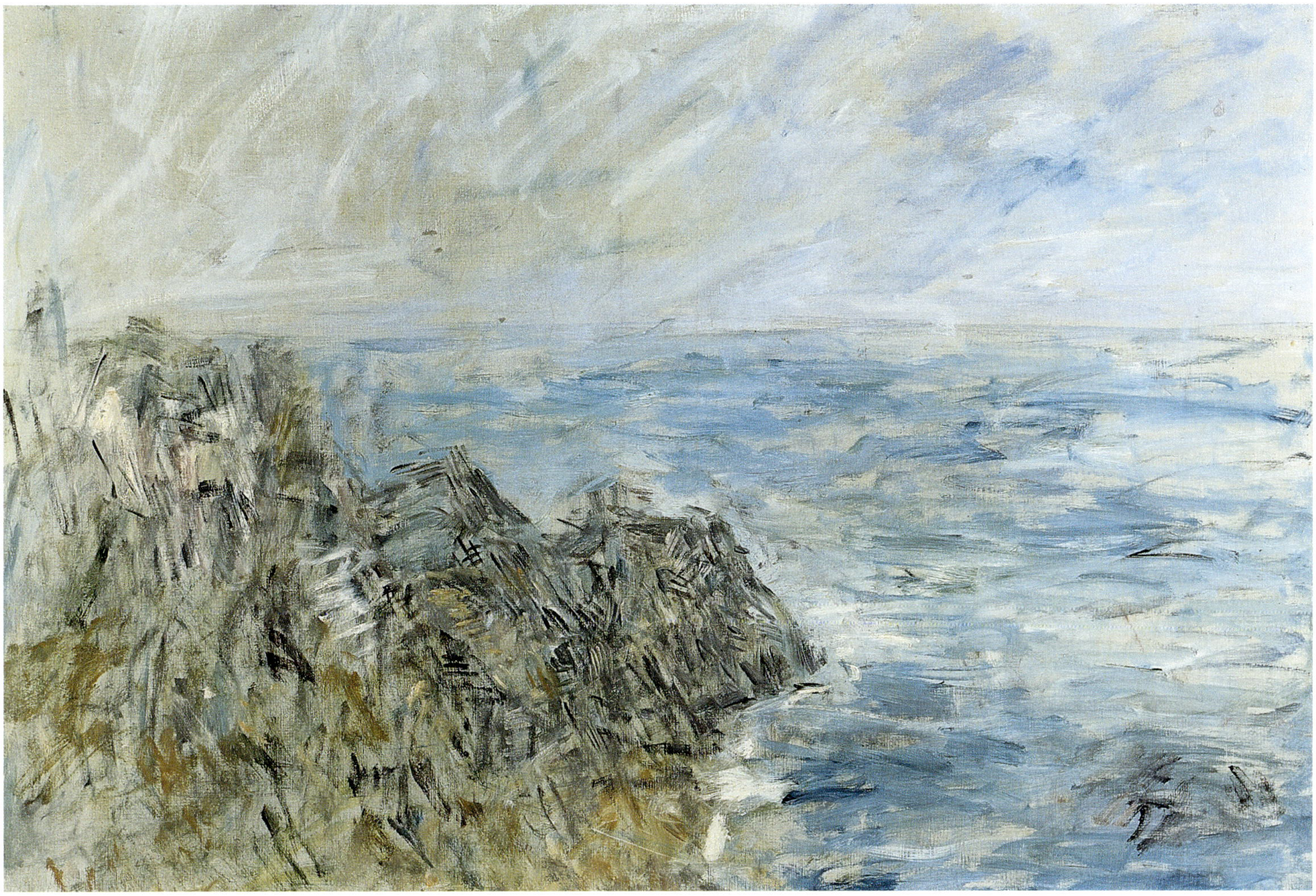

N° 4
Eugène Boudin
Bretagne, falaises à Douarnenez
Vers 1897
Huile sur toile, H. 64 - L. 90
Musée Malraux, Le Havre

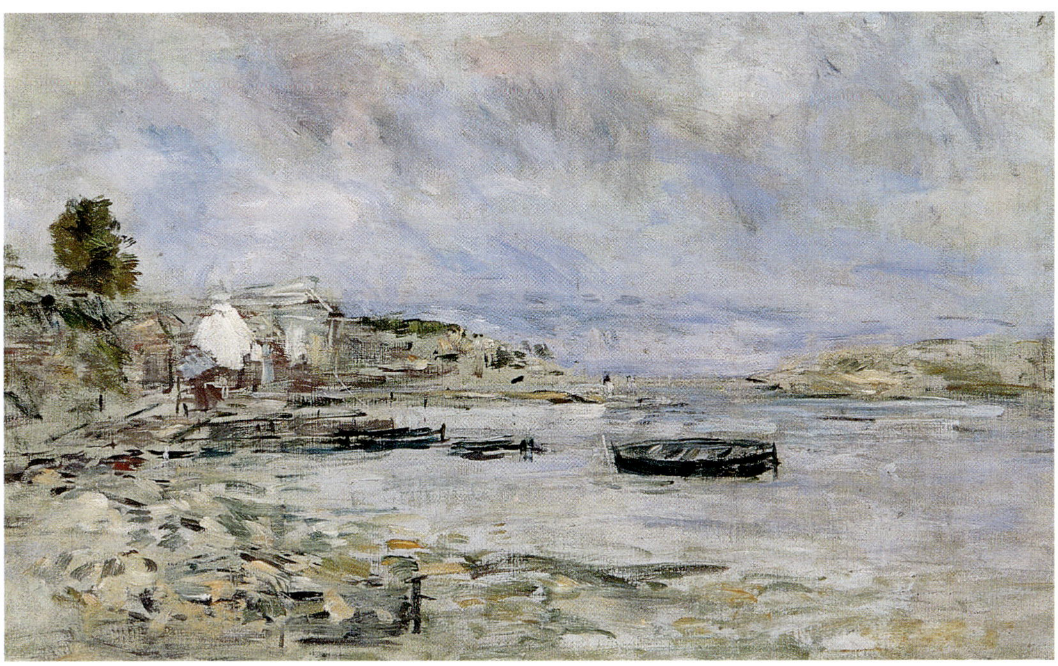

N° 5
Eugène Boudin
Les Barques à Douarnenez
Vers 1897
Huile sur toile, H. 36 - L. 58
Musée Malraux, Le Havre

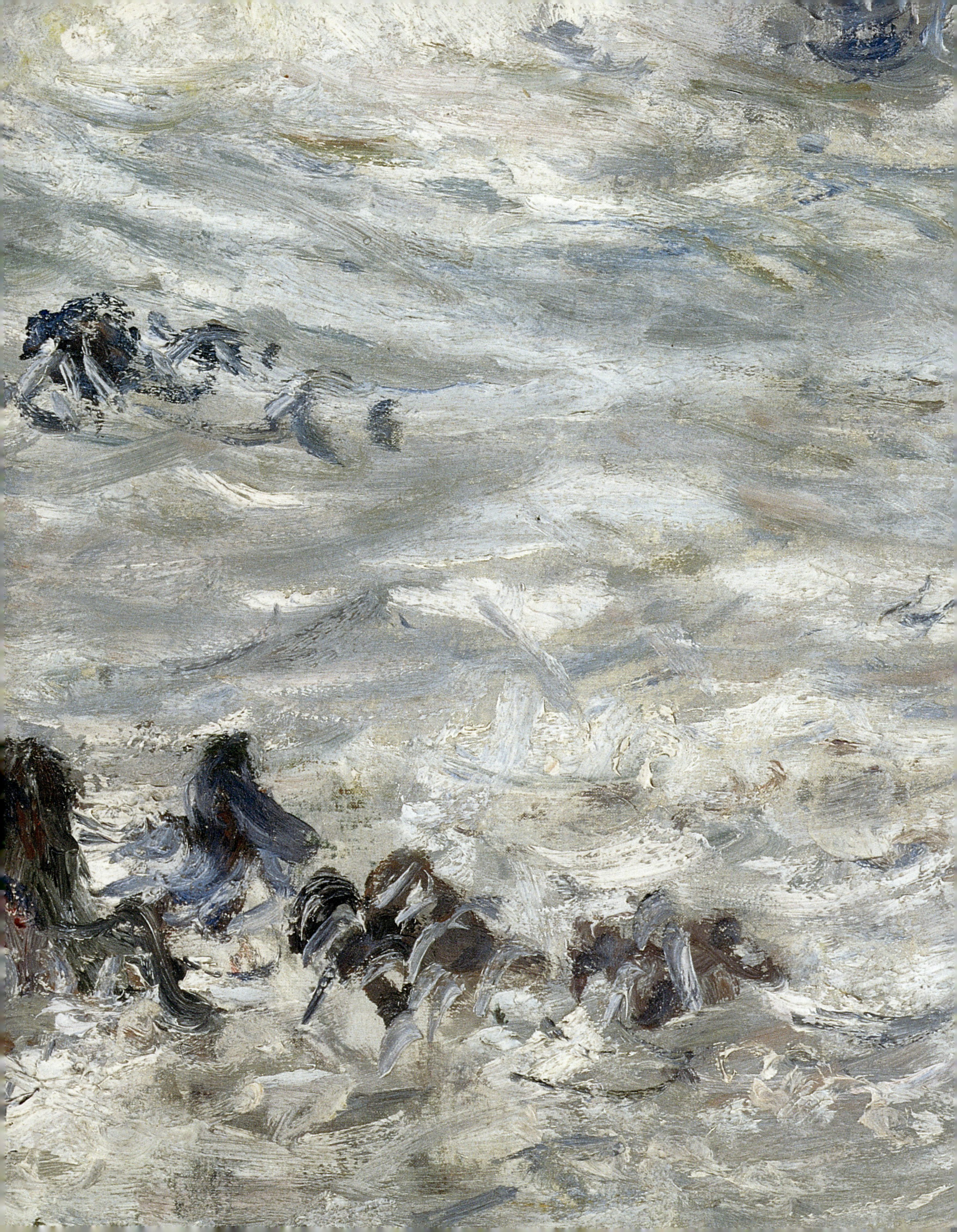

Chapitre 2

Les impressionnistes en Bretagne

Si l'on examine la liste des participants à la première exposition du groupe impressionniste, qui a lieu dans les anciens ateliers de Nadar à Paris en 1874, on constate qu'aucun peintre n'est d'origine bretonne. Un curieux hasard veut que Berthe Morisot soit déjà venue en Bretagne avant cette exposition.

N° 9
Claude Monet
Tempête, côte de Belle-Ile (détail)
1886
Musée d'Orsay, Paris

Berthe Morisot rend visite à ses sœurs

Berthe Morisot (Bourges, 1841-Paris, 1895) a pour professeur Joseph Guichard, un ami de Corot. Ce dernier la conseille lorsqu'elle peint des paysages dans la région de Pontoise en 1863. Elle rencontre alors Daubigny, Daumier, Fantin-Latour et se lie avec Manet vers 1867. Sa conversion à la peinture de plein air date de l'époque de ses voyages en Bretagne.

Accompagnée de sa sœur Edma, également peintre, elle découvre pour la première fois en 1865 la région de Dinard-Saint-Malo en poursuivant un voyage commencé en Normandie. Aucune œuvre de Berthe n'est connue. Il n'est pas possible d'élaborer la moindre hypothèse sur le but recherché en Bretagne. Sans doute Corot leur a-t-il parlé de la Bretagne qu'il connaît bien. Les raisons des voyages suivants sont par contre très précises.

En 1866 peut-être[9], certainement l'année suivante, Edma et Berthe viennent rendre visite à leur autre sœur, Yves-Elisabeth, qu'elles appellent Yves. Celle-ci a épousé un percepteur, Théodore Gobillard, alors en poste à Quimperlé. Durant ce séjour, les trois sœurs séjournent alors au petit port de Rosbraz, sur la rive gauche de l'Aven et fréquentent le village pittoresque

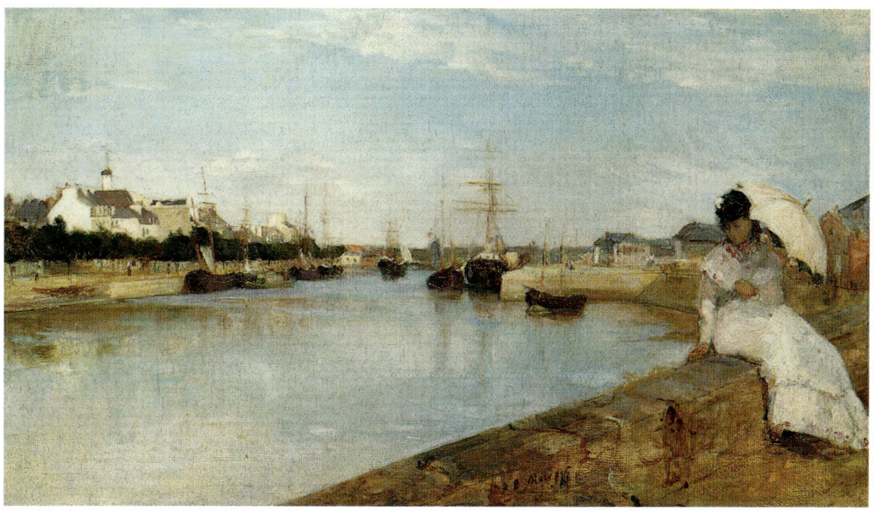

Ill. 10
Berthe Morisot
Le Port de Lorient
1869
Huile sur toile, H. 43 - L. 73
Ailsa Mellon Bruce Collection,
National Gallery of Art, Washington

9. Charles Stuckey doute de l'existence d'un voyage en Bretagne de 1866 en raison des déplacements et des œuvres de Berthe Morisot durant cette année.

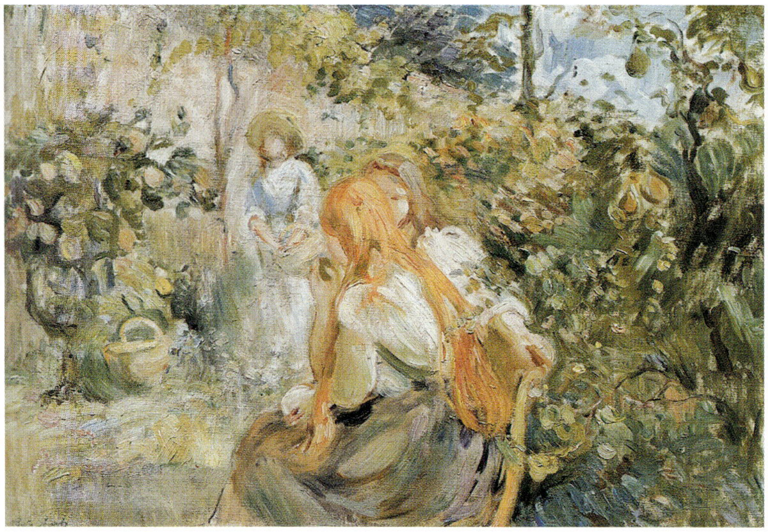

Ill. 11
Berthe Morisot
Dans le jardin de la Roche-Plate
1894
Huile sur toile, H. 38 - L. 55
Musée Marmottan, Paris

de Pont-Aven. Le hasard fait que Berthe Morisot est l'un des premiers artistes à peindre *la cité des moulins* qui allait devenir si célèbre et être si souvent représentée. Elle y passe au moment où les peintres commencent à y demeurer. L'année 1866 est souvent retenue comme date de la fondation de la *colonie artistique* de Pont-Aven car une douzaine de peintres, surtout anglo-saxons, y passent l'été. Les paysagistes y viennent : Paul Huet vers 1865-1868, Emmanuel Lansyer en 1867. De ce ou ces voyages de Berthe Morisot, on ne connaît qu'une seule peinture exécutée sans doute en 1867, car elle fut exposée au Salon de 1868. Il s'agit d'une représentation du port de Pont-Aven, *La Rivière de Pont-Aven au port de Pont-Aven*[10], où l'on perçoit l'influence de Daubigny. Berthe et Edma auraient visité la Cornouaille, allant jusqu'à Douarnenez durant ce séjour.

Deux années plus tard, en 1869, Berthe Morisot revient en Bretagne, dans la région de Brest, semble-t-il, puis en juin et juillet à Lorient. Seule cette fois, elle vient retrouver sa sœur Edma qui a épousé au début de l'année un officier de marine, Adolphe Pontillon, alors en poste dans ce port. Elle espère mettre à profit ce voyage pour peindre à nouveau car elle traverse une période de découragement et ne touche plus ses pinceaux depuis plusieurs mois. Ce séjour sera bénéfique car elle produit deux importantes peintures[11]. L'une d'elles représente le port de Lorient et son bassin : *Vue du petit port à Lorient*[12]. Les influences de Corot et de Boudin, qu'elle vénérait, sont bien perceptibles dans ce paysage, où la lumière blonde va de pair avec une facture lâche relevant de l'esthétique de la pochade. Berthe Morisot y a représenté à droite, en marge du vaste panorama, sa sœur Edma, vêtue de blanc s'abritant sous une ombrelle. Ce thème correspond bien à l'une des idées de la « nouvelle peinture » qui consiste à peindre des personnages se délassant en plein air. Le portrait de *Mme Pontillon à sa fenêtre*[13], esquissé à Lorient, inaugure une longue série de scènes d'intérieurs et d'intimité familiale qui constitueront l'un des thèmes de prédilection de l'artiste où elle exprime sa sensibilité grâce aux effets de demi-jour et au rendu des tissus.

Ce séjour breton correspond à une période où elle développe des relations avec les peintres impressionnistes : avec Manet naturellement, son beau-frère[14], qui la représente dans la célèbre peinture *Le Balcon*[15], mais aussi avec Bazille, Degas, Puvis de Chavannes, les Stevens, Renoir ou Monet. La maison familiale de la rue Franklin est devenue l'un de leurs rendez-vous favoris. Elle est présente au Salon de 1868, à celui que l'on a appelé *le salon des jeunes*, aux côtés de Bazille, Degas, Manet, Monet, Pissarro, Renoir et Sisley, appartenant de plain-pied à cette nouvelle génération qui va devenir « impressionniste ». Elle participa à sept des huit expositions impressionnistes.

En 1894, le 8 août, se remémorant des souvenirs de jeunesse, seule depuis la mort d'Eugène Manet en 1892, elle prend la décision de se rendre en vacances à Saint-Quay-Portieux en compagnie de sa fille Julie et de ses nièces Paule et Jeannie Gobillard dont la mère vient de mourir. Elle raconte cette décision dans une lettre à Mallarmé[16] : « C'est tout simplement en regardant les petites images de la salle des pas perdus gare Saint-Lazare que nous nous sommes décidées. » Elle y loue une maison, la Roche-Plate. Les vacances sont partagées entre la plage et les séances de peinture, dans le jardin, sur le port ou dans les environs[17]. Berthe Morisot

10. Huile sur toile, collection particulière, Chicago. Cette peinture a été autrefois intitulée à tort *Rivière à Rosbras* (*Rosbras ou Rivière de Pont-Aven à Rosbras*, Bataille 12 - Clairet 12). En effet, elle ne représente pas le petit port situé sur l'Aven entre Pont-Aven et la mer, peu avant l'embouchure, mais le port de Pont-Aven lui-même : un chasse-marée est à quai, on distingue à gauche les quelques maisons du port qui précèdent les premiers moulins et le village au fond et à droite les frondaisons de la rive gauche.
11. Une peinture, collection Paul Mellon, a été intitulée à tort pendant longtemps *Le Port de Lorient* et datée 1869. Elle représente en fait le port de Cherbourg et date de 1871.
12. National Gallery of Art, Washington, Bataille 17.
13. National Gallery of Art, Washington, Bataille 18.
14. Elle a épousé en 1874 Eugène Manet, le frère du peintre.
15. 1868, musée d'Orsay, Paris.
16. Lettre du 1er septembre dans Rouart, page 181.
17. Le catalogue Bataille référence dix-sept peintures (n° 378 à 394) et quatre dessins (n° 831 à 833 et 836) pour ce séjour.

conseille les trois jeunes filles, en particulier sa fille Julie qui réalise alors ses premiers essais artistiques[18]. Elle invite Renoir à venir la retrouver mais celui-ci, très absorbé par les problèmes de santé de son fils Pierre et soucieux de la prochaine naissance de son second enfant, ne peut venir[19]. Le 14 septembre, elles quittent Saint-Quay-Portrieux et effectuent le tour de la péninsule, passant par Paimpol, l'île de Bréhat, Tréguier, Perros-Guirec, La Clarté, Trégastel, Ploumanach, Lannion, Morlaix, Saint-Pol-de-Léon, Roscoff, Brest puis Auray, Vannes et Nantes où elles reprennent le train pour Paris.

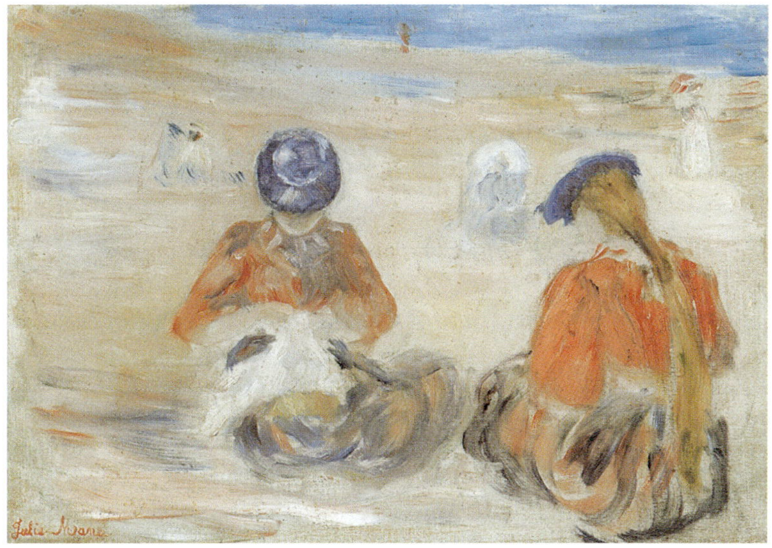

Ill. 12
Julie Manet
Paule et Jeanne Gobillard sur la plage de Dinard
1895
Huile sur bois, H. 23 - L. 32
Musée Marmottan, Paris

Les impressionnistes en 1886

Il faut attendre 1886, l'année de la dernière exposition du groupe, pour voir s'aventurer en Bretagne d'autres peintres impressionnistes. La plupart n'en ont éprouvé nul besoin jusque-là. Paris et ses environs leur suffisent : le monde des cafés et des cabarets, celui du théâtre et de la danse, le spectacle de la rue et l'animation des gares à Paris, les loisirs sur les bords de la Marne ou de la Seine à Chatou ou Argenteuil. Les paysagistes trouvent en Ile-de-France, en particulier dans la région de Pontoise ou de Moret-sur-Loing, les thèmes souhaités. Les berges de la Seine, de la Marne ou de l'Oise sont prétextes à traduire les reflets sur l'eau. La mer tempétueuse de Bretagne paraît bien éloignée de leurs goûts.

Vers 1880, la reconnaissance et le succès commencent à poindre, différents selon les uns et les autres. Ils ne sont plus des débutants, ont atteint pour la plupart l'âge de la maturité et envisagent différemment l'évolution de leur carrière. Chacun a tendance à déterminer sa voie propre, une recherche personnelle de nouveaux motifs. Sisley est à Saint-Mammès, Monet est à Giverny, Pissarro à Eragny, Cézanne en Provence, Renoir vagabonde. Le groupe lui-même a perdu toute cohérence comme en témoigne la préparation laborieuse de l'exposition de 1882. Une certaine usure se manifeste, d'autant plus sensible à tous après la disparition de Manet en 1883. Sisley se répète dans ses paysages tout comme Degas dans ses nus traités au pastel. En 1881, Renoir découvre en Italie la « grande peinture » et se lance, avec quelques difficultés, dans le cycle des « baigneuses ». Depuis Saint-Briac, il écrit à son marchand Paul Durand-Ruel : « J'ai beaucoup perdu de temps à trouver une manière dont je sois satisfait. Je pense avoir fini de trouver. Et tout marchera bien[20]. »

L'organisation de la huitième exposition en 1886 est encore plus difficile que les précédentes : Monet, Renoir et Sisley sont absents, en réaction contre la présence de certains peintres et par esprit d'indépendance. Renoir préfère participer à la cinquième Exposition internationale à la galerie Georges Petit, le concurrent de Durand-Ruel. Monet y expose depuis l'année précédente avec succès, fait d'autant plus important pour le peintre que le marché de l'art connaît alors une certaine crise. La nouvelle génération, représentée par Signac et Seurat, tenants du néo-impressionnisme, fait son entrée, mais les discussions ont été vives et laisseront des traces.

18. Julie Manet (1878-1966) a épousé Ernest Rouart. Le musée Marmottan possède d'elle quelques œuvres dont *Paule et Jeannie Gobillard sur la plage de Dinard*, qui date sans doute du séjour de l'été 1895 à Saint-Enogat près de Dinard.
19. Lettres de Renoir à Morisot et de Morisot à Mallarmé, dans Rouart, pages 180 et 181
20. Godfroy Durand-Ruel, page 51, 13 août 1886.

Les vacances d'Auguste Renoir

Auguste Renoir (Limoges, 1841-Cagnes-sur-Mer, 1919) est parmi les impressionnistes celui qui voyage le plus dans les années 80. Outre la Normandie où il passe souvent l'été, il visite en quelques années l'Algérie (1881 et 1882), l'Italie (1882), les îles de Jersey et de Guernesey (1883) et effectue avec Monet en 1883 un voyage le long de la côte méditerranéenne depuis l'Estaque près de Marseille jusqu'à Gênes. L'été 1884 se déroule chez les Bérard à Wargemont près de Dieppe. Pour l'été suivant, le peintre, dont le premier enfant Pierre est né en mars, loue une maison à La Roche-Guyon près de Giverny. Il y revient en juillet 1886.

C'est une simple idée de renouvellement qui pousse Auguste Renoir, alors âgé de 45 ans, à suivre le conseil de son marchand Paul Durand-Ruel. Au début d'août, Renoir choisit la Côte d'Emeraude pour sa villégiature qui s'avère être avant tout des vacances fami-

Ill. 13
Auguste Renoir
Scène de jardin en Bretagne, Saint-Briac
1886
Huile sur toile, H. 54 - L. 65
Fondation Barnes, Merion

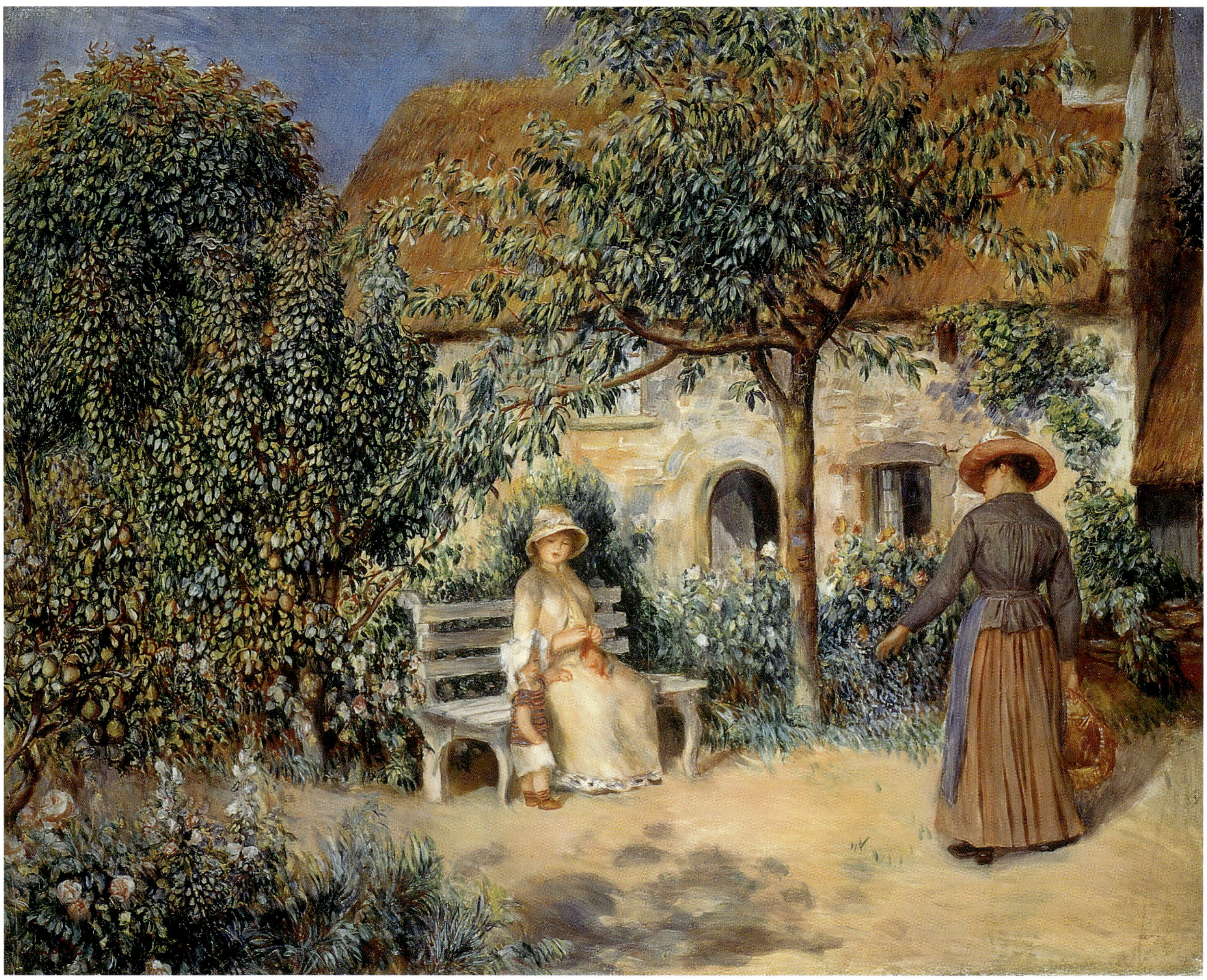

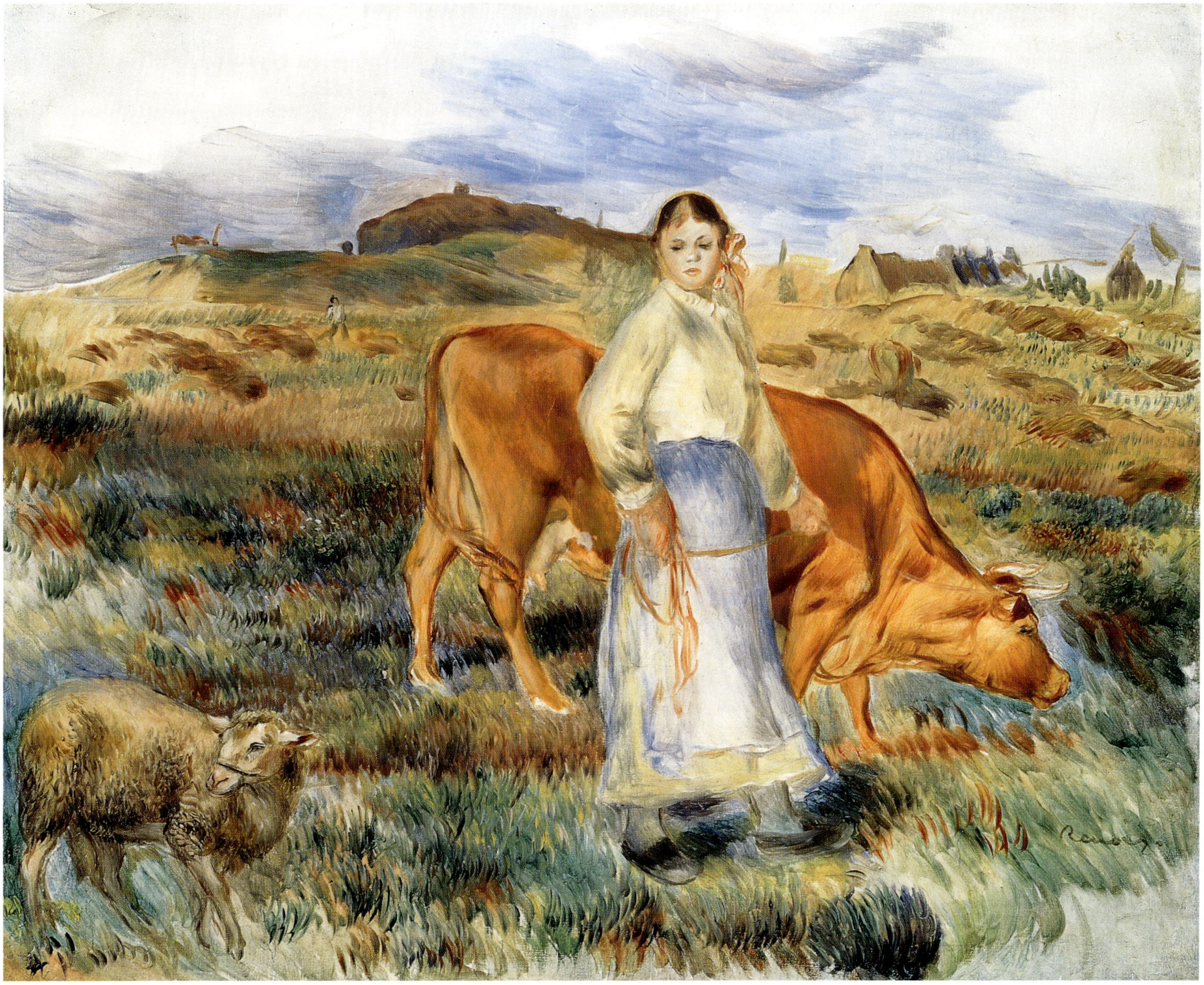

N° 6
Auguste Renoir
La Jeune gardienne de vache
1886
Huile sur toile, H. 54 - L. 65
Fitzwilliam Museum, Cambridge

liales. Il loue une petite maison meublée aux Perrette, logeurs du pays, dans le hameau de la Chapelle-Saint-Briac. « [...] J'ai trouvé un coin tranquille et joli où je pourrai travailler fort à mon aise. J'y suis pour deux mois [...] », écrit-il à son marchand[21]. Sans doute au même moment, il écrit à Paul Bérard, l'un de ses collectionneurs : « [...] Quoi qu'il y ait longtemps que je ne vous ai écrit, je ne vous ai pas oublié, mais le rocher m'attire et j'ai voulu m'en payer. Je suis incorrigible. Bref, je suis en train de faire tout le tour de la Bretagne du nord et j'ai déjà passé une masse d'endroits. [...] Où je suis en ce moment c'est une espèce de petit archipel d'îlots rocheux, naturellement ça ressemble un peu à un plan en relief du musée de la Marine, mais c'est fort joli et ça va fort bien avec le vilain temps. [...] De gros nuages noirs sur cette mer, c'est délicieux. Les plages sont des rêves à côté de la Normandie, il y en a de tous côtés. Quand le vent souffle du nord, il y en a à deux pas au sud ; à l'est, etc. C'est délicieux[22]. » Le peintre poursuit en disant qu'il prend du bon

21. Venturi n° 29 ; Godfroy Durand-Ruel, page 50, début août 1886.
22. Lettre du 7 août, transcription par Jean-Louis Debauve, dans « Renoir à Saint-Briac et Tréboul », *Les Cahiers de l'Iroise*, Brest, juillet-septembre 1979, pages 136-137.

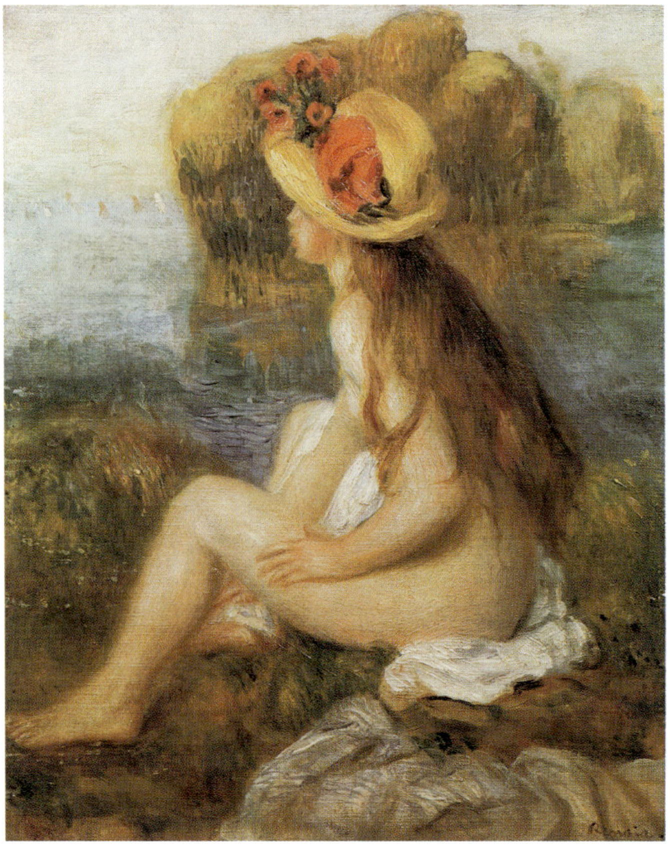

Ill. 14
Auguste Renoir
Nu au chapeau de paille
1892
Collection particulière

temps, qu'il court sur les rochers, qu'il espère en rapporter quelques sujets qu'il vendra « fort cher », qu'il regrette un peu le Midi, mais qu'en Bretagne les gens sont agréables et les femmes jolies. Trois semaines plus tard, il écrit de nouveau à son marchand : « [...] J'ai ici de jolies choses à faire jusqu'à la fin septembre, mais je fais des dessins et aquarelles pour ne pas être à court cet hiver. J'ai écrit à Monet pour les signaler, des choses superbes pour lui [...][23]. » Renoir, avec sa famille, y demeure deux mois. Le tour de Bretagne projeté s'est arrêté à la première étape, sans doute pour des raisons d'intendance en raison de l'âge du bébé et parce que Saint-Briac mérite bien une telle étape.

La station de Saint-Briac est alors bien connue des peintres, d'un accès commode à proximité de Dinard et de Saint-Malo. Les environs offrent en effet des sites grandioses depuis la pointe du Décollé jusqu'à celle de Saint-Cast : la pointe de la Garde-Guérin, la plage de Port-Hue, la pointe de la Haye, l'anse du Béchet, les deux rives de l'estuaire du Frémur, les multiples îlots au milieu de la baie entourée de pointes, ont procuré à des peintres comme Alexandre Nozal, Oskar Kleineh ou Paul Signac d'innombrables sujets de paysages.

Renoir profite des vacances, allant de découverte en découverte, s'extasiant sur la beauté des paysages. Il s'attaque à deux sujets. Le premier a pour thème une scène de tendresse familiale[24]. Son fils et son épouse, assise sur un banc, y apparaissent devant la maisonnette tandis qu'une femme, sans doute une voisine, appelle le bébé de 18 mois. Le peintre passe du dessin à l'œuvre définitive[25] en peignant deux esquisses, en augmentant progressivement le format. Elles conservent plus de légèreté que l'œuvre achevée au printemps de l'année suivante dans l'atelier parisien. Le second thème, plus novateur, représente une jeune bergère gardant une vache et une brebis[26]. La volonté de simplification y est plus évidente. Alors que Renoir esquissait cette composition dans les champs près du village de Mesnil, près de la Garde-Guérin, un jeune peintre, Henri Rivière, l'identifia à sa façon de traiter le motif et le salua. L'œuvre « définitive[27] » ne sera terminée qu'un an après à Paris, en septembre 1887. Il n'y a pas de grande différence avec l'esquisse qui est d'un format presque identique. Une certaine sécheresse, conséquence du travail postérieur en atelier, est seulement décelable. Outre quelques dessins et aquarelles, ces trois esquisses et ces deux œuvres mises en chantier, nous ne connaissons aujourd'hui de ce séjour qu'une vue de chaumières dans la campagne près de sa maisonnette au hameau de la Chapelle[28]. Insatisfait, le peintre, à son retour à Paris, a détruit une grande partie de sa production de l'été. La mer, les plages, les rochers, qu'il avait appréciés, n'ont pas suscité de créations. Durant cet été, Monet et Renoir correspondent. Renoir invite Monet à venir à Saint-Briac et lui recommande Le Guildo, un château en ruines dans les environs. Mais Monet est alors en plein travail à Belle-Ile.

Six ans plus tard, après d'autres séjours à Aix chez Cézanne (1888), au bord de la Méditerranée (1888, 1891), à La Rochelle (1890), en Espagne (1892) et des étés surtout à Paris ou en région parisienne, Auguste Renoir revient passer les vacances d'été en Bretagne. Il s'est installé début juillet dans la station balnéaire de Pornic sur la Côte de

23. Venturi n° 30 ; Godfroy Durand-Ruel, page 52, 24 août 1886.
24. *Etude pour scène de jardin*, 1886, dessin, collection particulière. *Scène de jardin en Bretagne à Saint-Briac*, 1886, première esquisse sans figure à l'huile, collection particulière. *Scène de jardin en Bretagne à Saint-Briac*, 1886, seconde esquisse à l'huile, collection particulière, Daulte n° 504.
25. *Scène de jardin à Saint-Briac*, huile sur toile, Fondation Barnes, Merion. Daulte 505. Fezzi 584.
26. *La Jeune gardienne de vaches à Saint-Briac*, huile sur toile, Daulte 498. Fitzwilliam Museum, Cambridge, Grande-Bretagne. Il existe un dessin préparatoire des figures, collection particulière. Une aquarelle représentant une jeune Bretonne peut apparaître comme une première étude pour la bergère.
27. *La Bergère, la vache et la brebis*, 1886-1887, Daulte 499, Fezzi 588, collection particulière, Tokyo.
28. *Chaumières en Bretagne*, 1886, huile sur toile, collection particulière.

Jade à l'Hôtel du Lion-d'Or puis au chalet des Rochers[29]. Il y peint quelques œuvres, des scènes de plage ou des oies dans un champ[30] et sans doute une ou plusieurs baigneuses assises dans les rochers[31]. Il est difficile de localiser ces nombreuses baigneuses qui reprennent le principe d'une figure peinte en Italie en 1881, *La Baigneuse blonde I*[32], puis reprise à Guernesey peu après. On sait que bon nombre d'entre elles ont été peintes dans le calme de l'atelier parisien.

Des lettres nous disent que Renoir s'ennuie durant ce séjour, ce qui peut expliquer son départ pour Pont-Aven à la fin septembre. Il y vient, comme tant d'autres depuis les années 1860, par curiosité, attiré par le pittoresque de ce village si réputé dans le milieu des peintres. Le village se transforme d'année en année, les hôtels, cafés et magasins pour artistes s'ouvrent. Ceux-ci et les touristes sont de plus en plus nombreux. Marie-Jeanne Gloanec, qui, dans sa modeste auberge, a hébergé Gauguin en 1886, vient d'ouvrir un bel hôtel moderne avec une salle de bal. On peut estimer à plus d'une centaine le nombre de peintres installés durant l'été dans la cité des moulins à l'époque où Renoir découvre le village. Il s'installe dans l'établissement le plus réputé, à l'Hôtel des Voyageurs, chez Julia, sans doute dans l'immense annexe où sont aménagés quatre vastes ateliers pour peintre et où l'on vient d'ouvrir un café. A l'hôtel il rencontre Armand Seguin qui lui présente Emile Bernard, logé chez le maître du port Kerluen. Bernard a raconté ce que Renoir aurait dit en voyant ses toiles : « […] N'avez-vous pas connu Gauguin ? — Oui, répondis-je. — Ah, je vois maintenant d'où est venu ce qu'il fait. J'avais toujours dit qu'il avait pris ça quelque part. Nous le connaissons tous pour ses larcins […][33]. » Ces propos ainsi rapportés par Bernard datent naturellement d'après la rupture entre les deux peintres. Renoir et Gauguin ne s'appréciaient guère. Le séjour ne se passe pas très bien car, comme l'écrit Renoir à Paul Durand-Ruel le 13 octobre, « […] il fait toujours un temps de chien […]. » Il écrit au docteur Gachet : « Je suis à Pont-Aven avec ma famille. J'ai essayé la Normandie, pays des champignons, mais je n'ai pu rester là-bas ; je m'ennuyais à mourir dans ces régions humides. En Bretagne, il pleut tout aussi souvent mais ce n'est pas la même chose, vous n'enfoncez pas dans la boue jusqu'au genou, ici ce sont du sable et des rochers[34]. » Mais le peintre, séduit par l'ambiance, décide de rester un moment. Il offrira à son hôtesse, Julia Guillou, une aquarelle représentant un paysage des environs, destiné à décorer, selon la tradition, les murs de la salle à manger[35].

L'été suivant, il y revient pour y installer sa famille à l'Hôtel des Voyageurs puis partir travailler sur le motif mais change d'avis : « […] Je suis à Pont-Aven. J'y étais revenu seulement conduire ma famille mais j'ai commencé des choses. Il faut les finir et je suis bien ici. Je m'y plais beaucoup. Il y a des modèles. Alors je vais y rester un peu. Je vais travailler le mieux possible. Je pense que ça va bien marcher […] », écrit-il en août à son marchand[36]. Renoir rentre début septembre pour aller voter et assister au mariage de Jeanne, fille de Paul Durand-Ruel.

Renoir passe l'été 1894 à Bénerville près de Deauville chez les Gallimard, renonçant à l'invitation de Berthe Morisot en Bretagne. Il y vient l'année suivante et est début août en Cornouaille. Il retrouve le 8 août à Châteaulin Julie Manet et ses deux cousines, Jeannie et Paule Gobillard, qui étaient en vacances à Saint-Enogat[37]. Le journal de Julie nous raconte au jour le jour ce séjour. Le 9 août, Renoir et les trois jeunes filles quittent Châteaulin pour visiter Quimper et Bénodet. Le 10, ils vont à Douarnenez chercher une maison à louer puis se rendent

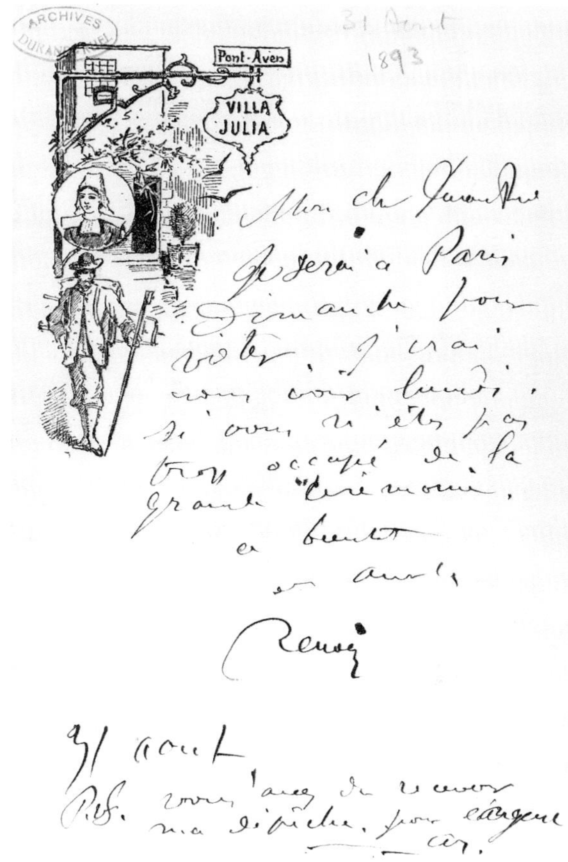

Mon cher Durand-Ruel
Je serai à Paris
Dimanche pour
voter, j'irai
vous voir lundi,
si vous n'êtes pas
trop occupé de la
grande cérémonie,
et bientôt
son ami,
Renoir

31 août

Ill. 15
Lettre de Renoir sur papier à en-tête de l'Hôtel Julia de Pont-Aven, 31 août 1893. Archives Durand-Ruel

29. Pornic appartient plus au monde vendéen qu'à celui de la Bretagne, mais il est situé en Bretagne historique, dans le département de Loire-Atlantique.
30. *Les Oies de Pornic*, huile sur toile, collection particulière, Fezzi 628 ; *La Plage de Pornic*, huile sur toile, collection particulière, Fezzi 641 qui indique qu'une seconde version existait dans l'atelier à la mort du peintre.
31. *Nu au chapeau de paille*, Pornic, 1892, huile sur toile, collection particulière.
32. Sterling and Francine Clark Institute, Williamstown.
33. Emile Bernard, *Souvenirs inédits sur l'artiste peintre Paul Gauguin et ses compagnons lors de leur séjour à Pont-Aven*, Lorient, 1939.
34. Paul Gachet, *Lettres impressionnistes*, 1957.
35. Ce fait est rapporté dans l'ouvrage de Léon Tual, *Mlle Julia*, Concarneau, 1928 où l'œuvre est reproduite. Elle a sans doute été vendue, comme tout le reste, en 1938.
36. Venturi 57.
37. Renoir et Berthe Morisot étaient très liés. Après la mort de son amie, Renoir passe donc les vacances avec Julie Manet, alors âgée de 17 ans, qui a déjà perdu ses parents et les deux cousines Paule et Jeannie Gobillard, nièces de Berthe Morisot. Elles ont également perdu leur mère. Jeannie épousera Paul Valéry.

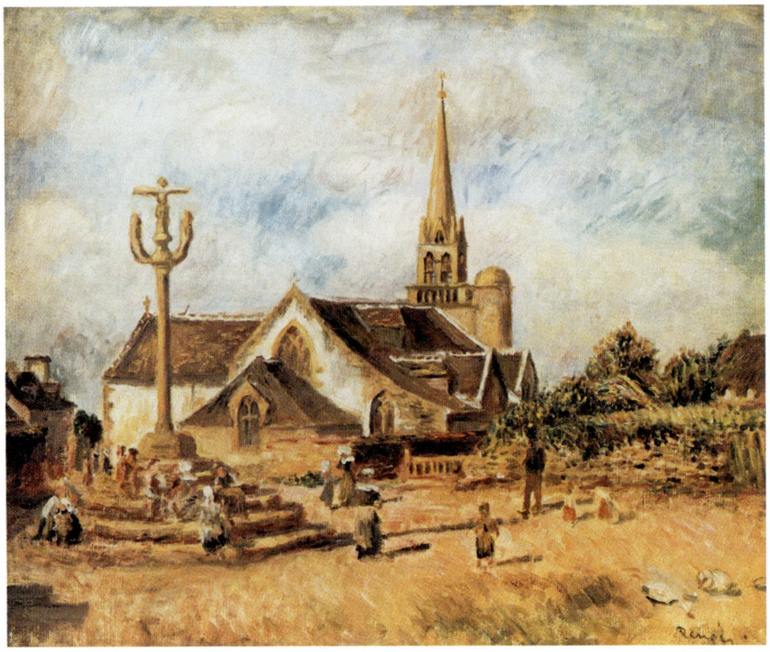

Ill. 16
Auguste Renoir
L'Eglise de Nizon
Vers 1892-1895
Huile sur toile, H. 46 - L. 55
Collection particulière

à Pont-Aven, afin d'y retrouver madame Renoir et ses deux fils à l'Hôtel des Voyageurs. Le 12, ils peignent au bord de l'Aven. Le 13, ils vont jusqu'aux ruines du château de Rustéphan et au village de Nizon. Le 16, ils descendent l'Aven jusqu'à l'embouchure afin de se baigner. Ils passent devant Rosbraz. Les trois jeunes filles découvrent avec émotion la maison où leurs mères ont habité en 1867. Renoir fait une étude sous les arbres. Le 23, ils peignent dans les bois au-dessus de Pont-Aven puis se rendent à Quimperlé afin de rencontrer une ancienne relation de leurs mères. Le 3 septembre, toute la famille Renoir et les trois cousines Morisot partent pour Douarnenez.

A l'issue de ces trois séjours à Pont-Aven, Renoir a peint quelques œuvres très différentes qui traduisent des hésitations : une grande vue panoramique de l'embouchure de l'Aven[38], trois paysages campagnards, difficiles à identifier[39] et l'église de Nizon[40] et son calvaire . Même si l'on tient compte de l'existence probable de quelques paysages mal identifiés ou localisés, la moisson paraît bien maigre et sans grande originalité. Nous ignorons tout des œuvres peintes d'après les modèles dont parle le peintre. La tradition locale dit qu'il aurait trouvé à Pont-Aven une jeune fille dénommée Gabrielle qui allait devenir son modèle préféré. Mais cela est inexact car Gabrielle Renard[41] était une cousine éloignée d'Aline Renoir, épouse du peintre. Elle est venue vivre avec le couple au début de l'été 1894 afin d'aider au ménage, dans la perspective de la naissance d'un second enfant en septembre. Elle est restée auprès d'eux durant vingt ans, servant à l'occasion de modèle pour d'innombrables scènes familiales.

Renoir et ses proches s'installent finalement dans la maison Lemaître à Tréboul. Le séjour se passe bien, il fait beau. « [...] Je travaille avec acharnement. Douarnenez superbe [...] », écrit-il début septembre[42]. « [...] Vous avez dû avoir une jolie chaleur à Paris tous ces temps derniers, d'après ce qui fait ici étant au bord de la mer et au nord. Maintenant c'est délicieux. On se croirait dans le Midi l'hiver [...] », écrit-il à son marchand le 20 septembre. Une longue lettre datée du 5 septembre à Paul Bérard nous en dit un peu plus sur ce dernier séjour breton[43] : « [...] Je suis jusqu'à la fin du mois dans un pays tellement merveilleux que je pense toujours à vous, non pas tant sous le rapport pictural qui me regarde, mais en me promenant dans ces immenses landes au bord d'une mer extraordinaire, qui peut lutter avec la Bella Napoli. Je vous vois avec votre fusil dans cette sauvagerie et le soir votre carnier chargé de bécasses. L'hiver y est très doux et la chasse agréable. Dites donc ça à André [...]. Il reviendra émerveillé ; octobre et novembre surtout. L'ennui, c'est que c'est long, long pour y venir [...] à moins qu'à Dieppe ou au Havre il y ait un bateau allant à Brest. Car de là, il y a la *Glaneuse* qui vous traverse la merveilleuse baie de Douarnenez.

Il n'y a donc pas à voir des palais ou des villas, mais des chaumières, des rochers de granit, des terrains immenses, des tapis composés d'ajoncs [,] de bruyères épaisses dans lesquelles logent une quantité de bêtes.

Je suis allé le mois dernier faire une petite excursion à l'île Verte près de Concarneau en face de la plage de Raguénèse *(sic)* près de Pont-Aven. Cet îlot à notre arrivée était tellement plein d'oiseaux de mer qu'au premier coup de fusil une quantité innombrable s'est élevée et voltigeait autour de l'île avec des cris terribles, on ne voyait plus le ciel ; [...] c'était admirable [...]. »

38. *L'Embouchure de l'Aven, vue de Kerscaff*, huile sur toile, collection particulière, Fezzi 629.
39. *Près de Pont-Aven*, collection particulière, reproduit dans Barnes, page 304. *Pont-Aven*, Barnes Foundation, Merion, reproduit dans Barnes, page 305. *Les Environs de Pont-Aven*, The Courtauld Gallery, Londres : le lieu ne peut être identifié, il n'est pas du tout sûr qu'il s'agisse de Pont-Aven.
40. *L'Eglise de Nizon, près de Pont-Aven*, huile sur toile, collection particulière.
41. Née à Essoyes en 1878, enfant de vignerons, elle n'a aucune relation avec la Bretagne.
42. Godfroy Durand-Ruel, lettre à Paul Durand-Ruel vers le 5 septembre 1895.
43. Lettre du 4 septembre, transcription par Jean-Louis Debauve, dans « Renoir à Saint-Briac et Tréboul », *Les Cahiers de l'Iroise*, Brest, juillet-septembre 1979, pages 136-137.

Renoir se laisse séduire par les vastes horizons de la baie de Douarnenez. Plusieurs œuvres montrent les bateaux de pêche au loin, perdus dans l'immensité fermée au nord par la côte dominée par le Menez Hom[44]. Une peinture plus construite représente à Tréboul une maison située derrière un petit calvaire appelé la croix Saint-Jean, du nom de la chapelle proche. A l'arrière, en contrebas, on distingue la mer[45]. Une modeste peinture représentant la tête d'une fillette revêtue de la coiffe traditionnelle, la *pen sardin*, traduit un intérêt pour le pittoresque local[46]. Mais dans tout cela, nul intérêt pour l'animation du port et du marché ou pour les costumes des noces et pardons. La recherche de motifs nouveaux n'était pas le but des vacances familiales d'Auguste Renoir qui excursionne dans le cap Sizun jusqu'à Audierne. Toute la famille repart le 4 octobre après un mois passé à Tréboul.

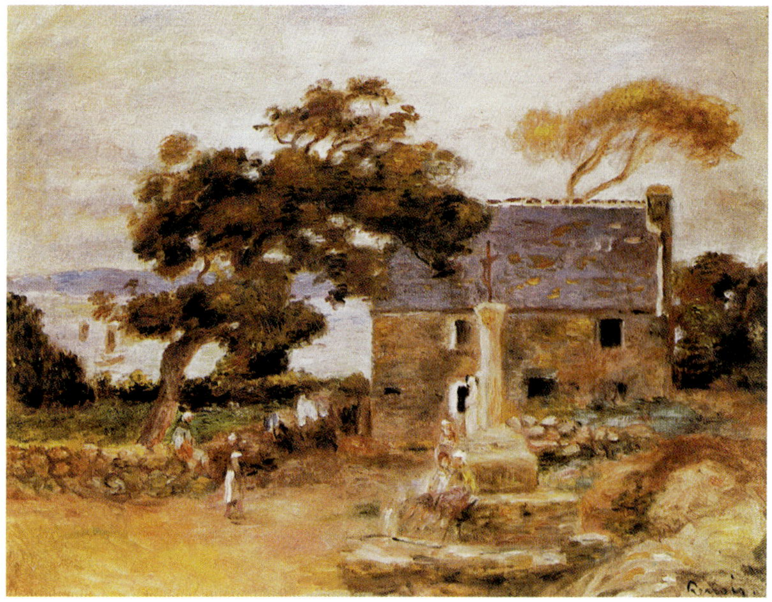

Ill. 17
Auguste Renoir
Tréboul, près de Douarnenez
1895
Huile sur toile, H. 55 - L. 66
Collection particulière

Le peintre ne reviendra plus en Bretagne, des ennuis de santé le contraignant à rechercher la chaleur du Midi, au Cannet puis à Cagnes.

Claude Monet, contre vents et marées

En 1872, la peinture de Claude Monet (Paris, 1840-Giverny, 1926) *Impression soleil levant*[47] donne prétexte à un journaliste d'inventer le qualificatif « impressionniste », qui donna son nom au mouvement. Ainsi Monet, plus que tout autre, figure comme le symbole de l'impressionnisme. Guidé par Eugène Boudin durant ses années d'adolescence vers le paysage de plein air, il est influencé par Turner, Corot et les peintres de Barbizon, les paysagistes hollandais et les estampes japonaises. Il a trouvé, à travers des variations sur un même thème, une gamme colorée claire et lumineuse juxtaposant des plans bien contrastés et l'organisation papillonnante de la touche, sa manière de percevoir les infinies variations de l'atmosphère.

La côte normande l'attire toujours et il séjourne chaque année à Dieppe ou Etretat. Mais, le besoin de renouvellement se faisant sentir, il entreprend de voyager et de rechercher de nouveaux paysages : en 1883, en compagnie de Renoir, il longe la Méditerranée de Marseille à Gênes puis séjourne au début de l'année suivante à Bordighera et à Menton. Au printemps 1886, il est en Hollande. Il abandonne les thèmes humains ou les sujets liés à la vie moderne et urbaine, qui caractérisaient ses œuvres précédentes, pour se consacrer exclusivement au paysage.

En septembre, Monet se rend pour la première fois en Bretagne et choisit Belle-Ile. Il connaît certainement la Bretagne par Eugène Boudin qui y séjourne depuis 1855. Mais, en 1886, les relations sont distendues et Boudin n'est pour rien dans la venue de Monet. Renoir s'est déjà installé le 1er août à Saint-Briac et l'invite à venir. Mais quand Monet reçoit ses lettres, il est déjà à Belle-Ile. Les séjours bretons de Signac ou de Gauguin n'ont sans doute aucune relation avec l'arrivée de Monet et le choix de Belle-Ile. Denise Delouche émet l'hypothèse d'une influence du récit de voyage de Gustave Flaubert *Par les champs et par les grèves*, qui venait de paraître l'année précédente[48]. Mais, à aucun moment, Monet ne fait allusion au récit de voyage de Flaubert en Bretagne en 1847 en compagnie de Maxime du Camp.

44. *La Baie de Douarnenez ou La côte bretonne, bateaux de pêche*, huile sur toile, collection particulière, Fezzi 643 ; *La Baie de Douarnenez*, huile sur toile, collection particulière, Fezzi 640 ; *Coucher de soleil à Douarnenez*, ancienne collection du Sterling and Francine Clark Art Institute de Williamstown. *Paysage, Tréboul*, huile sur toile, collection particulière ; *La Mer à Tréboul près de Douarnenez*, huile sur toile.
45. *Tréboul près de Douarnenez*, huile sur toile, collection particulière.
46. *Enfant dans un paysage portant la coiffe de Douarnenez*, collection particulière.
47. Musée Marmottan, Paris.
48. Denise Delouche, *Monet à Belle-Ile*, Le Chasse-Marée/ArMen, 1992.

N° 7
Claude Monet
Portrait de Poly
1886
Huile sur toile, H. 74 - L. 53
Musée Marmottan, Paris

En fait, Monet hésite depuis quelques semaines entre la Bretagne et la Normandie. Il éprouve le besoin de peindre une série d'œuvres de plein air avant l'hiver. Le projet existe déjà car il écrit fin juin à Berthe Morisot qu'il est « très désireux d'aller en Bretagne[49] ». Le 12 septembre, il écrit à Durand-Ruel : « Je me suis subitement décidé à faire de suite ce fameux voyage en Bretagne[50]. » Il semble qu'il avait l'intention de ne rester à Belle-Ile qu'une dizaine de jours afin de faire quelques toiles, puis d'aller à Noirmoutier chez Octave Mirbeau et de longer la côte bretonne jusqu'à Saint-Malo.

A son arrivée le 12 septembre, Monet passe deux journées à explorer l'île. Jugeant que les environs du Palais ne sont pas le « côté intéressant[51] », il décide de s'installer dès le 15 à Kervilahouen, un hameau de quelques maisons à 500 mètres de la Côte sauvage. Il loge chez un ancien capitaine, J.-M. Le Marec, qui tient une auberge. Les conditions de vie sont précaires. Le hameau est à proximité des plus grandioses sites de l'île et le peintre n'a guère besoin de se déplacer au-delà : les aiguilles de Port-Coton, l'anse de Port-Goulphar, les îles Domois, la plage de Port-Donnant, Port-Domais, la roche Guibel ou roche Percée. Il écrit à son marchand le 25 septembre : « Je suis installé dans un tout petit hameau de Belle-Ile, je travaille beaucoup, l'endroit est très beau mais très sauvage, mais la mer est incomparablement belle et accompagnée de rochers fantastiques. Du reste l'endroit s'appelle la mer sauvage[52]. »

Une correspondance presque quotidienne avec sa compagne Alice Hoschedé, demeurée à Giverny[53], permet d'apprécier les réactions du peintre qui, les premiers jours, est confronté au mauvais temps. A la différence de ce qu'il a déjà peint au bord des falaises normandes, le peintre est très perturbé par le temps instable et par le phénomène des marées qui modifient heure après heure le paysage : « Je travaille, c'est superbe, mais c'est si différent de la Manche qu'il me faut me familiariser avec cette nature ; la mer est de toute beauté ; quant aux rochers, c'est un amas de grottes, de pointes, d'aiguilles extraordinaires, mais il faut du temps pour savoir peindre cela[54]. » Il écrit à son marchand Paul Durand-Ruel en octobre : « Je me donne beaucoup de mal car c'est une nature bien différente et j'ai été très dérouté au début, mais enfin je commence à comprendre le pays et ça marche[55]. » Il fait part de la même impression à son ami Caillebotte le 21 octobre : « Je suis dans un paysage superbe de sauvagerie, un amoncellement de rochers terrible et une mer invraisemblable de couleurs ; enfin je suis très emballé quoique ayant bien du mal, car j'étais habitué à peindre la Manche et j'avais forcément ma routine, mais l'Océan c'est tout autre chose[56]. »

Alors qu'il se croyait seul près de la Côte sauvage à cette période, Monet doit déchanter. Il a pour voisin un jeune peintre australien, John Peter Russel, installé depuis quelques semaines. Il raconte à Alice : « Je croyais bien être seul dans ce coin perdu, mais il y a dans un hameau voisin un peintre américain *(sic)* avec sa femme ; il est venu rôder hier autour de moi, pendant que je travaillais et a fini par demander si je n'étais pas Claude Monet (le prince des impressionnistes) ; ça a été une grande joie pour lui[57]. » Russel, plein d'admiration pour son aîné, sait capter la confiance de Monet et l'invite souvent à partager les dîners en compagnie de sa compagne, Marianna Mattiocco, une Italienne qui a posé pour de nombreux artistes. Russel conseille à Monet de prendre comme porteur un ancien marin, Hippolyte Guillaume, dit Poly. Celui-ci lui procure un ciré afin d'affronter la pluie et lui porte ses toiles, son chevalet et son matériel. Dans le vent, au bord de la falaise, il lui amarre son chevalet avec des cordes et des pierres. Les relations entre le peintre et son porteur, payé 2 francs par jour, sont excellentes : « Mon vieux porteur est un excellent type et bien obligeant ; il est malheureux que je ne travaille pas et qu'il me voit soucieux. Enfin un brave homme. Mon porteur est un dur à cuire que rien n'effraie. » Poly accompagne de ses commentaires l'avancement des toiles et se désole lorsque le peintre entreprend quelque

49. Lettre à Berthe Morisot, publiée dans Wildenstein, II, 1979, n° 676.
50. Lettre à Durand-Ruel, Venturi n° 161.
51. Lettre à Alice Hoschédé, publiée dans Wildenstein, II, 1979, n° 686.
52. Venturi n° 162.
53. Venturi reproduit soixante-treize lettres n° 684 à 757 adressées pour l'essentiel à Alice et à Durand-Ruel.
54. Lettre à Alice Hoschédé, publiée dans Wildenstein, II, 1979, n° 688.
55. Lettre à Paul Durand-Ruel, publiée dans Venturi n° 163, dans Wildenstein, II, 1979, n° 701.
56. Lettre à Caillebotte, publiée dans Wildenstein, II, 1979, n° 709.
57. Lettre à Alice Hoschédé le 18 septembre, Venturi n° 688.

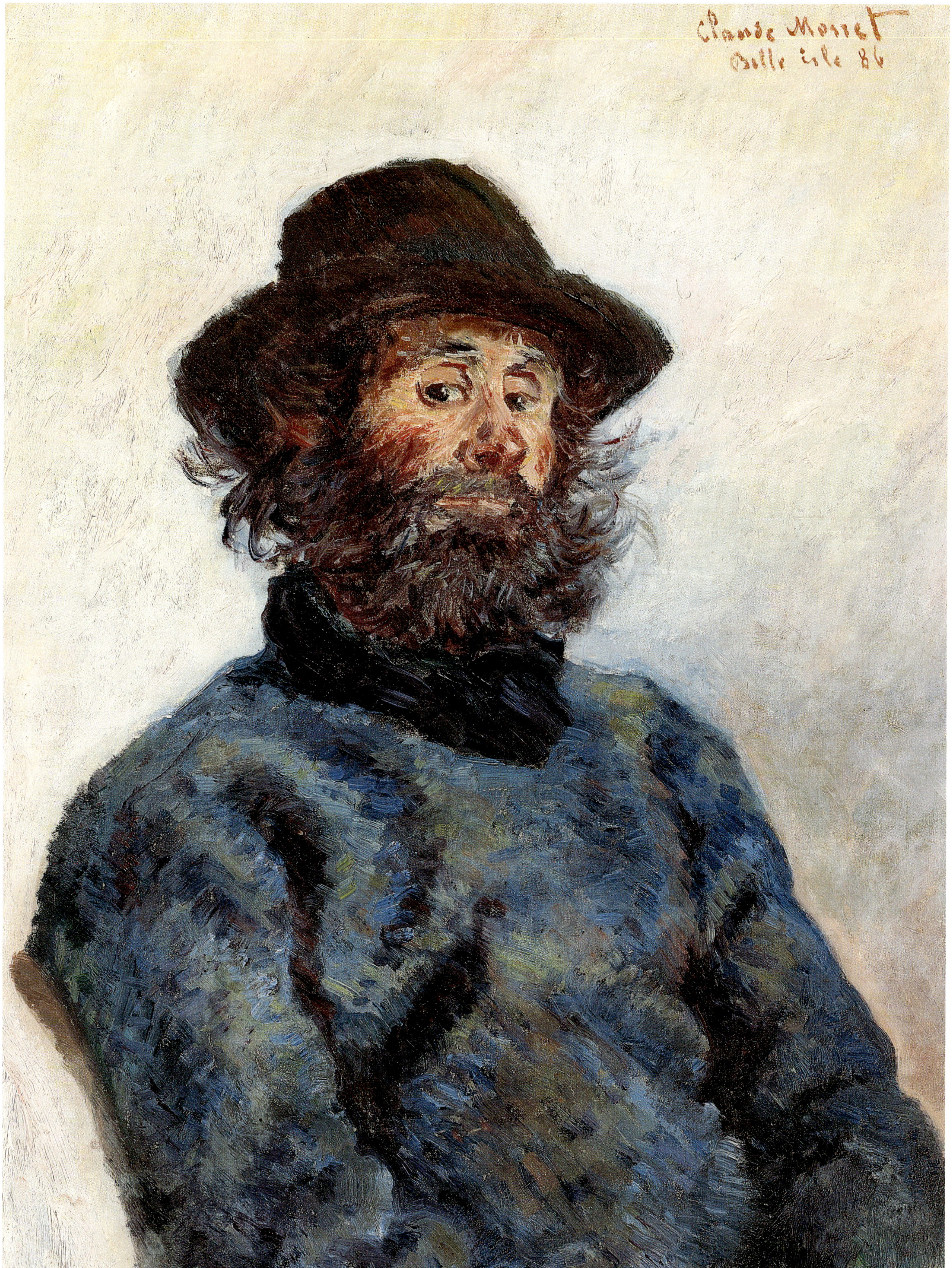
Claude Monet
Belle isle 86

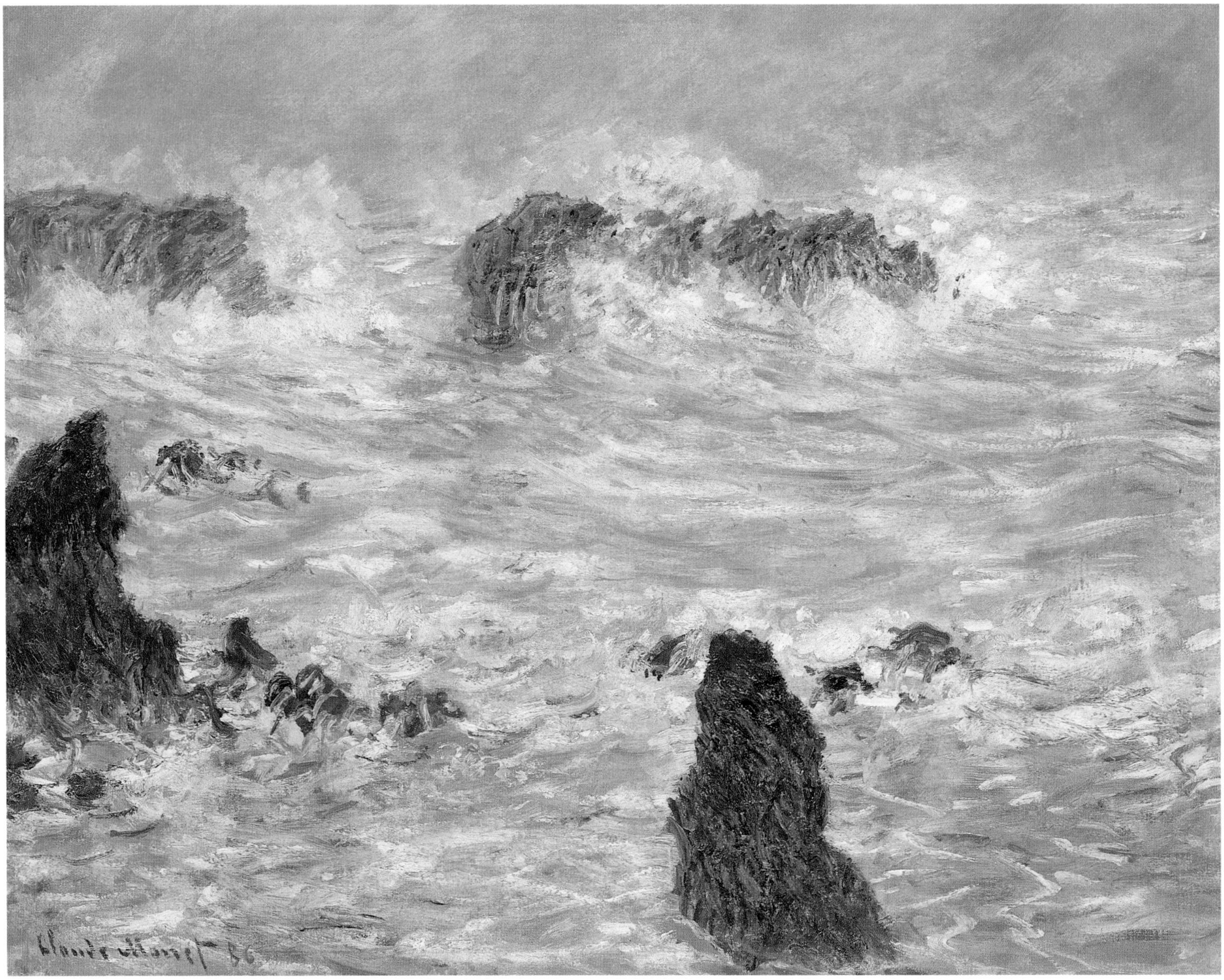

N° 8
Claude Monet
Tempête, côte de Belle-Ile
1886
Huile sur toile, H. 65 - L. 81
Musée d'Orsay, Paris

retouche. Le 17 novembre, le temps est vraiment trop mauvais pour s'aventurer dehors. Monet fait poser son porteur, réalisant ainsi « une bonne pochade extrêmement troublante ; il a fallu que tout le village la voie ». Celui qu'Anatole Le Braz a qualifié *de face velue de troglodyte* correspond bien à l'image du vieux loup de mer, bourru et fidèle, tel que le décrit le peintre. Poly a cru un moment que la toile lui était destinée, mais il se rabattra avec reconnaissance sur une photographie dédicacée et encadrée qui désormais trônera sur les murs du café Le Marec.

Les premiers jours de travail acharné sont perturbés par la tempête qui culmine vers le 28 septembre. La plupart des toiles en cours sont inachevées. Le peintre décide de rester au-delà des dix jours initialement prévus. Dès 7 heures du matin, profitant des éclaircies, il est sur le motif et travaille sans discontinuer. Les conditions météorologiques changeantes l'obligent à travailler sur plusieurs toiles en même temps.

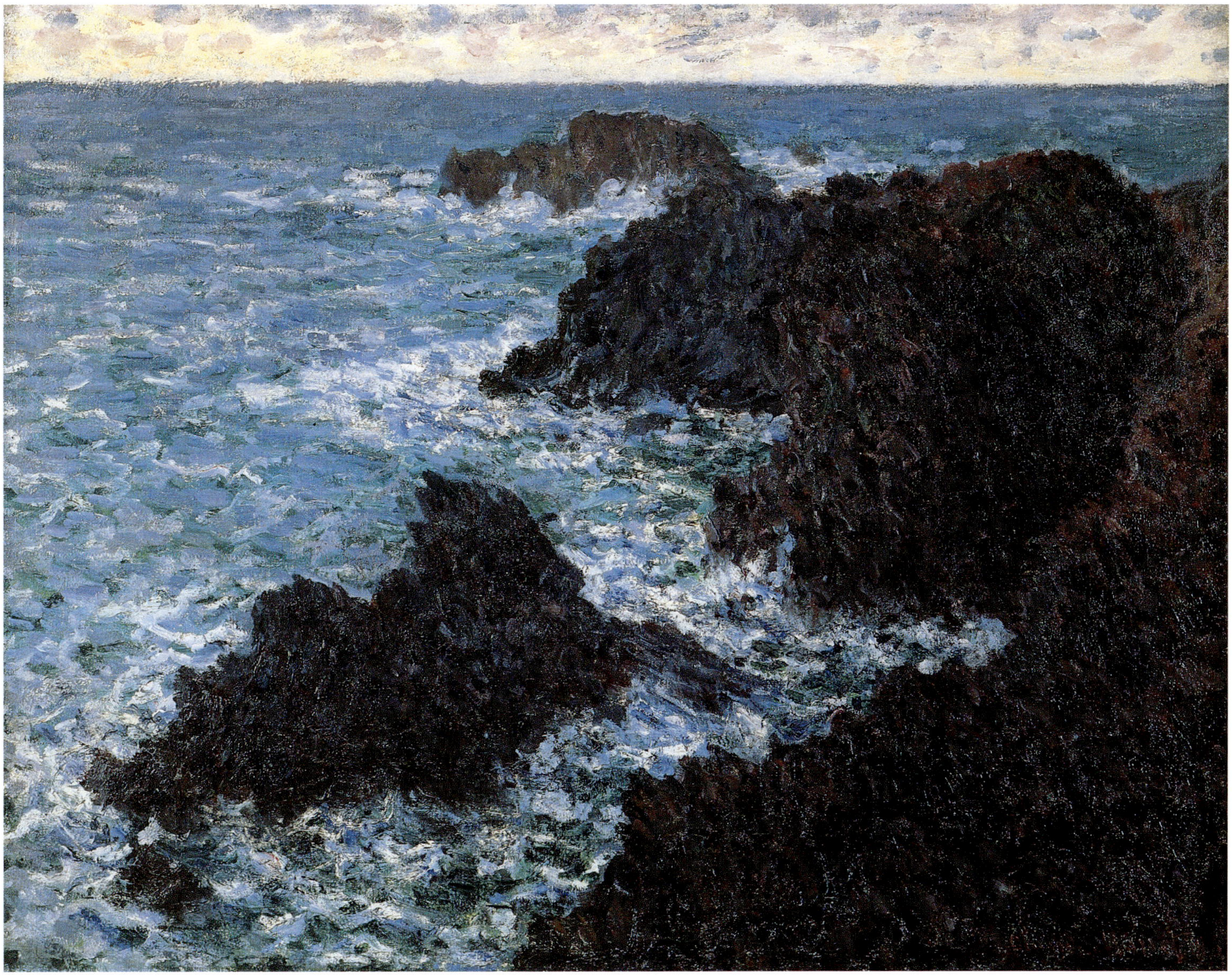

N° 9
Claude Monet
Les Rochers de Belle-Ile, la Côte sauvage
1886
Huile sur toile, H. 65 - L. 81
Musée d'Orsay, Paris

Une lettre du 15 octobre à Alice permet d'imaginer le peintre au travail : « […] La tempête a redoublé de violence ; c'est extraordinaire de voir la mer ; quel spectacle ! Elle est tellement déchaînée qu'on se demande s'il est possible qu'elle redevienne calme ; du reste, à force d'être agitée, elle commence à perdre un peu de sa couleur d'émeraude. […] J'ai pu trouver un petit coin d'abri pour faire une pochade, même deux, qui ne donnent que bien faiblement l'idée de ce bouleversement, mais, si demain le temps est le même, j'espère faire mieux ; mais que de mal pour atteindre cet endroit abrité ! Le vent est si fort que mon porteur et moi avons un mal terrible à avancer, et la mer envahit presque partout les bords de la côte pourtant élevée de 50 mètres[58]. » Il écrit à Durand-Ruel le 17 : « Je suis très dérangé par le mauvais temps depuis quelques jours et cela me retarde un peu. Depuis trois jours c'est une tempête terrible et [je] n'ai jamais vu un pareil spectacle. […] J'essaye de faire des pochades de ce bouleversement car c'est admirable mais hélas c'est bien difficile et qu'on est

58. Lettre à Alice Hoschédé, publiée dans Wildenstein, II, 1979, n° 713.

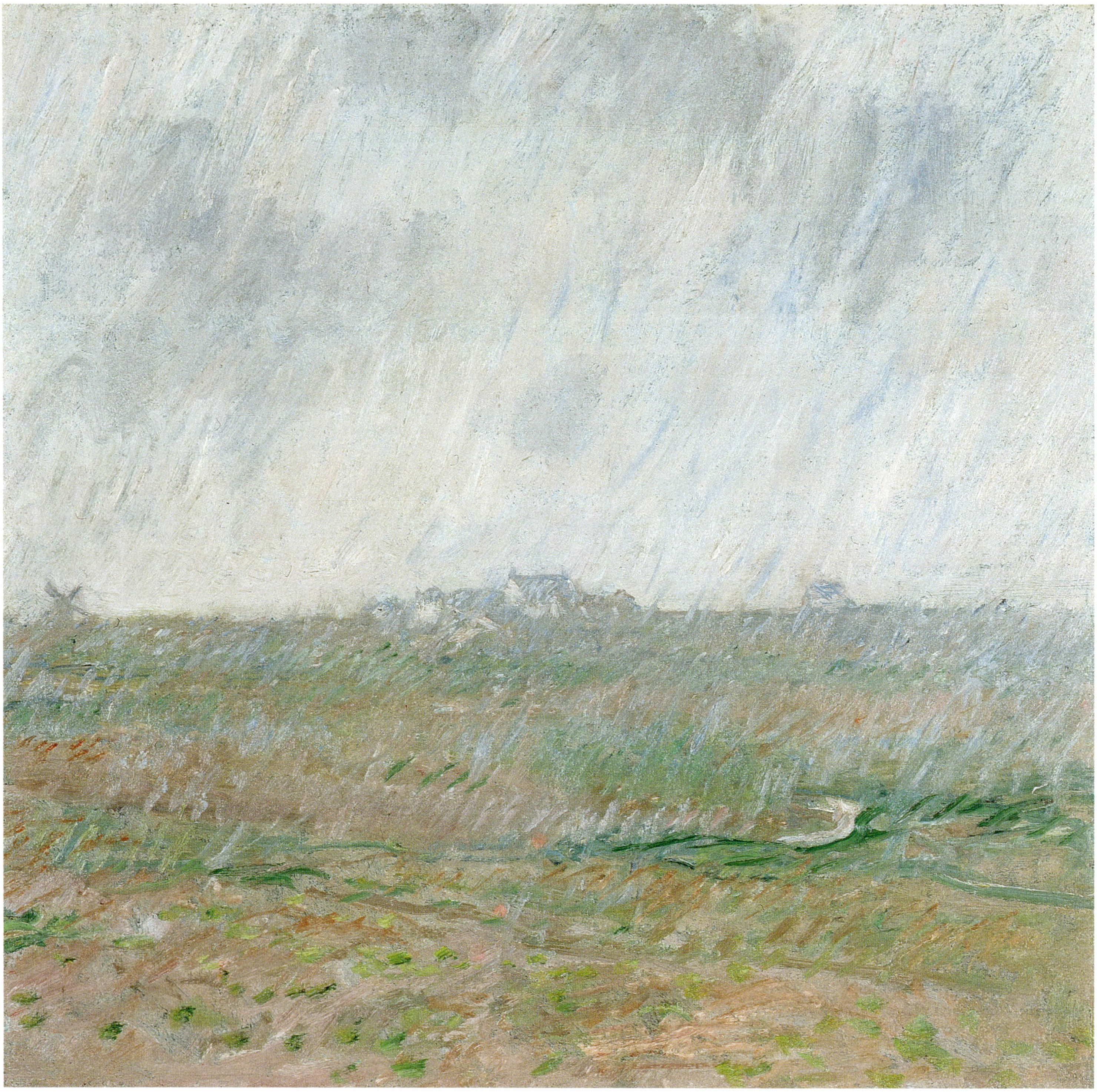

N° 10
Claude Monet
Pluie à Belle-Ile
1886
Huile sur toile, H. 60 - L. 60
Musée des Jacobins, Morlaix

mal à l'aise. [...] Je ne sais si ce que je rapporterai d'ici sera du goût de tout le monde, mais ce que je suis sûr, c'est que cela me passionne[59]. »

Le programme du peintre est totalement bouleversé par les variations du temps. Les toiles inachevées s'accumulent. Il reprend à plusieurs reprises le même motif suivant des conditions climatiques différentes. Le séjour va se prolonger de semaine en semaine. Le peintre se prend au jeu, fait venir de nouvelles toiles vierges et n'achèvera son travail que soixante-dix jours plus tard. Paul Durand-Ruel s'inquiète de cet acharnement et « lui conseille de revenir et d'aller passer l'hiver dans le Midi, parce que [son] affaire, c'est le soleil ». Monet lui répond que : « Je suis enthousiasmé de ce pays sinistre et justement parce qu'il me sort de ce que j'ai l'habitude de faire. J'ai beau être l'homme du soleil comme vous dites, il ne faut pas se spécialiser dans une seule note. » A propos de la difficulté d'exprimer le contraste entre les masses rocheuses sombres et le blanc de l'écume, il explique à Alice : « Je me suis mis bravement à travailler sous la pluie ; les rochers mouillés n'en sont que plus noirs, mais c'est peut-être plus beau. Il me faut faire de grands efforts pour faire sombre, pour rendre cet aspect sinistre, tragique, moi, plus porté aux teintes douces, tendres[60]. »

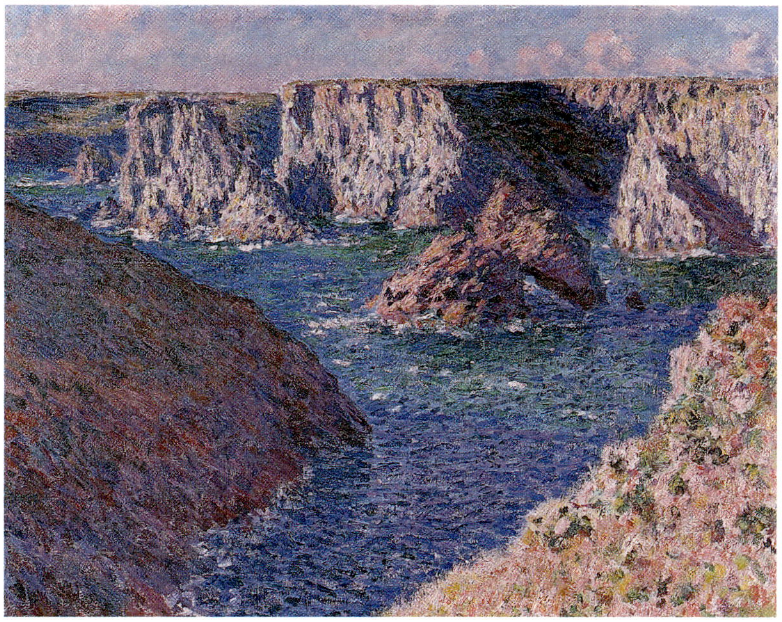

Ill. 18
Claude Monet
Les Rochers de Belle-Ile
1886
Huile sur toile, H. 63 - L. 79
Musée des Beaux-Arts, Reims

Durant ces dix semaines, Monet va finalement peindre trente-neuf toiles. Si l'on excepte le portrait de Poly[61] et trois qui laissent voir quelques maisons de hameaux[62], il n'a peint que la nature, ne montrant ni les marins, les bateaux, les phares ni les sémaphores ou des « curiosités » comme la citadelle du Palais. Cette unité thématique exceptionnelle se découpe en petites séries consacrées à quelques coins de la côte, les « pyramides » de Port-Coton[63], le rocher du Lion[64], l'accumulation de rochers à Port-Goulphar[65], ceux de Port-Domois[66] et la côte sous la tempête entre ces deux lieux[67].

Le soir du 2 octobre a lieu une rencontre incroyable : le peintre trouve sa place occupée. La première gêne dissipée et les présentations faites, l'homme se précipite pour lui serrer les mains : il s'agit de Gustave Geffroy, journaliste et critique d'art de *La Justice*, admirateur du peintre auquel il a consacré plusieurs articles. Les deux hommes ne s'étaient jamais encore rencontrés. Le critique était venu sur l'île enquêter sur la détention de Blanqui et sur son évasion manquée en 1856. Peu après, au vu des toiles en chantier, il exprime toute son admiration et déclare : « C'est la première fois qu'on aura peint la Bretagne ! » Il est totalement étonné des conditions de travail du peintre : « Claude Monet travaille devant ces cathédrales de Port-Domois dans le vent et dans la pluie. Il lui faut être vêtu comme les hommes de la côte, botté, couvert de tricots, enveloppé d'un ciré à capuchon. Les rafales lui arrachent parfois sa palette et ses brosses des mains. Son chevalet est amarré avec des cordes et des pierres. Qu'importe, le peintre tient bon et va à l'étude comme à une bataille[68]. »

Las d'attendre son invité à Noirmoutier, le critique Octave Mirbeau vient le voir à Belle-Ile le 3 novembre. Après son départ le 6, Monet redouble d'activité afin de terminer quelques œuvres. Certaines sont grattées et entièrement reprises, d'autres sont transformées une dernière fois et demeurent inachevées. Il quitte finalement Belle-Ile le 25 novembre en bateau pour se rendre directement dans l'île de Noirmoutier chez Mirbeau, où il ne demeure que quelques jours, pressé de rentrer auprès des siens à Giverny.

59. Venturi n° 161.
60. Lettre à Alice Hoschédé, publiée dans Wildenstein, II, 1979, n° 721.
61. *Portrait de Poly*, W1122, musée Marmottan, Paris.
62. Dont *Pluie à Belle-Ile*, W1120, musée des Jacobins, Morlaix.
63. Peuvent être citées dans les collections publiques : *Pyramides de Port-Coton, mer sauvage*, W1084, musée Pouchkine, Moscou ; *Rochers à Belle-Ile*, W1086, Ny Carlsberg Glyptotek, Copenhague ; *Pyramides de Port-Coton*, W1087, Fondation Rau, Zurich.
64. *Côte rocheuse, rocher du Lion, Belle-Ile*, W1090, Des Moines Art Center, Des Moines.
65. *Port-Goulphar*, W1094, Art Gallery of New South Wales, Sydney ; *Belle-Ile, rochers de Port-Goulphar*, W1095, The Art Institute of Chicago, Chicago ; *Les Rochers de Belle-Ile, la côte sauvage*, W1100, musée d'Orsay, Paris.
66. *Pointes de rochers à Port-Goulphar*, W1101, Cincinnati Art Museum, Cincinnati ; *Rochers à Belle-Ile, Port-Domois*, W1104, Saint Louis Art Museum, Saint Louis ; *Les Rochers de Belle-Ile*, W1107, musée des Beaux-Arts, Reims ; *Port-Domois*, W1108, Yale University Art Gallery, New Haven ; *Belle-Ile*, W1110, musée Rodin, Paris ; *Belle-Ile, effet de pluie*, W1112, Bridgestone Museum of Art, Tokyo ; *Grotte de Port-Domois*, W1114, Museum of Moderne Art, Ibaraki.
67. *Tempête, côte de Belle-Ile*, W1116, musée d'Orsay, Paris ; *Mer démontée*, W118, Musée national des Beaux-Arts, Alger.
68. Gustave Geffroy, *Monet*, Paris, 1970.

Ce séjour bellilois marque une étape importante dans l'évolution du peintre : d'une manière instinctive et désordonnée, il se confronte en plusieurs œuvres à un motif ; plus tard, ce procédé deviendra intentionnel et systématique dans les séries de la cathédrale de Rouen, des meules, du Parlement de Londres ou du bassin aux nymphéas.

Ce séjour est également trop long pour que Monet entreprenne alors le tour de la Bretagne. Il n'aura jamais l'occasion d'y revenir. John Peter Russel transmettra sur place la leçon du maître. Dix années après, le jeune Matisse séjourne à Kervilahouen. En discutant avec Russel, il approfondit sa réflexion à propos de la couleur, première étape de son évolution fulgurante.

La bonne fortune d'Armand Guillaumin

Dans l'histoire de l'impressionnisme, Armand Guillaumin (Paris, 1841-Orly, 1927) est assurément moins célèbre que Monet ou Renoir mais la constance de son art, la lutte contre l'adversité et la solidité des amitiés lui donnent une place à part. Dès 1863, il figure au « salon des refusés » aux côtés de Manet, Fantin-Latour, Pissarro ou Cézanne. Il a rencontré peu avant à l'Académie Suisse ces deux derniers qui demeureront toute leur vie des amis particulièrement fidèles. Il participe à toutes les discussions qui servent de base à l'impressionnisme. Mais, de condition modeste, il doit travailler pour vivre et ne peut peindre à Pontoise et sur les bords de la Seine que durant les loisirs que lui laissent ses métiers successifs.

En 1891, à l'âge de 50 ans, la chance lui sourit : il gagne la somme considérable de 150 000 francs-or à une loterie organisée par le Crédit foncier. On raconte que la première parole de Guillaumin, lorsqu'il apprit la nouvelle, a été : « Chic, je vais pouvoir peindre la mer ! » A partir de ce moment-là, il consacre son temps entre Crozant, un petit village de la Creuse et des voyages en Normandie, en Hollande ou sur la Côte d'Azur, en particulier à Agay. Il découvre l'Atlantique en séjournant dans les îles de Ré et de Noirmoutier.

Il se rend pour la première fois en Bretagne en 1892, semble-t-il, au Val-André sur la côte nord. Puis il y revient en 1902, 1907 et 1912. En 1895, il visite Belle-Ile[69]. Il y représente les rochers de Goulphar, d'une manière frontale, à l'opposé des procédés traditionnels de la perspective. Ses talents de coloriste, sa grande liberté d'écriture et sa sensibilité devant la nature y sont perceptibles. En 1900, il séjourne dans la région de Saint-Malo et de la vallée de la Rance[70] et sur la côte sud au Croisic et à Pornic. La plupart des œuvres bretonnes correspondent à une période où Guillaumin, depuis le milieu des années 80, ayant perdu le contact avec les autres membres du groupe, s'éloigne progressivement de l'impressionnisme. Ouvert à toutes les recherches nouvelles, il se lie avec Van Gogh en 1886, aide Signac à faire connaître le divisionnisme et noue des relations avec le jeune Othon Friesz. Sa palette devient plus vive, les couleurs plus intenses, ce qui en fait un précurseur du fauvisme.

69. La date n'est pas totalement assurée. La seule œuvre connue est *Belle-Iler-en-Mer*, musée de Guéret, représentant les rochers de Goulphar, sous le nom de *Rochers sur la côte bretonne* dans Serret 305.

70. On peut citer *Saint-Servan, la tour Solidor*, de 1900, musée de Saint-Malo qu'il a peint à plusieurs reprises (Serret 318, 459 et 460) et *Bords de Rance*, 1900, collection particulière.

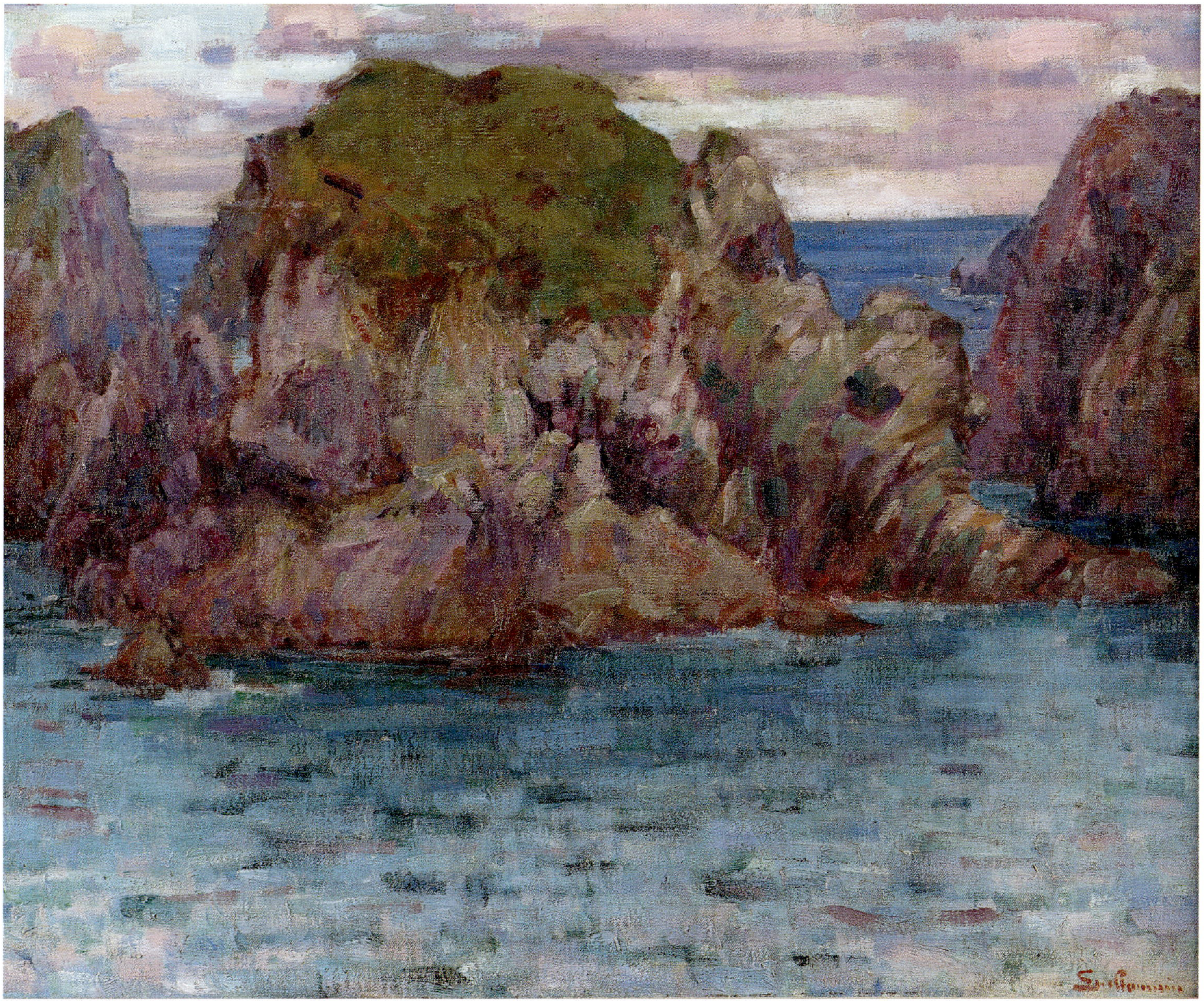

N° 11
Armand Guillaumin
Rochers sur la côte bretonne
(Goulphar, Belle-Ile)
Vers 1895
Huile sur toile, H. 61 - L. 73
Musée des Beaux-Arts, Guéret

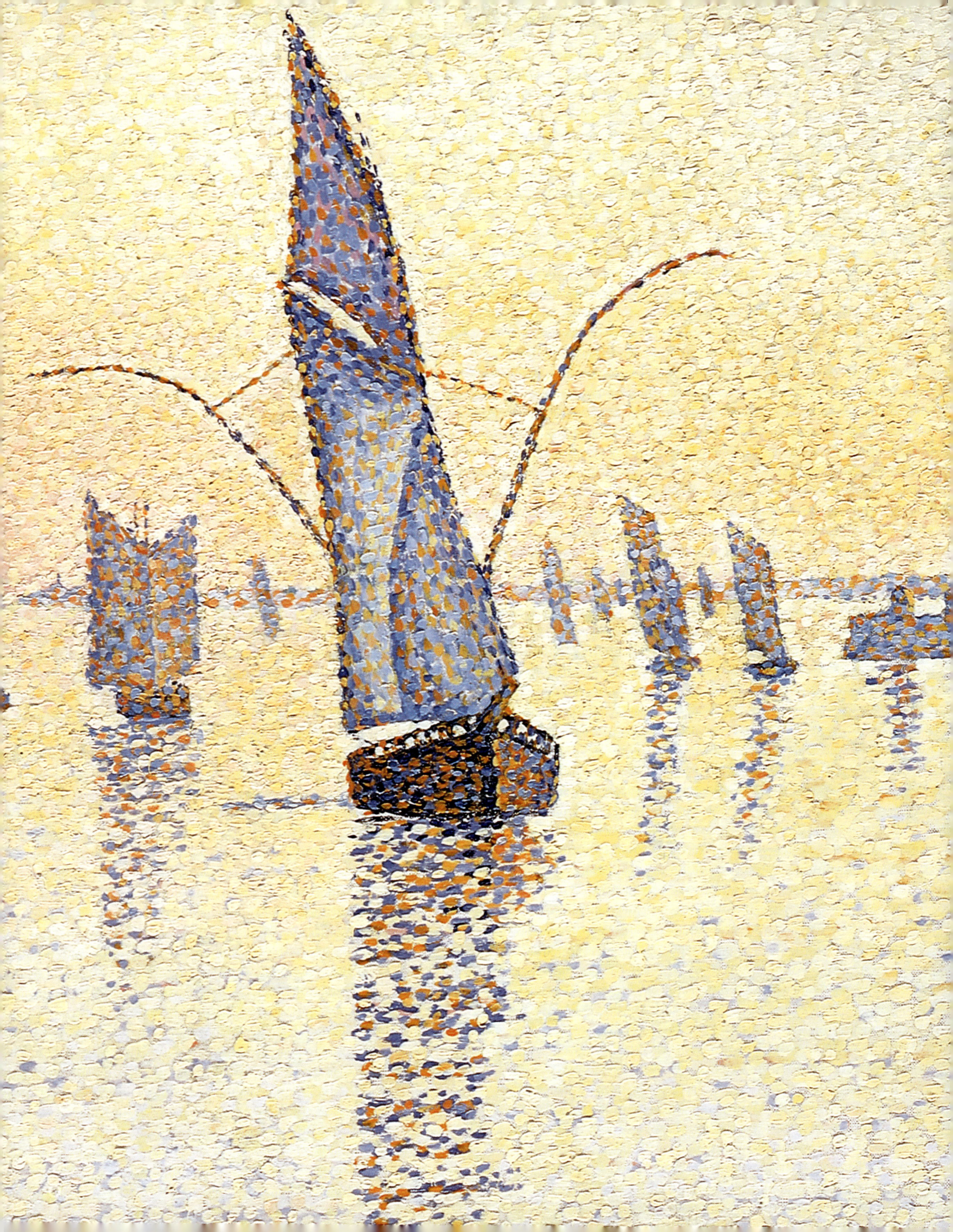

C h a p i t r e 3

Les néo-impressionnistes en Bretagne

Les impressionnistes peignaient de manière instinctive et instantanée, associant de larges coups de brosse à de fines touches en virgule, divisant les tons d'une manière empirique. Leur sensibilité devant la lumière changeante et leur écriture virtuose leur permettaient de traduire le caractère éphémère de la nature.

Les publications des découvertes du chimiste Chevreul à propos des contrastes simultanés des couleurs et des complémentaires certes confirmaient leurs intuitions[71], mais d'autres recherches, menées dans les années 1870-1880 ont permis le développement d'un mouvement plus général de réflexion et de théorisation. Cela va rendre possible l'élaboration, par Seurat, d'une nouvelle peinture, le néo-impressionnisme, ainsi dénommé en 1886 par Félix Fénéon dans son compte rendu de la huitième exposition des impressionnistes.

N° 13
Paul Signac
Concarneau, calme du soir, opus 220 (détail)
1891
Metropolitan Museum of Art, New York, Robert Lehman Collection

71. *De la loi du contraste simultané des couleurs et de l'assortiment des objets colorés considéré d'après cette loi dans ses rapports avec la peinture*, 1839 et *Des couleurs et leurs applications aux arts industriels à l'aide des cercles chromatiques*, 1864.

Georges Seurat, une année de service militaire

Georges Seurat (Paris, 1859-Paris, 1891) souhaitant trouver un fondement scientifique à la peinture, étudie les œuvres des théoriciens de l'optique, de la lumière et des couleurs, en particulier Chevreul, Rood et Henry. Il est le premier à utiliser systématiquement le mélange optique : le peintre juxtapose des petites taches de couleur ; l'ensemble est reconstitué par l'œil de celui qui regarde la peinture. Cette pratique minutieuse s'appuie sur une élaboration lente des compositions qui obéissent à de grands rythmes et à de savantes proportions. La courte vie de Seurat — il meurt à 32 ans — offre une suite de chefs-d'œuvre : *Une baignade (Asnières), Un dimanche à la Grande-Jatte, Les Poseuses, Le Chahut, La Parade de cirque, Le Cirque*. Seurat, fondateur du Salon des Indépendants en 1884, participe à la dernière exposition des impressionnistes en 1886, mettant fin ainsi à l'impressionnisme « romantique » et spontané des Monet ou Renoir et créant un impres-

Ill. 19
Georges Seurat
Soldat assis dormant les mains croisées
1880
Mine de plomb et crayons de couleur, H. 14,5 - L. 23,3
The Fine Arts Museum of San Francisco

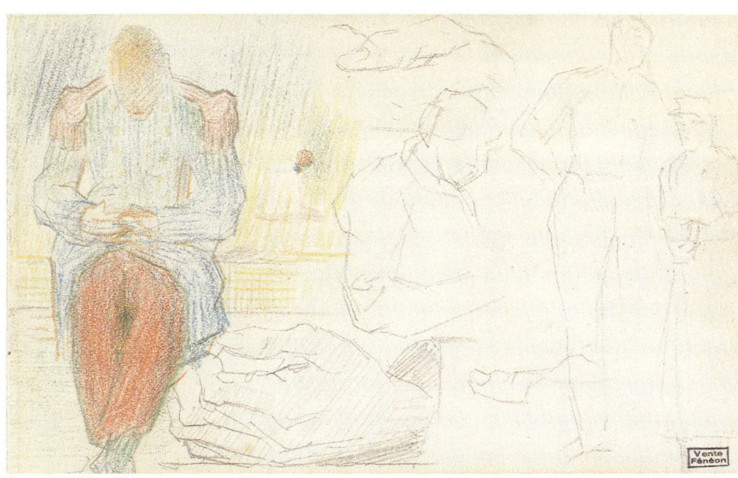

sionnisme « scientifique ». Il influencera non seulement bon nombre de ses contemporains, mais aussi la génération suivante jusqu'à Matisse et les fauves.

Seurat a effectué son service militaire à Brest de novembre 1879 à novembre 1880. A la mort du peintre, on a trouvé dans l'atelier six carnets de croquis qui correspondent pour l'essentiel à cette période. Les feuilles qui demeurent représentent des escrimeurs, des études de mains ou de bras, des copies d'œuvres de Michel-Ange, Poussin ou d'autres artistes, des paysans, des paysages et des marines, des dessins de soldats, quelques scènes de rue, de music-hall et de cirque. Ils témoignent de la formation du peintre et de ses préoccupations d'alors : dans certains dessins, il utilise systématiquement les couleurs complémentaires[72].

Paul Signac, les années décisives en Bretagne

Fils d'un sellier-harnacheur parisien, Paul Signac (Paris, 1863- Paris, 1935) est attiré dès l'adolescence par l'impressionnisme et l'art moderne. Il se lance dans la peinture en autodidacte et ses premiers tableaux témoignent de l'influence de Manet, de Monet, dont il admire l'exposition chez Durand-Ruel en 1883, et de Cézanne, dont il remarque les peintures chez le père Tanguy. Son engagement est conforté par des rencontres avec Caillebotte, Guillaumin et Monet.

Au printemps de l'année 1884 est organisé un Salon des Indépendants qui accueille des refusés au salon officiel et divers artistes qui refusent la sélection d'un jury. Signac participe activement à l'organisation du salon puis à la création de la Société des artistes indépendants et, à cette occasion, rencontre Seurat, Angrand, Cross et Dubois-Pillet. Une amitié se noue entre Signac et Seurat qui peint alors *Une baignade* à Asnières[73].

C'est durant cette même année qu'il effectue un premier séjour en Bretagne à Saint-Briac sur la Côte d'Emeraude. Il est alors âgé de 21 ans. Il y peint avec vigueur des marines et paysages suivant la technique et l'esprit impressionnistes, où l'on remarque une volonté de dépouillement et de simplification. Il peint ainsi un même motif, la croix des marins à Saint-Briac, à marée haute et à marée basse[74], le paysage de la Pommelière à Saint-Lunaire, une cour à la Ville-Hue, le Béchet, le port. L'année suivante, en 1885, il revient à Saint-Briac, demeurant dans une villa, 64 rue de la Houle.

Caillebotte l'avait initié à la voile sur le bassin d'Argenteuil et Signac acheta en 1883 un petit voilier. Cet intérêt pour la voile va devenir une passion en Bretagne. Signac va s'affirmer comme un fin régatier, participant à de nombreuses courses. Ainsi il remporte en 1891 à Douarnenez une régate sur son yacht l'*Olympia*. Désormais, chez Signac, voile et peinture ne pourront être dissociées.

Durant l'hiver 1885-1886, ses amis néo-impressionnistes se réunissent chez lui, d'abord Seurat et Dubois-Pillet puis Luce et Angrand, Cross, Van Rysselberghe, Pissarro, Fénéon. La vision de *L'Après-Midi à la Grande Jatte*[75], peint par Seurat en 1885, a été un choc pour tous. La rupture avec l'impressionnisme est évidente comme le démontrent l'organisation en 1886 de la dernière exposition du groupe impressionniste, les défections de Monet, Renoir et Sisley et l'arrivée de Signac et de Seurat.

Signac, qui rencontre Charles Henry, assimile parfaitement et rapidement les principes théoriques du divisionnisme, comme le montrent les peintures réalisées en Bretagne les années suivantes à Portrieux en 1888[76], Saint-Briac en 1890[77] et Concarneau en 1891[78]. L'équilibre dans la composition, l'harmonie, l'atmosphère souvent douce qui en émane, confèrent à ces paysages une place majeure dans le néo-impressionnisme. Comme Seurat au même

72. Les carnets de Brest ont été dispersés. Voir les notices du catalogue de l'exposition Seurat, 1991-1992.
73. Tate Gallery, Londres.
74. Dans les collections publiques : *Saint-Briac, la croix des marins*, Dixon Gallery, Memphis ; *Le Port de Saint-Briac*, musée Boymans, Rotterdam.
75. Chicago, Art Institute.
76. *Le Phare de Gourvello*, Hiroshima Museum of Art ; *Portrieux, le port*, Staatsgalerie, Stuttgart ; *Portrieux, la jetée*, Rijksmuseum Kröller-Müller, Otterlo, *Portrieux*, Fondation Rau, Zurich. Signac a séjourné de juin à septembre en compagnie de Jean Ajalbert, son « second » sur le bateau.
77. *Saint-Briac, le Port-Hue ou Bords sablonneux de la mer*, Moscou, musée Pouchkine ; *Baie de la Fresnaye*, Boston, Museum of Fine Arts.
78. Durant le séjour de quatre mois, Signac a peint cinq peintures dont *Concarneau calme du soir opus 220*, The Metropolitan Museum of Art, New York.

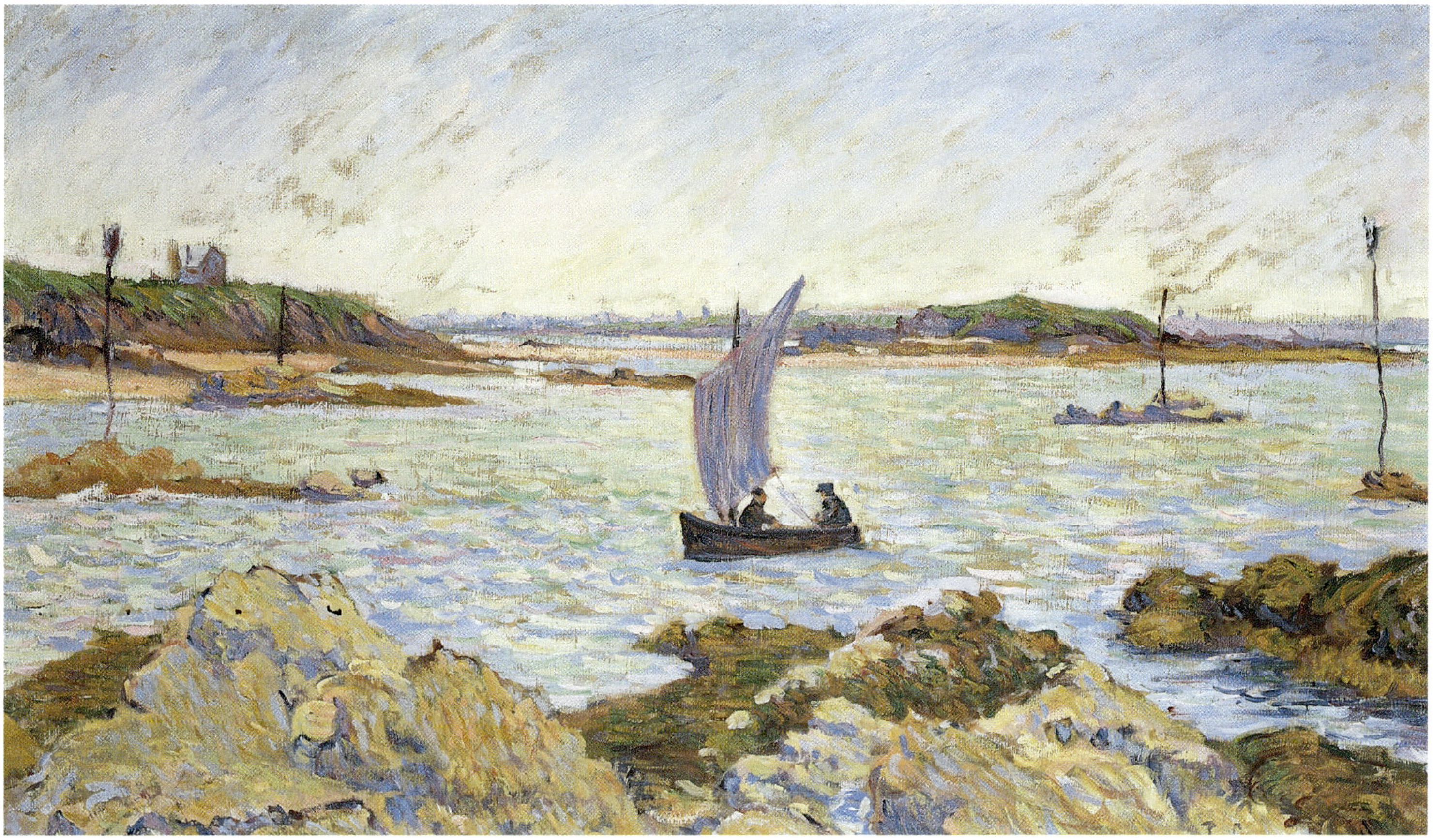

N° 12
Paul Signac
Les Balises à Saint-Briac
1885
Huile sur toile, H. 50 - L. 79
Collection particulière

moment à Port-en-Bessin, Signac s'attache à rendre les valeurs décoratives des lignes et des plans colorés. Certaines œuvres sont si épurées qu'elles sont proches de l'abstraction. L'influence des estampes japonaises, admirées à l'exposition de l'Ecole des Beaux-Arts, est perceptible dans certaines œuvres, par les innovations décoratives et rythmiques, comme dans *Brise, Concarneau*.

Le peintre recherche des analogies avec la musique, comme en témoigne l'usage du mot *opus* suivi d'un numéro pour distinguer ses œuvres. Lorsqu'il expose en 1892 au Salon des Vingt à Bruxelles, les cinq peintures réalisées à Concarneau en 1891, toutes du même format 65 par 81, il leur donne des titres de morceaux musicaux sous le titre générique *La Mer, les Barques, Concarneau* : *Scherzo, Larghetto, Allegro maestoso, Adagio* et *Presto finale*. Quelques semaines plus tard, au Salon des Indépendants à Paris, Signac revient à des titres traditionnels et plus compréhensibles : *Rentrée, Matin, Soir, Calme* et *Brise*.

A partir des années 1880, la Méditerranée et le soleil attirent la nouvelle génération. Signac est à Collioure en 1887, à Cassis en 1889. L'été 1891 passé à Concarneau a été pluvieux et triste. Signac est fortement ébranlé par la disparition si inattendue et prématurée de son ami Seurat, décédé le 29 mars. Avec Luce et Fénéon, il a procédé au partage des œuvres de l'atelier.

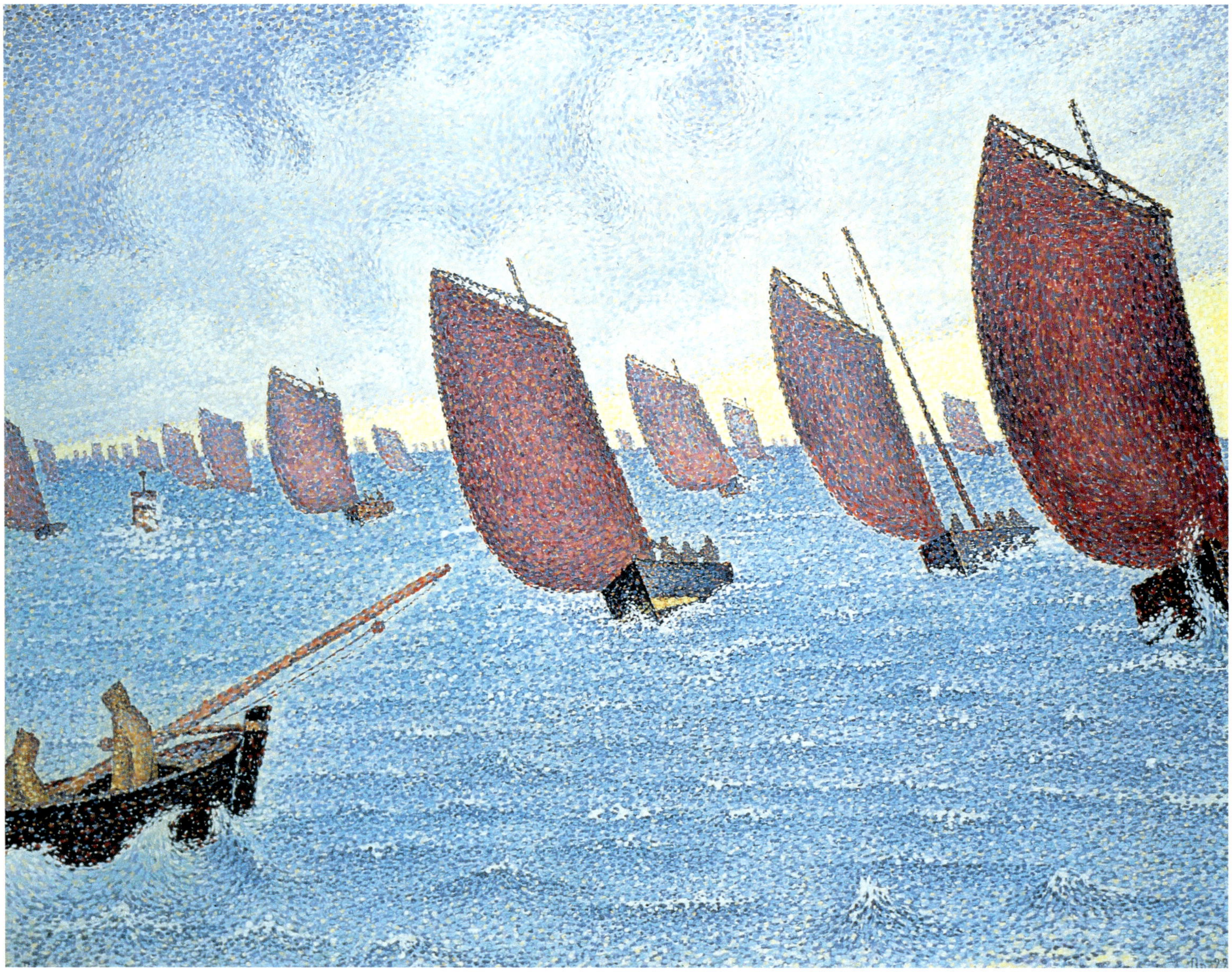

Ill. 20
Paul Signac
Brise à Concarneau, presto, opus 220
1891
Huile sur toile, H. 65 - L. 81
Collection particulière

A l'automne, il reçoit des lettres enthousiastes de son ami Cross qui connaît les Alpes-Maritimes depuis 1883 et s'est installé au Lavandou en 1891. Il écrit le 1er puis le 4 novembre 1891 à son ami Cross : « Que faites-vous ? Où êtes-vous ? Est-ce beau ? Moi je fus breton, quatre mois pluvieux, 5 toiles » ; « Combien j'envie votre existence digne, simple, élevée, loin de Paris et de sa mode soi-disant intellectuelle. A peine revenu de Bretagne, je voudrais partir. J'ai un peu soupé de la Bretagne, il y pleut trop. » La décision est prise : il abandonne la Bretagne au profit du Midi. En avril suivant, il se rend jusqu'à Concarneau avec sa compagne Berthe Roblès et Théo

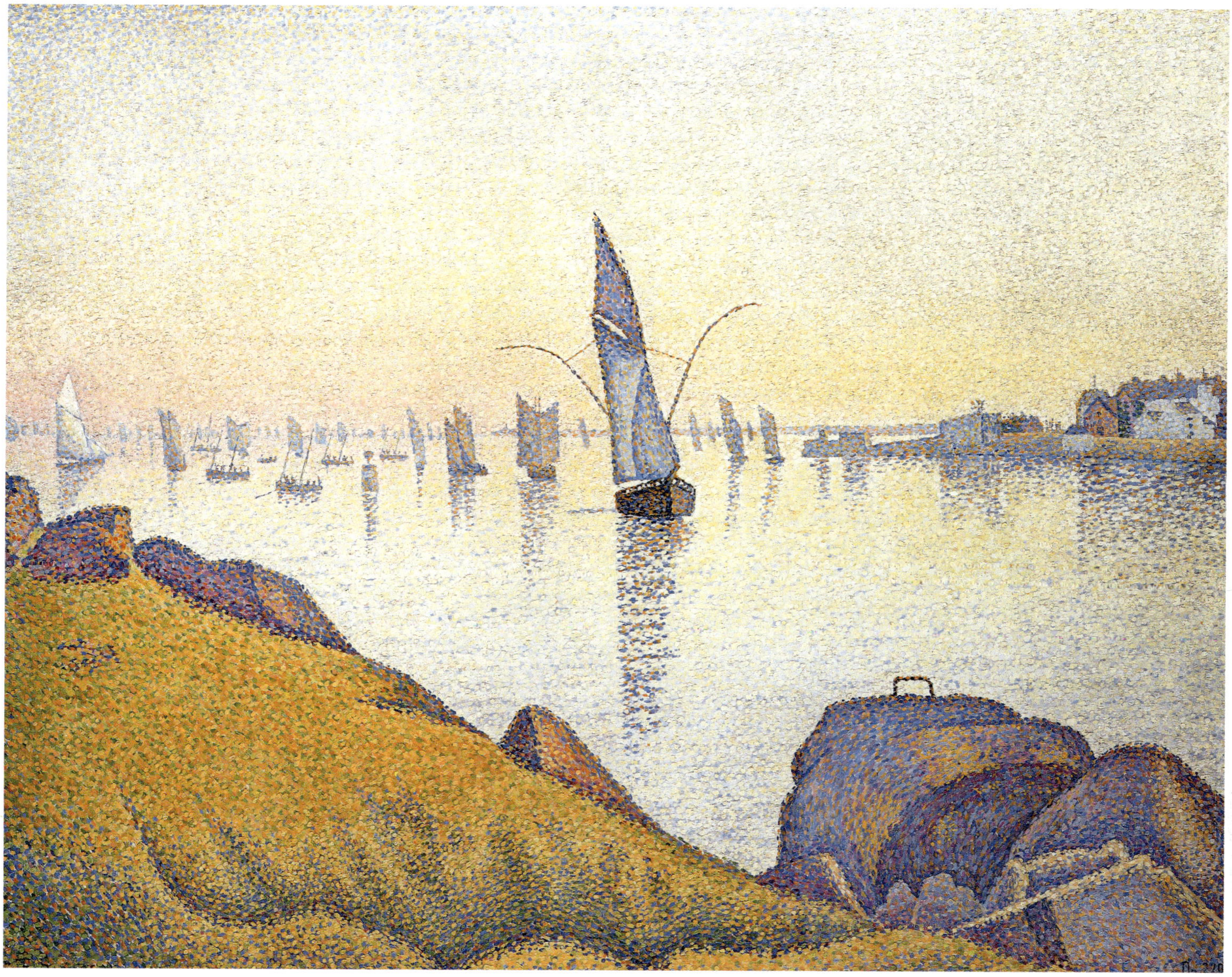

N° 13
Paul Signac
Concarneau, calme du soir, opus 220
1891
Huile sur toile, H. 65 - L. 81
Metropolitan Museum of Art, New York, Robert Lehman Collection

Van Rysselberghe et, à bord de son voilier l'*Olympia*[79], ils naviguent jusqu'à Saint-Tropez en empruntant le canal du Midi. Il va demeurer désormais pour l'essentiel à Saint-Tropez.

Quatre belles peintures représentant le Mont-Saint-Michel signalent un retour au bord de la Manche en 1897. Mais le peintre n'a fait que dessiner sur place des aquarelles. Les peintures ont été réalisées dans l'atelier tropézien.

Il faut attendre l'après-guerre pour retrouver de nouveau Signac en Bretagne. Après La Rochelle et avant la Normandie puis la Corse, il passe les étés à Lézardrieux entre 1923 et

79. Acquis en 1891, baptisé ainsi en hommage à Manet.

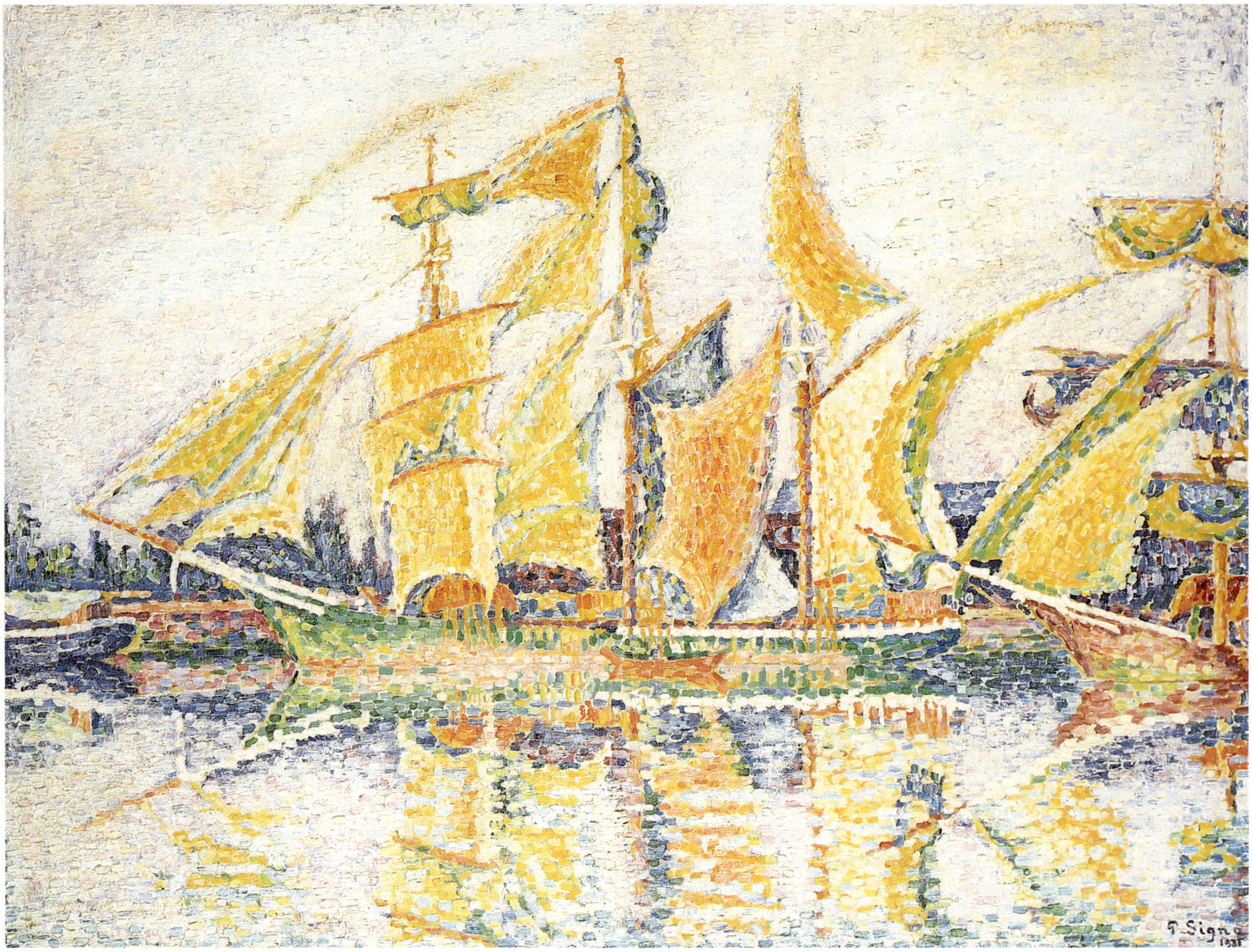

N° 14
Paul Signac
Trois mâts jaunes
1931
Huile sur toile, H. 73 - L. 92
Collection particulière

1929. Il fait le tour de la péninsule et dessine d'innombrables aquarelles des ports où il fait escale. Elles sont destinées en outre à un collectionneur qui lui a passé commande. Quelques-unes de ses notations instantanées deviennent des œuvres plus élaborées, peintes suivant des effets de mosaïque en juxtaposant des petits carrés colorés. Les thèmes sont plus anecdotiques qu'auparavant, mettant souvent en valeur les gréements des grands voiliers : à Saint-Malo, le départ des terre-neuvas[80] ou le bassin à flot, à Groix, la bénédiction des thoniers[81] ou à Concarneau, les thoniers en partance.

80. Musée de Saint-Malo.
81. The Minneapolis Institute of Art.

Le voyage de noces de Théo Van Rysselberghe

Théo Van Rysselberghe (Gand, 1862-Saint-Clair, 1926) est la figure marquante du néo-impressionnisme belge. En 1887, le *Dimanche à la Grande-Jatte* de Seurat est présenté au Salon des Vingt à Bruxelles. Ainsi le néo-impressionnisme pénètre directement en Belgique et suscite sa conversion aux nouveaux principes, tout comme Henry Van de Velde et Anna Boch. Les premières peintures néo-impressionnistes de Van Rysselberghe datent de 1888.

L'année suivante, il découvre la Bretagne peu après le 16 septembre, jour de son mariage avec Maria Monnon. Il vient en effet en voyage de noces à Roscoff. Durant ce séjour, qui a duré jusqu'à fin octobre, il dessine et peint à l'huile des petites études d'une technique plus impressionniste[82], prend peut-être des photographies, afin de peindre des grandes marines composées avec la plus grande attention suivant la technique divisionniste[83]. On connaît aujourd'hui trois œuvres, représentant la côte découpée, les rochers et les petites îles des environs[84]. Elles expriment l'immobilité, la contemplation, l'harmonie et traduisent une grande pureté dans le traitement stylisé et décoratif du paysage et sont proches des marines de Signac des années 1888-1890. Elles figurent parmi les chefs-d'œuvre de la peinture néo-impressionniste. Le peintre présente trois œuvres de Bretagne à l'exposition des Vingt à Bruxelles l'année suivante.

Van Rysselberghe revient en Bretagne à plusieurs reprises. En 1892, il accompagne Signac jusqu'à Concarneau et embarque sur le bateau de son ami. Il revient, semble-t-il, en 1898. En 1904, il séjourne avec les Mayrisch à Morgat. On connaît trois peintures de ce

82. Comme *Près des rocs de Per Keridec*.
83. La peinture d'Otterlo est environ cinq fois plus grande en surface que l'œuvre plus esquissée.
84. *La Pointe de Perharidy, Roscoff*, Rijksmuseum Kröller-Müller, Otterlo (on distingue à droite le rocher de Pen ar Mean et au fond l'île de Tizaozon) et *Près des rocs de Per Kiridec*, collection particulière, rétrospective Van Rysselberghe, Gand, 1962, n° 52. La pointe de Perharidy à l'ouest de Roscoff, en face de l'île de Batz, est également connue sur diverses cartes sous différents noms : Penkiridec, Perharidic, Pergueridic. La peinture du musée d'Orsay, *Voiliers et estuaire*, précédemment datée de 1892-1893, représente exactement le port de Roscoff avec au fond à l'est la pointe Sainte-Barbe. Elle date donc de 1889.

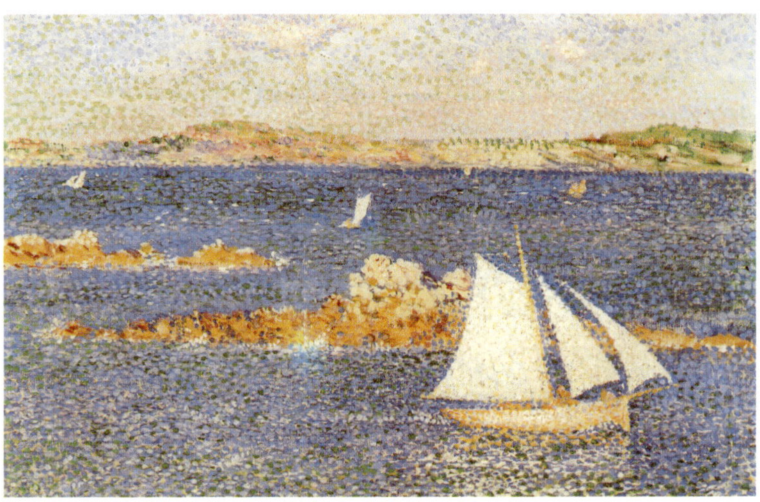

Ill. 21
Théo Van Rysselberghe
Près des rocs de Per-Kiridec
1889
Huile sur toile, H. 32 - L. 40
Collection particulière

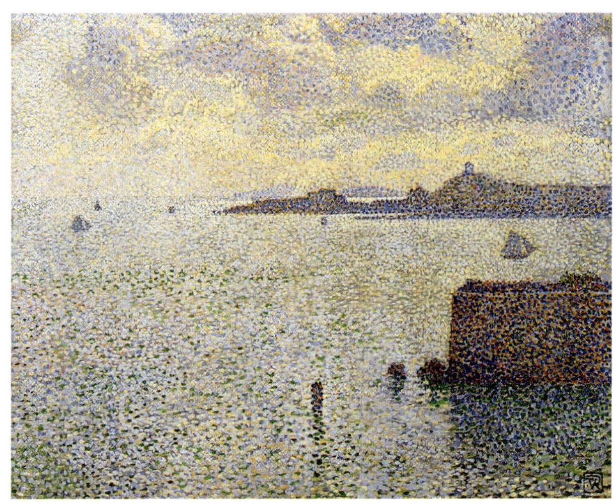

Ill. 22
Théo Van Rysselberghe
Voiliers et estuaire
1889
Huile sur toile, H. 50 - L. 61
Musée d'Orsay, Paris

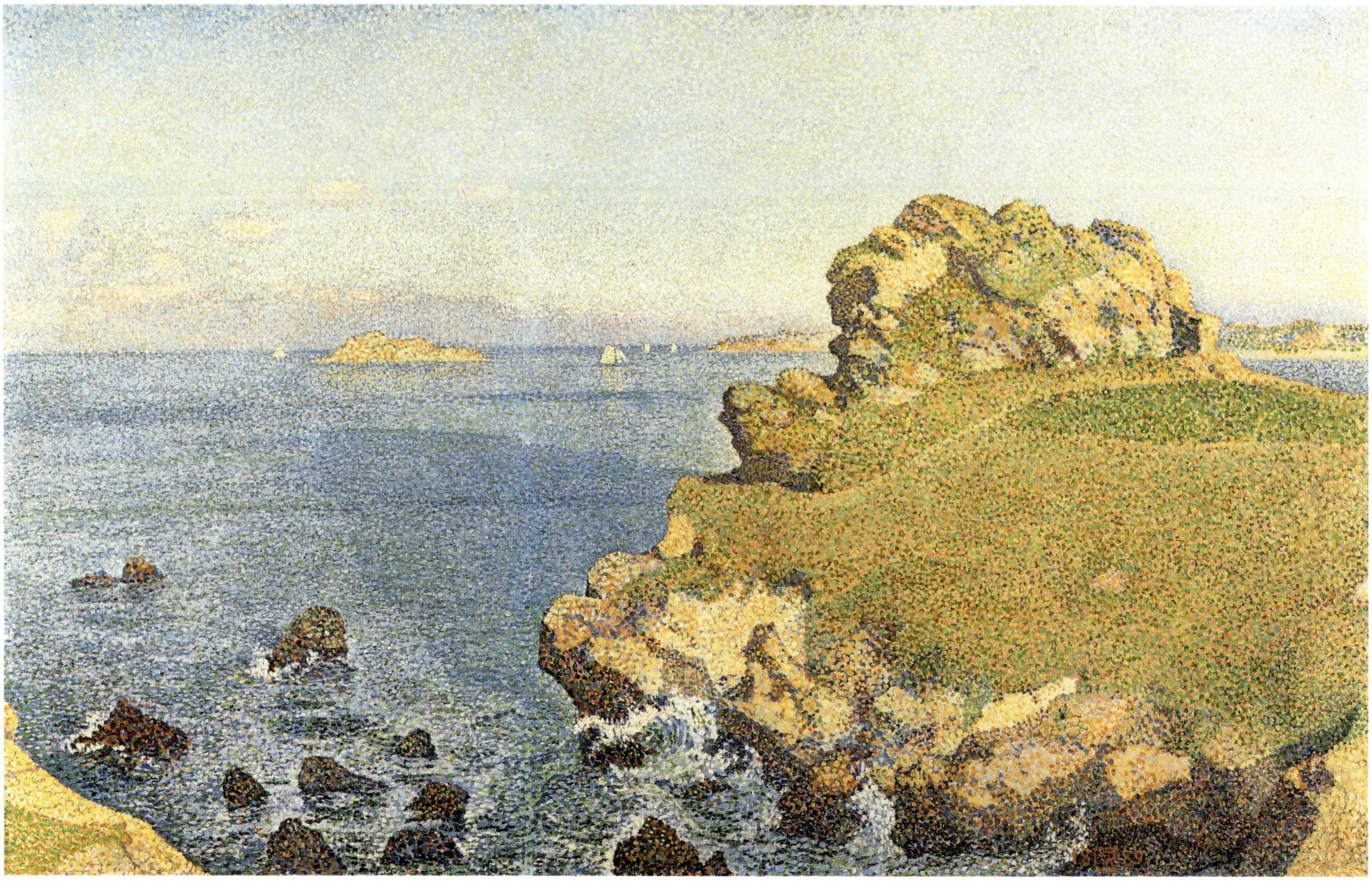

N° 15
Théo Van Rysselberghe
La Pointe de Per Kiridec, Roscoff
1889
Huile sur toile, H. 68 - L. 106
Rijksmuseum Kröller-Müller, Otterlo

séjour montrant l'anse de Morgat, la baignade de chevaux sur la plage et le site de la pointe de Dinan à proximité[85]. Il semble qu'il revienne à Morgat l'année suivante. Un village breton, peint en 1908, laisse supposer qu'il est venu une dernière fois à cette date mais le paysage ne peut être identifié[86].

Maximilien Luce en visite chez son ami Antoine

Le premier contact entre Maximilien Luce (Paris, 1858-Paris, 1941) et la Bretagne date de 1879 : celui qui n'est encore qu'un ouvrier graveur sur bois effectue son service militaire à Guingamp au 48e régiment d'infanterie de ligne. De cette période de dix-huit mois, l'on ne connaît que deux paysages de facture traditionnelle[87]. Grâce à l'amitié de Léo Gausson et au soutien de Carolus-Duran, dont il suit les cours du soir à l'Académie Suisse, il s'oriente vers la peinture, d'autant plus que le succès de la lithographie provoque le chômage des graveurs sur bois.

La découverte de l'art de Seurat en 1885 est une révélation, comme pour ses amis Cavallo-Peduzzi et Gausson. Il adopte bien vite le divisionnisme. Lors de son exposition au Salon des Indépendants dès 1887, il se lie avec Seurat et Signac puis rencontre Guillaumin,

85. *La Plage de Morgat*, collection particulière ; *La Baignade des chevaux à Morgat ou Les Cavaliers sur la plage*, collection particulière ; *L'Arche des korrigans, Dinan*, collection particulière.
86. *Village breton*, 1908, collection particulière.
87. Bouin-Luce, n° 19 et 20.

Angrand et Dubois-Pillet. Il fréquente *La Revue indépendante*. Il y retrouve Fénéon, le secrétaire, Charles Henry, Angrand, Pissarro et Seurat et y organise sa première exposition personnelle. Avec Seurat, Cross et Pissarro, il est invité par le groupe des Vingt à exposer à Bruxelles en 1889. Tout comme Pissarro et ses fils, Signac et Seurat, Maximilien Luce, ami de Jean Grave, partage des sympathies pour les idées anarchistes. Il collabore aux journaux anarchistes, *Le Père Peinard*, dont il dessine la couverture, *La Révolte* ou *L'Assiette au beurre*. Avec Fénéon et Signac, Maximilien Luce fut chargé par la famille de Seurat, qui vient de mourir le 29 mars 1891, du classement de l'atelier et du partage des œuvres. Cette même année, comme quelques autres, Luce commence à être découragé par la rigueur du langage divisionniste car il a toujours eu des difficultés à soumette complètement son tempérament romantique. Il cherche à se renouveler, voyageant à Londres ou à Saint-Tropez auprès de Signac.

Le séjour capital à Camaret, où il déploie une grande activité créatrice, date de 1893, deux années après, à un moment où la plupart des divisionnistes, comme Camille Pissarro, abandonnent la technique au profit, le plus souvent, d'un impressionnisme plus ordinaire. Nous ignorons les raisons précises de ce voyage, mais il semble que l'amitié d'André Antoine (1858-1943) y soit pour quelque chose. Maximilien Luce a été l'un des illustrateurs du *Théâtre libre* d'Antoine (*La Meule*, pièce de Georges Lecomte, 21 février 1891). On se souvient que l'une des premières manifestations du néo-impressionnisme fut une exposition de Seurat et de Signac (avec Van Gogh) en 1887 dans la salle de répétition du *Théâtre libre*. Celui-ci, qui a découvert le port de Camaret en 1891, y a attiré bon nombre de ses amis. On peut penser que le poète symboliste Rodolphe Darzens, ami de Luce et de Signac depuis les années 1886, a mis en relation son ami peintre et l'homme de théâtre dont il était le collaborateur. Dans le milieu parisien familier à Luce et Antoine, figuraient également le poète Saint-Pol Roux, qui séjournera à Camaret en août 1892, et l'avocat Jean Ajalbert, qui défendait les idées libertaires[88].

Luce visite d'abord Brest, qui ne l'enthousiasme guère : « Brest [...] me paraît horrible, écrit-il à Cross, des marins, des soldats, des bâtiments hauts, tristes et noirs où l'on ne voit que des écriteaux dans le genre inscriptions maritimes, enfin toute la saloperie gouvernementale et administrative[89]. » Ce n'est guère mieux pour Plougastel-Daoulas, « qui est soi-disant le coin de la Bretagne ayant gardé le plus de couleur locale ». Le peintre le compare à un décor d'opéra-comique : « C'est du faux naïf et d'un ridicule à se tordre[90]. » Il découvre enfin Camaret qui le ravit, en particulier en raison de l'animation qui règne sur les quais. Il s'y établit pour quelques semaines : « Combien j'aime mieux Camaret où je suis en ce moment, avec ses simples mathurins en bérets et en blouses, cela vous a une autre gueule que tous ces blagueurs. Décidément je crois qu'on nous la fait au breton[91]. »

Depuis plusieurs années des peintres comme Eugène Boudin, Charles Cottet ou Georges Lacombe fréquentent ce port, séduits à la fois par le mouvement des bateaux et les allées et venues des pêcheurs, par la configuration du lieu et par les multiples excursions possibles aux environs. On ignore les conditions précises de ce séjour. Sans doute Luce a-t-il séjourné à l'Hôtel de la Marine, tenu par

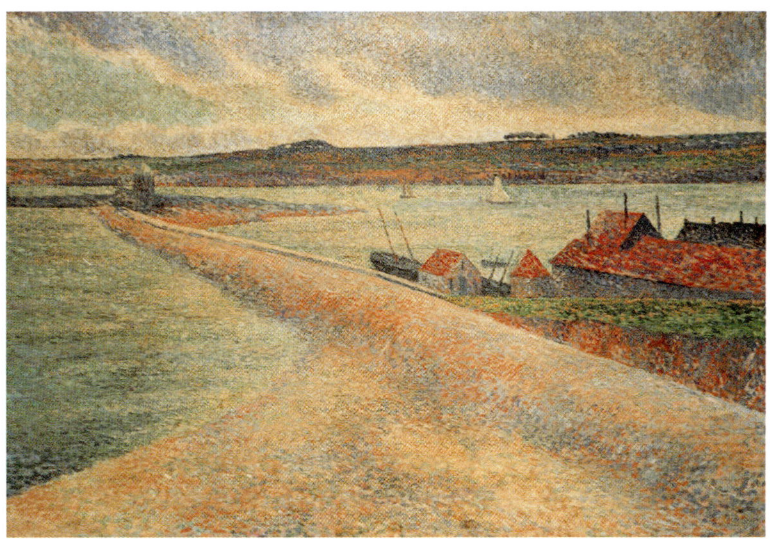

Ill. 23
Maximilien Luce
Camaret, la digue
1895
Collection particulière

88. Cette relation Luce-Antoine-Darzens-Ajalbert a été établie par Marcel Burel, que nous remercions.
89. Cité dans Cazeau, page 70.
90. *Idem* page 70.
91. *Idem*, page 71.

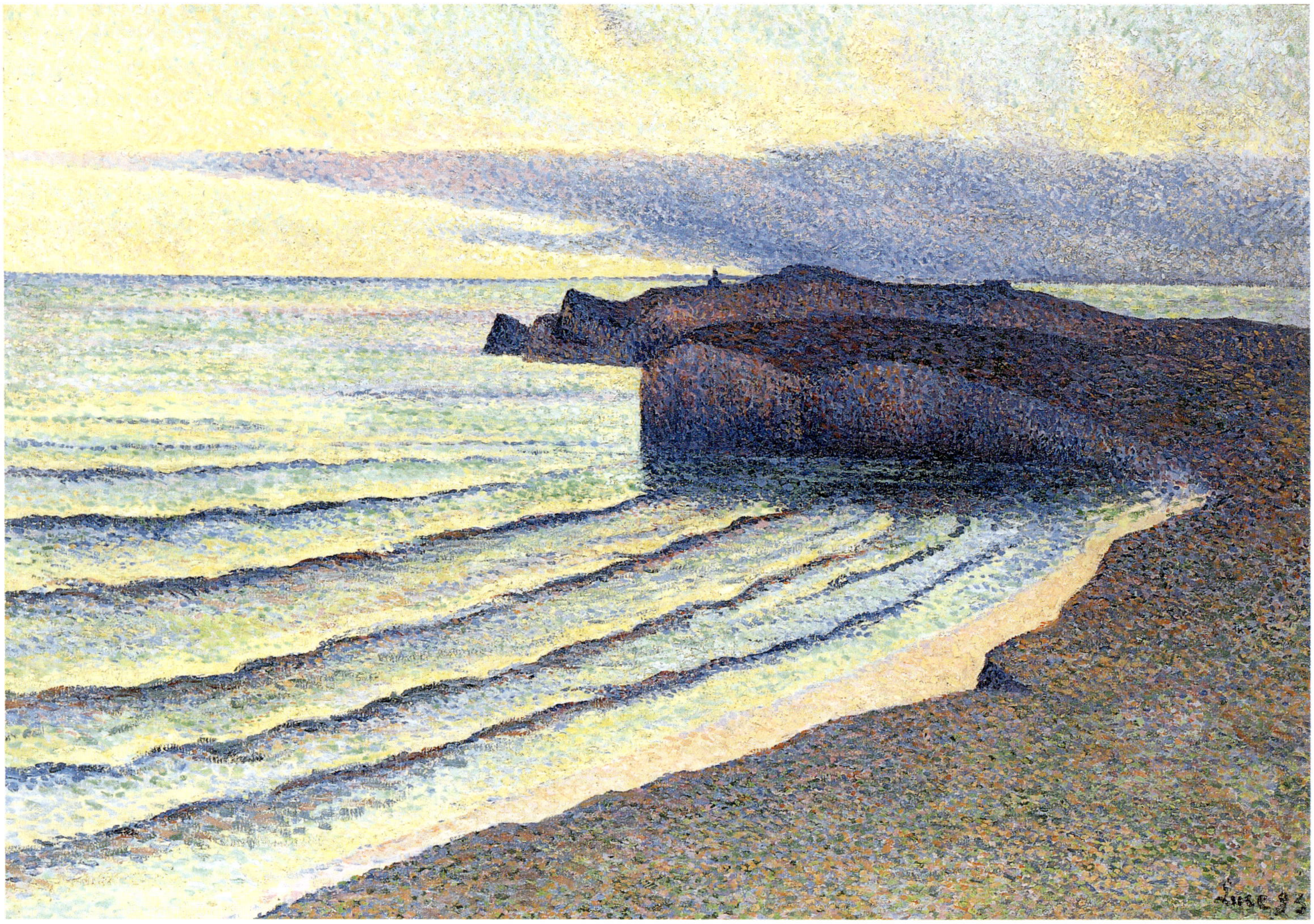

N° 16
Maximilien Luce
Bord de mer
(ou La Pointe du Toulinguet)
1893
Huile sur toile, H. 65 - L. 92
Musée du Petit-Palais, Genève

Rosalie Dorso, comme la plupart des peintres de passage ou ceux qui découvraient pour la première fois le port. Cet été-là, on sait qu'il y avait à Camaret Lacombe, Gustave Toudouze, Ranson, Sérusier, André Antoine, pour une quinzaine en août, accompagné de l'actrice Gabriela Zapolska.

Les œuvres d'inspiration camarétoise de Maximilien Luce, les unes datées de 1893, d'autres terminées à Paris datées 1894 et 1895, se divisent en deux catégories : certaines sont de stricte observance divisionniste, d'autres sont moins rigoureuses. Parmi les œuvres pointillistes figurent quelques chefs-d'œuvre du néo-impressionnisme. Dans *Camaret, la digue*[92], le peintre a été, comme tant d'autres, séduit par la configuration du port, en particulier la présence d'une digue naturelle, « le sillon », sur lequel sont bâties la tour Vauban et la chapelle Notre-Dame-de-Rocamadour. Mais Luce propose, comme Boudin, un point de vue original et une curieuse composition, très construite. Comme d'autres également, il représente la

92. Bouin-Luce, n° 1559, collection particulière. Esquisse Bouin-Luce, n° 1558, collection particulière.

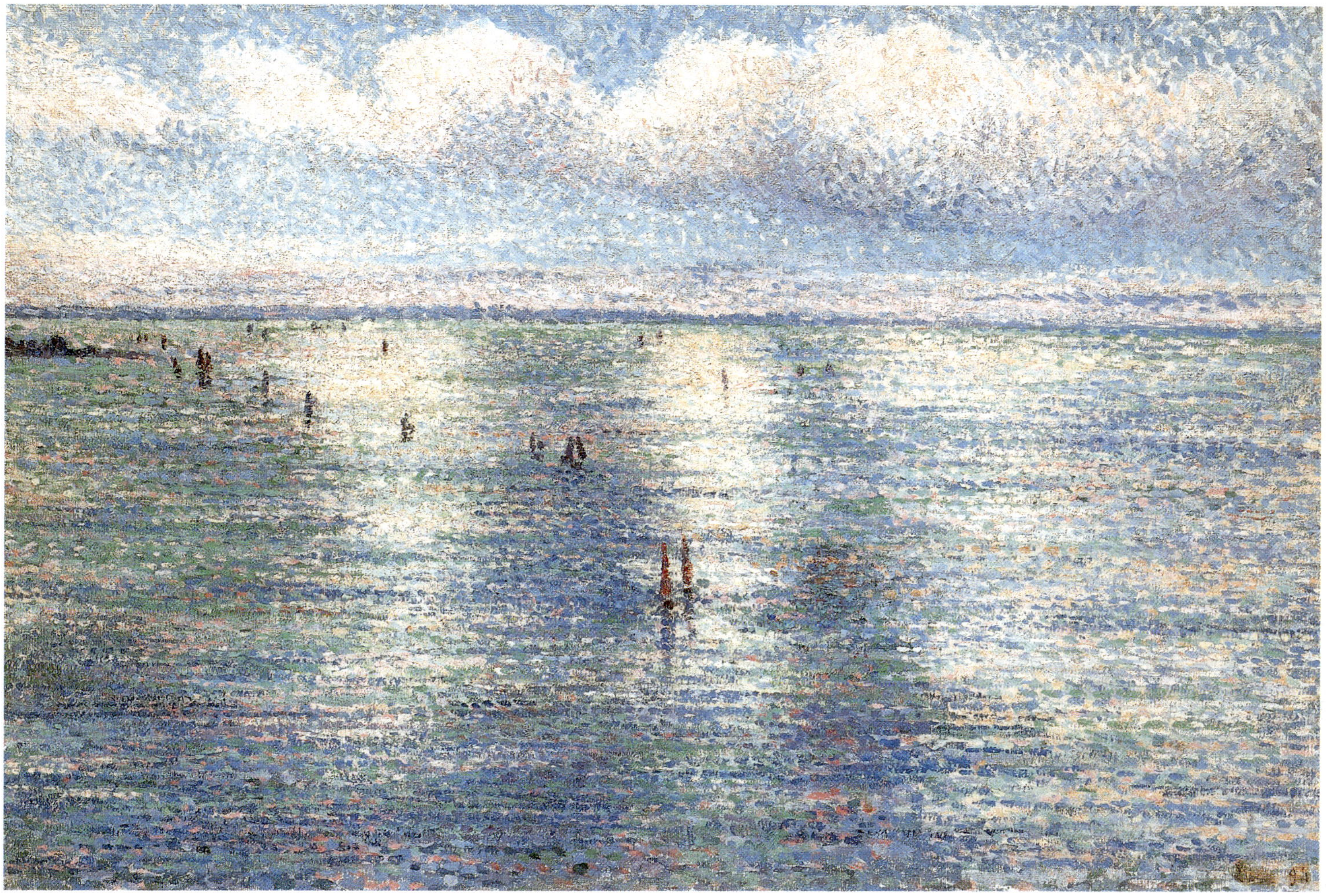

N° 17
Maximilien Luce
Camaret, bateaux de pêche au large
1893
Huile sur toile, H. 50 - L. 75
Gemeentemuseum Den Haag, La Haye, Pays Bas.

nombreuse flottille des bateaux mouillant dans le port[93], les falaises des environs[94] ou des bateaux de pêche naviguant sous voiles, vus depuis les hautes falaises[95] dont certaines sont terminées durant les deux années suivantes. Avec une grande pureté et une grande rigueur, Maximilien Luce traduit l'atmosphère et les effets de lumière et des rythmes précieux suivant un esthétisme presque abstrait. Les marines avec la flottille dans le lointain sont proches d'une œuvre de Signac, *Soleil couchant, pêche à la sardine*, de 1891[96]. Durant ce séjour, il engage une série d'études montrant l'animation des quais qui paraissent être préparatoires à une composition ambitieuse par son thème et par son grand format, 143 par 95,5 : *Camaret-sur-Mer, le port d'Ethel*, datée 1894-1906[97]. Luce y décrit d'une manière descriptive tous les métiers et les attitudes des pêcheurs sur le quai, préparant le départ pour la pêche ou débarquant le poisson. Cette œuvre illustre ainsi la prédilection du peintre pour des thèmes le plus souvent tirés du quotidien, montrant en particulier le peuple au travail, ce qui caractérisera

93. En particulier dans les collections publiques *Quai à Camaret*, peinture, 1893, Bouin-Luce, n° 1553, The Springfield Art Museum.
94. En particulier dans les collections publiques *Bord de mer*, peinture, 1893, musée du Petit-Palais, Genève, qui représente la pointe du Toulinguet.
95. *Camaret, bateaux de pêche au large*, peinture, 1894, Gemeentemuseum, Den Haag, La Haye, Pays-Bas.
96. Collection John Hay Whitney.
97. Bouin-Luce, n° 1554, collection particulière. Le titre donné à ce tableau pose problème car le nom « Ethel » n'existe pas. Marcel Burel émet l'hypothèse d'une mauvaise transcription du nom « Stivel », qui est le nom de la partie est du port.

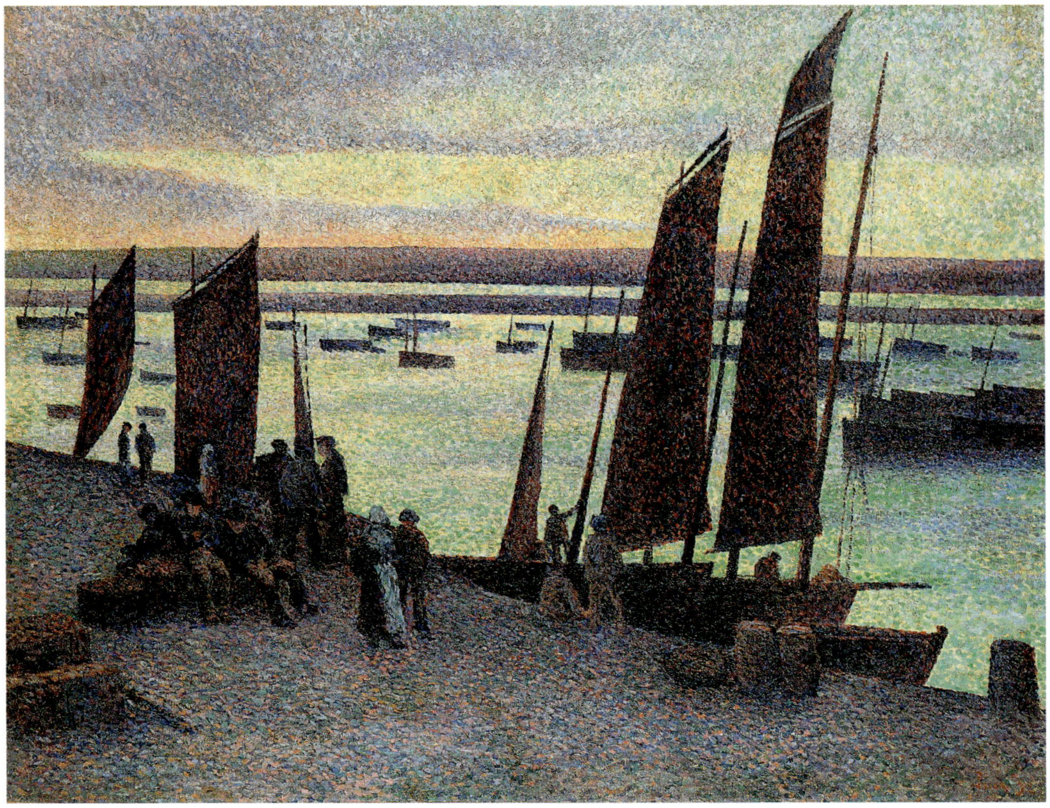

Ill. 24
Maximilien Luce
Quai à Camaret
1893
Huile sur toile, H. 88,5 - L. 116,4
The Springfield Art Museum, Springfield, James Philip Gray Collection

son art par la suite. Mais l'élaboration de cette œuvre a été trop longue et elle manque de spontanéité.

Les attentats anarchistes secouent la France en cette fin d'année 1893 et Luce rentre précipitamment à Paris fin septembre. L'année suivante, après l'assassinat du président Sadi Carnot par l'anarchiste Caserio le 24 juin, Fénéon et Luce, soupçonnés de complicité, sont enfermés du 8 juillet au 17 août à la prison de Mazas et impliqués dans le célèbre procès des

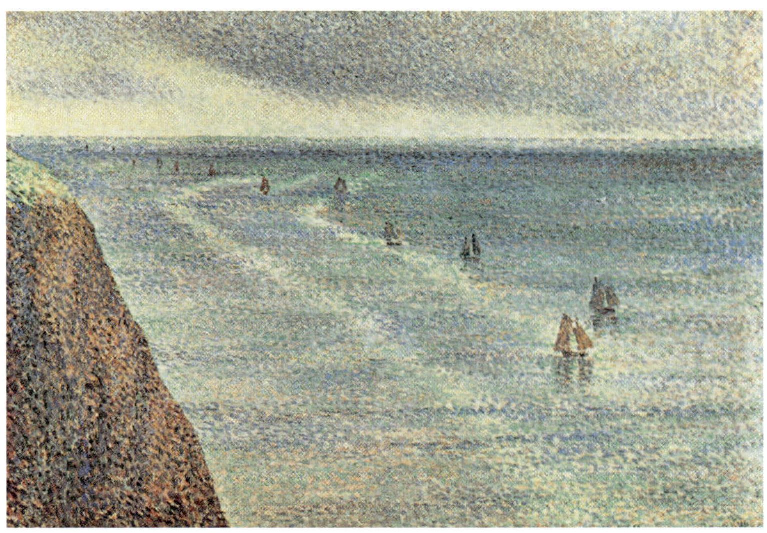

Ill. 25
Maximilien Luce
La Côte
1894
Huile sur toile, H. 49,5 - L. 73,5
Collection particulière

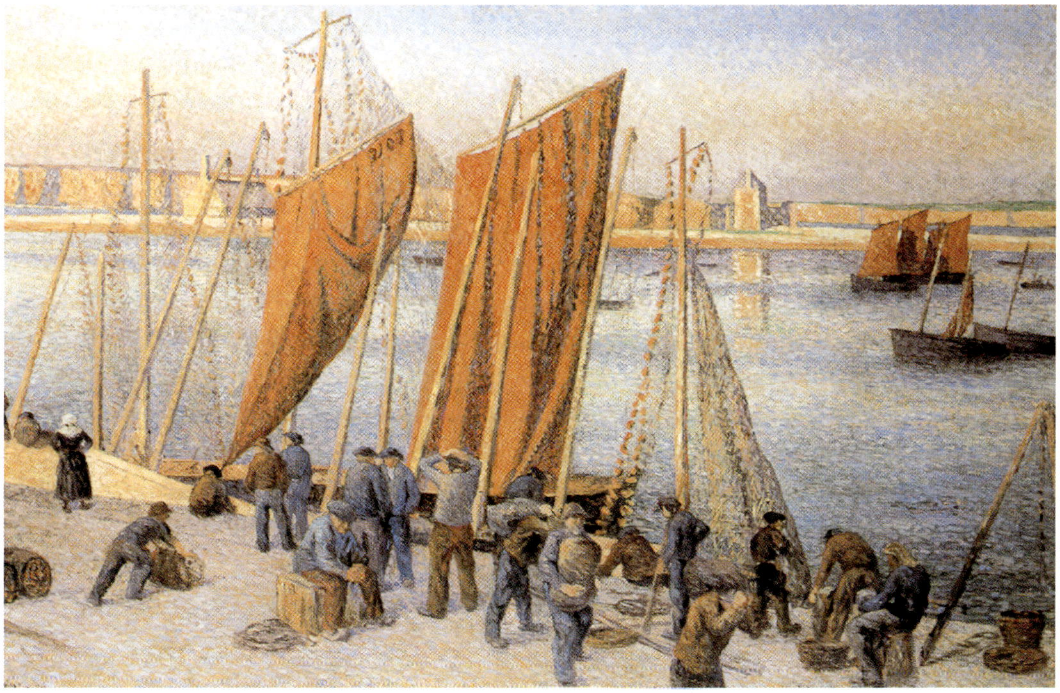

Ill. 26
Maximilien Luce
Camaret-sur-Mer, le port d'Ethel
1894-1906
Huile sur toile, H. 95,5 - L. 143
Collection particulière

Trente, intenté contre trente anarchistes. Le peintre est accusé d'avoir incité le peuple à la révolte par ses dessins. Ils sont finalement mis hors de cause.

Fin 1894, Luce présente une exposition personnelle à la galerie Moline. Les titres donnés aux peintures camarétoises illustrent les préoccupations du peintre : *Le Port de Camaret, crépuscule, n° 1* ; *Camaret, marine, effet gris* ; *Camaret, marine, soleil*, *Le Port de Camaret, nuit*. Il reprendra ultérieurement deux dessins de Camaret sous la forme de lithographies : *La Lande à Camaret* et *La Mer à Camaret*.

En 1914, Maximilien Luce revient en Bretagne, effectuant un long séjour à Kermouster, un hameau situé en Lézardrieux dans les Côtes-d'Armor, à l'embouchure du Trieux. Il y est l'invité du peintre Thorndike. Il y peint un grand nombre d'œuvres, essentiellement des paysages, suivant la technique qui est la sienne alors, celle d'un impressionnisme assez lâche. Le superbe site de l'embouchure du Trieux est prétexte à des variations sur les thèmes des arbres surplombant la mer et des rochers. Ces paysages sont parfois animés par des baigneurs ou des voiliers. Le peintre s'éloigne peu de son lieu de villégiature : on ne connaît qu'une vue du site de Perros-Guirec. On retrouve l'attachement du peintre à la représentation du travail dans quelques scènes de moisson à laquelle il a assisté dans une ferme de Kermouster : scènes dans les champs, le foin, le battage, le chargement et le transport du blé. Ces nombreuses petites études étaient peut-être faites en vue d'un travail plus ambitieux, mais celui-ci n'a pas été réalisé. Quelques œuvres postérieures montrant Kermouster et le port de Loguivy, en face sur l'autre rive du Trieux, indiquent que le peintre y est revenu à la fin de sa vie, en 1933 et 1937. En 1930, 1934 et 1935, il séjourne plus volontiers dans la région de Saint-Malo. Les sources d'inspiration y sont plus diversifiées : paysages de la Rance, falaises de Cancale, rochers et plages de Paramé, remparts, quais et tombeau de Chateaubriand à Saint-Malo, traités d'une manière très libre.

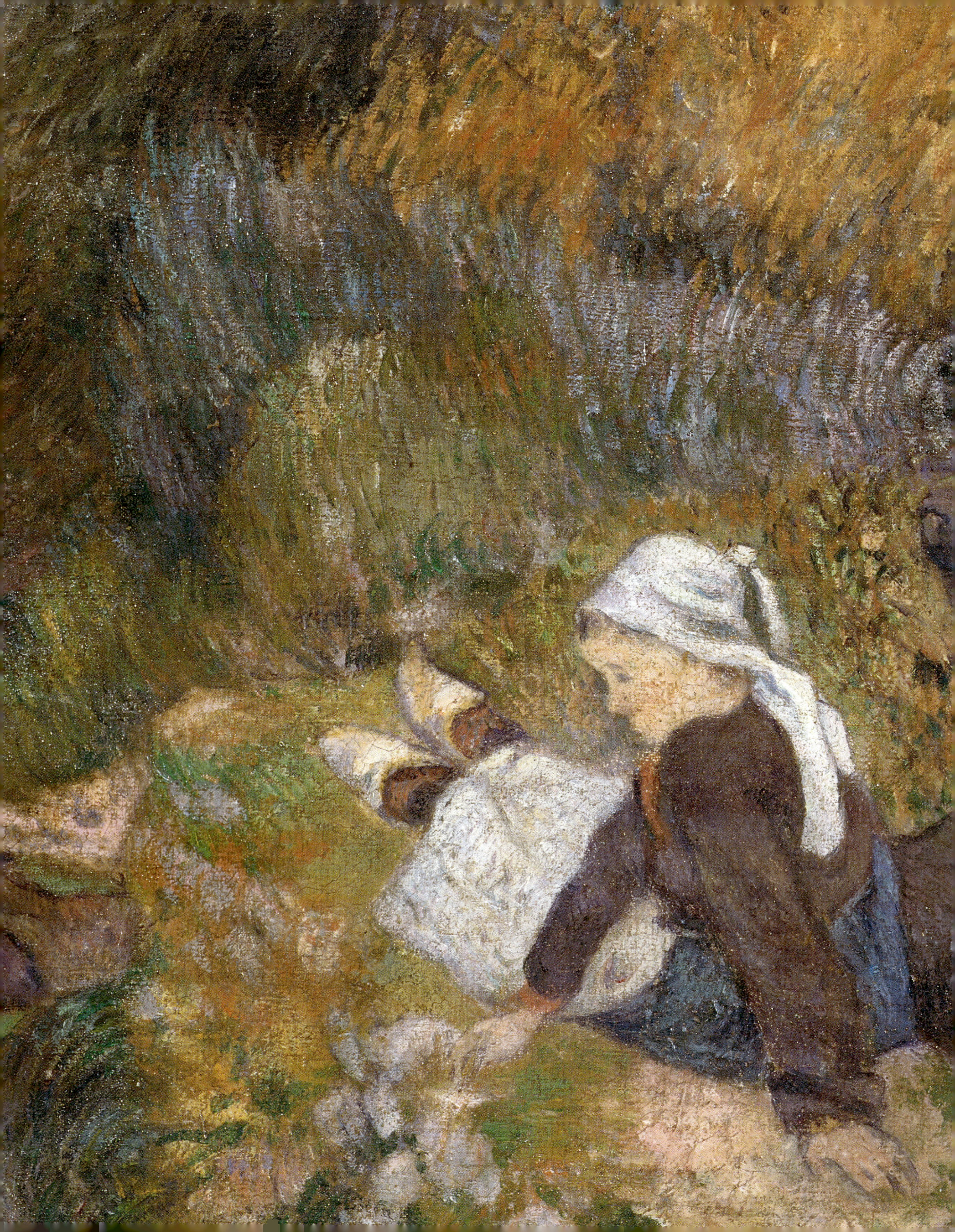

Chapitre 4

Les impressionnistes à Pont-Aven en 1886

Un impressionniste nommé Gauguin

N° 19
Paul Gauguin
La Bergère bretonne (détail)
1886
Laing Art Gallery, Newcastle-upon-Tyne
(Tyne and Wear Museums)

C'est à son tuteur, Gustave Arosa, un amateur de peintures impressionnistes, que Paul Gauguin (Paris, 1848-Atuana, Hiva-Hoa, îles Marquises, 1903) doit de découvrir ce courant pictural, la rencontre de Pissarro et les premiers encouragements lorsqu'il se lance dans la peinture, en amateur, à l'âge de 25 ans. Il partage sa passion avec son collègue de travail Claude-Emile Schuffenecker chez l'agent de change Bertin. Celui-ci occupe également ses loisirs à peindre. Gauguin fréquente le soir l'Académie Colarossi. La peinture prend de plus en plus de place dans sa vie et, pour la première fois, il expose un paysage au Salon de 1876 à l'âge de 28 ans. Au café de la Nouvelle-Athènes, il fréquente les impressionnistes dont il commence à collectionner les œuvres. En total désaccord avec Mette, une riche Danoise épousée en 1873, il abandonne son emploi pour se consacrer entièrement à sa passion, tout en occupant quelques emplois temporaires dans la finance. Invité par Degas et Pissarro, il participe à la quatrième exposition impressionniste en 1879 et prête trois peintures de Pissarro lui appartenant. Il peint alors à la manière des impressionnistes des paysages de Paris ou des environs, quelques natures mortes, plus rarement des nus ou des portraits. Durant l'été il se rend chez Pissarro à Pontoise. Il expose de nouveau avec les impressionnistes à la cinquième exposition en 1880. La galerie Durand-Ruel lui achète pour la première fois des tableaux, tandis qu'il étoffe sa collection en achetant au marchand des œuvres de Manet, Renoir ou Jongkind. En 1881, il est présent dans la sixième exposition des impressionnistes. La faillite de l'Union générale provoque un krach de la Bourse en 1882 et Gauguin se retrouve sans revenus. Cette année-là, il a participé à la septième exposition des impressionnistes. Il est vite confronté à des difficultés financières croissantes. Il s'établit en 1884 à Rouen, en espérant y vivre à meilleur marché, mais en vain. Mette décide de rejoindre sa famille à Copenhague avec ses enfants. Gauguin devient représentant de commerce en bâches et les rejoint l'année suivante. Mais il subit les vexations de sa belle-famille et échoue dans son métier. Il rentre en France avec son fils Clovis. Il connaît alors une période très difficile malgré la vente des tableaux de sa collection. Il lutte avec acharnement contre la misère, exerce divers « petits métiers », devient colleur d'affiches la nuit et trouve l'hospitalité chez son ami Schuffenecker.

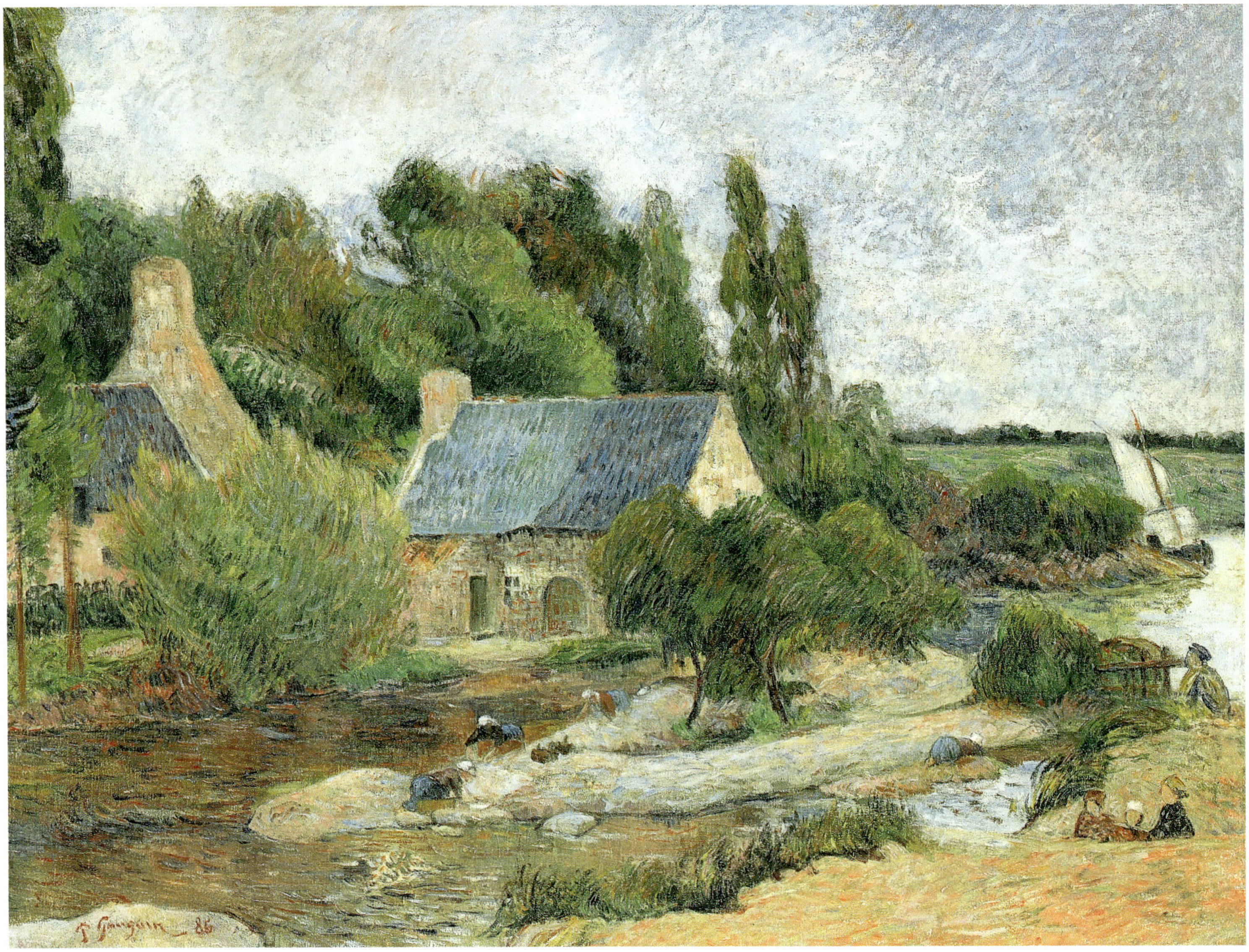

N° 18
Paul Gauguin
Les Lavandières à Pont-Aven
1886
Huile sur toile, H. 71 - L. 90
Musée d'Orsay, Paris

L'une des solutions qu'il envisage alors est d'aller à Pont-Aven, car il sait qu'il peut y vivre à crédit en attendant des jours meilleurs. Gauguin connaît déjà Pont-Aven de réputation car il écrit à son épouse Mette le 19 août 1885 : « Si je vends quelques tableaux, j'irai l'été prochain me mettre à l'auberge dans un trou de Bretagne faire des tableaux et vivre économiquement. C'est encore en Bretagne qu'on vit le meilleur marché[98]. » En mai 1886, il participe à la huitième et dernière exposition des impressionnistes. Il fréquente l'atelier du céramiste Chaplet. Le projet d'aller en Bretagne se précise quelques mois plus tard car sa situation ne s'améliore pas : « Le plus raisonnable serait de filer en Bretagne où en pension pour 60 F par mois on peut travailler[99]. » Il réussit à mettre son fils Clovis en pension puis part pour Pont-Aven à la mi-juillet, empruntant auprès d'une ancienne relation de la Bourse le prix du billet aller en chemin de fer.

Gauguin vient peut-être en Bretagne en suivant les conseils du peintre d'origine bretonne Félix Jobbé-Duval qu'il connaît depuis 1880. Il est clair qu'il n'y vient pas sur les pas de Chateaubriand par romantisme et esprit d'aventure, ni à la recherche d'exotisme ou pour *fuir,* au sens où l'entend

98. Reproduite dans Merlhès, 1984, n° 83.
99. Lettre à Mette, première quinzaine de juin 1886, reproduite dans Merlhès, 1984, n° 99.

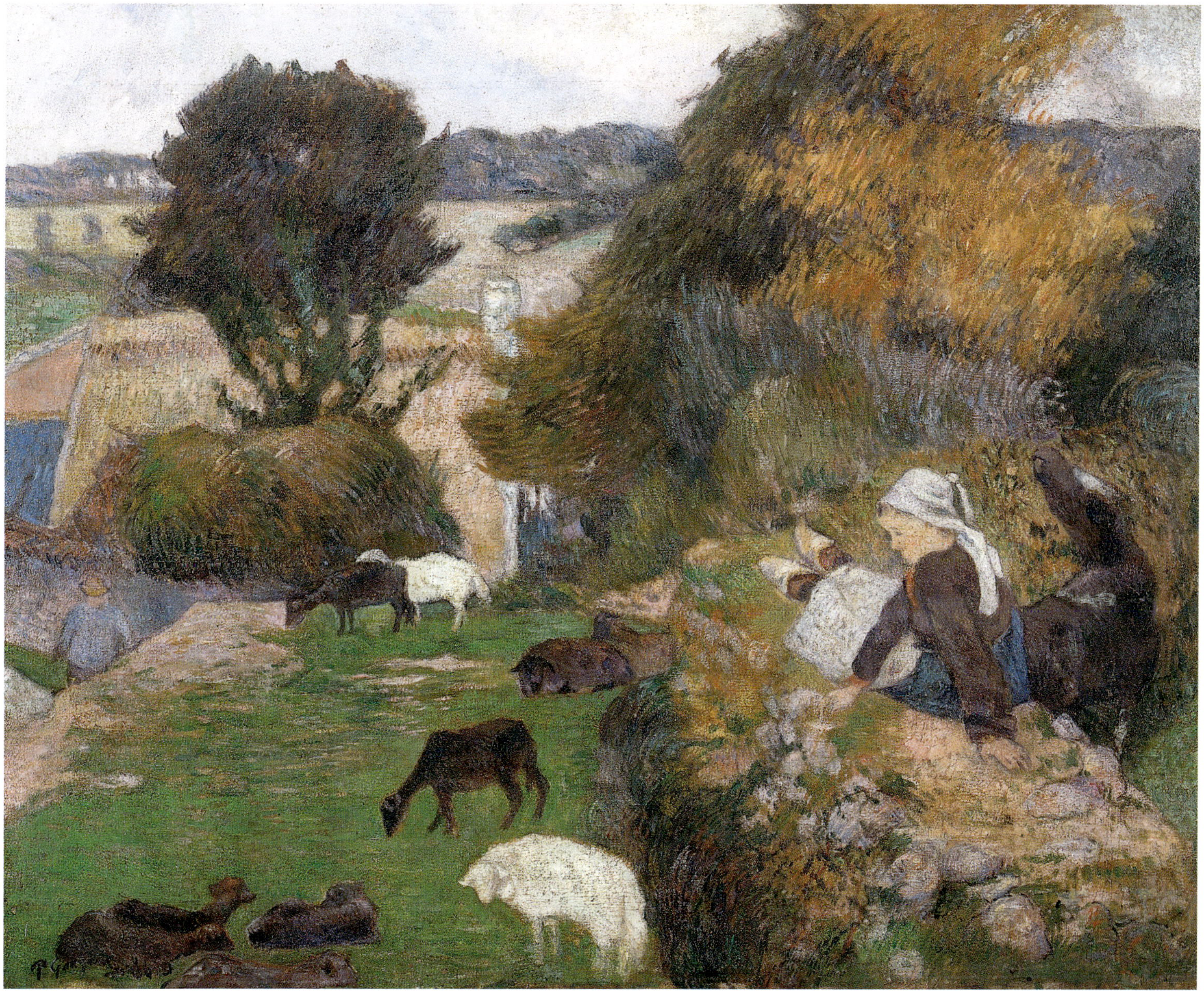

N° 19
Paul Gauguin
La Bergère bretonne
1886
Huile sur toile, H. 60,4 - L. 73,3
Laing Art Gallery, Newcastle-upon-Tyne
(Tyne and Wear Museums)

Mallarmé. Il a plutôt le sentiment d'un échec et d'un exil. Il écrit à Bracquemont peu avant de partir vers le 8-12 juillet 1886 qu'il va « faire de l'art dans un trou ». Mais il sait également qu'il peut y trouver de nouveaux sujets d'inspiration.

Il est satisfait des motifs que lui procure le site : en trois mois il peint dix-huit peintures et dessine abondamment. Comme tant d'artistes avant lui, il est séduit par le pittoresque de l'endroit. Depuis les hauteurs, il peint des vues générales de la vallée, des chaumières au-dessus du village ou des bergers surveillant quelques animaux[100]. Gauguin s'intéresse également à des scènes de la vie quotidienne le long de l'Aven qui coule dans la vallée, aux nombreux moulins qui s'échelonnent dans le village et aux rochers qui encombrent son lit et servent aux lavandières[101] et aux jeunes garçons qui se baignent dans la rivière[102]. Tout autant par leur technique que par leur atmosphère de rusticité douce, les peintures ramenées de ce premier séjour breton sont encore inspirées par l'art de Pissarro.

100. *La Montagne Sainte-Marguerite à Pont-Aven*, W195, plusieurs versions du *Champ Le Derout-Lollichon*, W199 et 200, *La Bergère bretonne*, W203, Newcastle-upon-Tyne, Laing Art Gallery.
101. *Les Lavandières à Pont-Aven*, W196, musée d'Orsay, Paris.
102. *La Baignade devant le port de Pont-Aven*, W198.

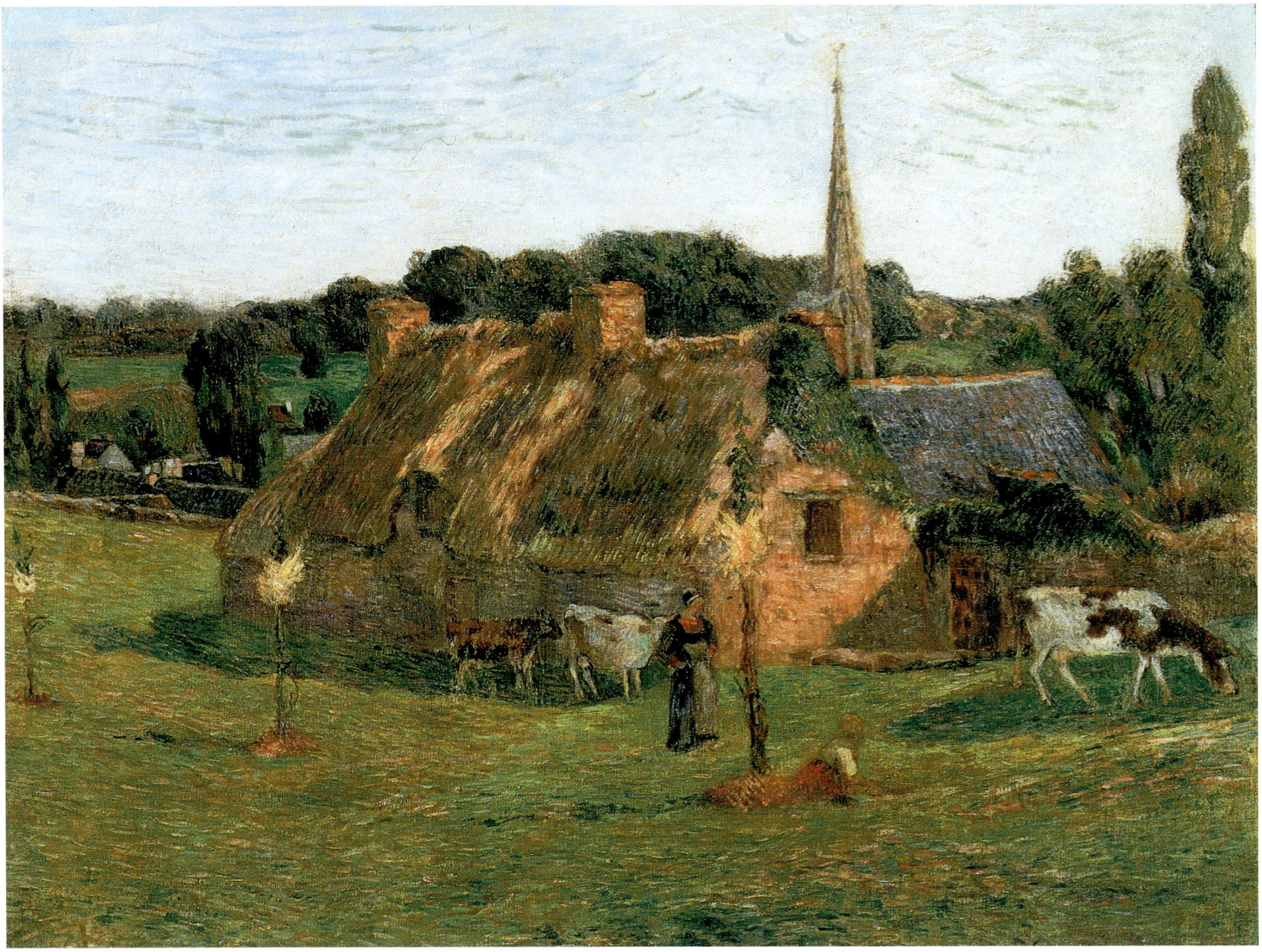

N° 20
Paul Gauguin
Les Chaumières dans le champ
Le Derout-Lollichon, Pont-Aven
1886
Huile sur toile, H. 73 - L. 92
Collection Josefowitz.

Ill. 27
Paul Gauguin
La Danse des quatre Bretonnes
1886
Huile sur toile, H. 72 - L. 90
Bayerische Staatsgemäldesammlungen, Neue Pinakothek, Munich.

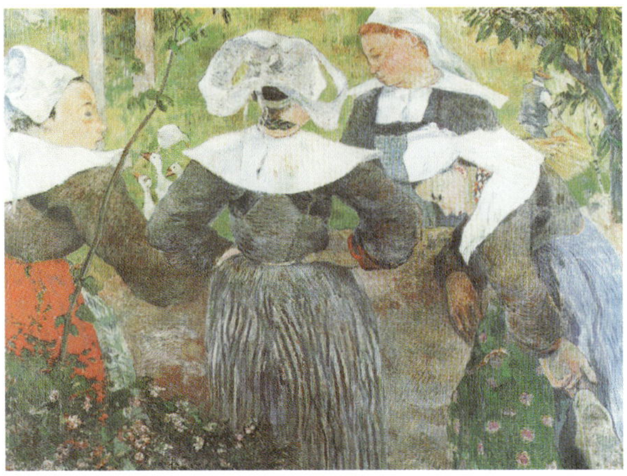

Depuis peu, il éprouve le sentiment que l'impressionnisme mène à une impasse. La découverte des récents paysages italiens de Monet, qu'il n'apprécie pas en raison de leur brillante exécution, conforte son jugement[103]. Dans une longue lettre à Schuffenecker le 15 janvier 1885[104], Gauguin fait part de ses doutes à propos de la représentation fidèle des sensations physiques, comme tentent de le faire les impressionnistes et évoque la nécessité pour les artistes de rechercher les vérités invisibles et sous-jacentes de la vie[105]. Au-delà de l'apparence impressionniste des paysages pontavéniens de 1886, l'étude de leur conception permet de situer les préoccupations du

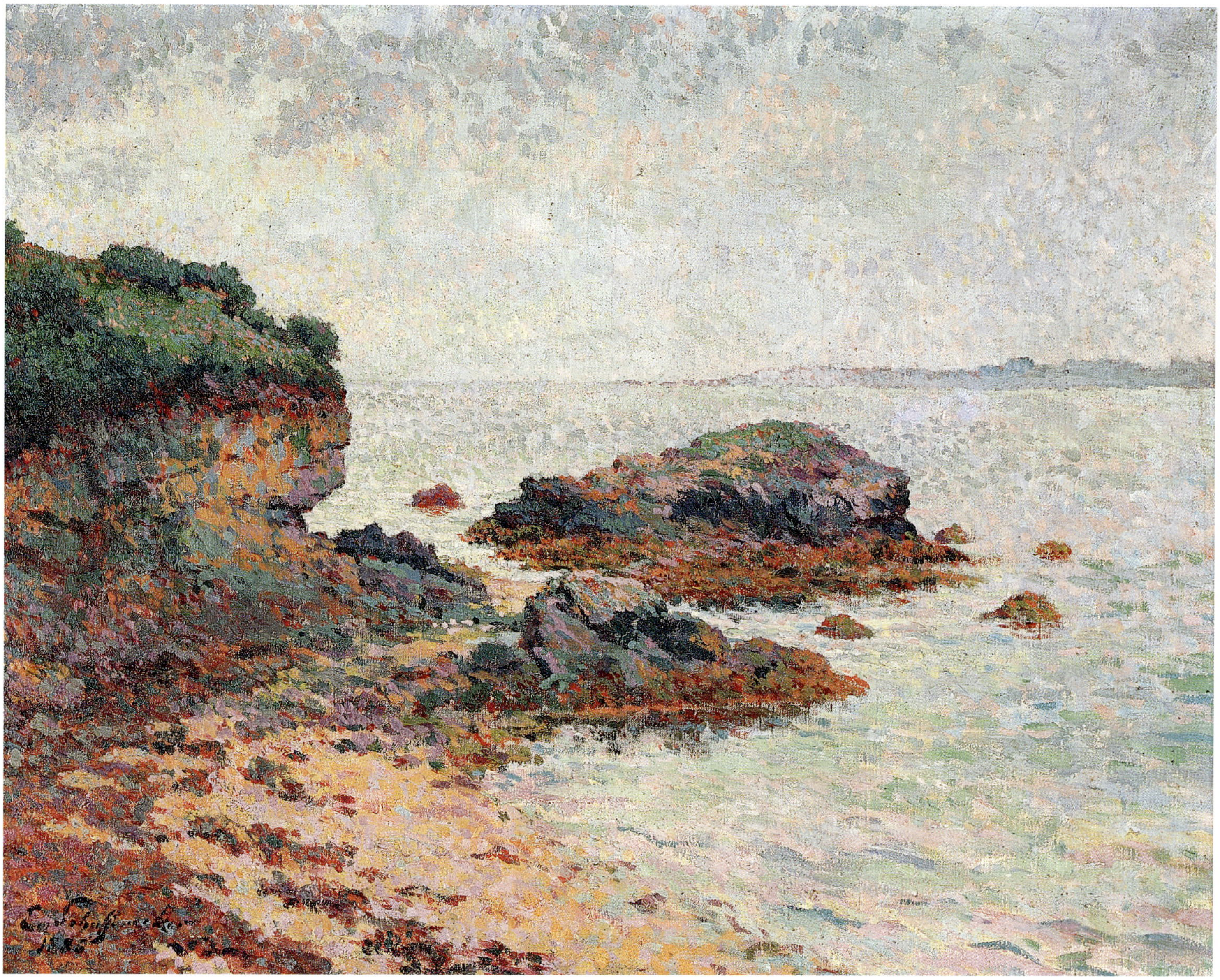

N° 21
Claude-Emile Schuffenecker
Côte rocheuse en Bretagne
1886
Huile sur toile, H. 50 - L. 61
Musée des Beaux-Arts, Quimper

peintre : il multiplie les études dessinées des détails, afin de les intégrer dans un paysage composé où il joue d'effets perspectifs nouveaux comme la vue basculante (la bergère) ou le champ élargi, tel un grand-angle (les lavandières). Dans *La Danse des quatre Bretonnes*[106], le parti pris décoratif, le refus de l'horizon, le rejet des limites du cadre et la frontalité des plans colorés marquent la première évolution au-delà de l'impressionnisme.

Claude-Emile Schuffenecker en vacances scolaires

Claude-Emile Schuffenecker (Fresne-Saint-Mamès, 1851-Paris, 1934) rencontre Gauguin en 1872 lorsqu'il rentre chez l'agent de change Bertin. Les deux hommes, passionnés par la peinture, deviennent amis. L'année suivante, Schuffenecker est témoin au mariage de Gauguin tandis qu'en 1884, Gauguin sera le parrain de son fils. Schuffenecker commence à exposer en amateur au Salon de 1877 et abandonne son emploi pour être peintre professionnel en 1880. Mais, en

103. Lettre à Pissarro du 10 juillet 1884, reproduite dans Merlhès, 1984, n° 49.
104. Reproduite dans Merlhès, 1984, n° 65
105. Comme l'analyse Charles Stuckey dans *Les Années impressionnistes*, catalogue de l'exposition Gauguin, 1988-1989, page 46.
106. W201, Neue Pinakothek, Munich.

raison de difficultés pécuniaires, il devient en 1884 professeur de dessin. Par l'intermédiaire de Gauguin, il s'est lié avec les impressionnistes. A son retour du Danemark en juin 1885, Gauguin écrit de lui à Pissarro : « Je suis chez Schuffenecker. Quoique entré dans l'impressionnisme très tard, il a fait une évolution qui n'est pas dénuée d'intérêt avec un œil particulier, si vous pouvez venir un jour, je suis sûr que cela vous intéressera[107]. » Schuffenecker participe en 1884 au Salon des Indépendants. Il est l'un des fondateurs de la Société des artistes indépendants et y rencontre les « pointillistes » Seurat, Signac, Cross, Angrand et Dubois-Pillet. Sa peinture évolue sensiblement et il s'essaye alors à cette nouvelle technique. A la suite d'insistantes démarches, il participe en 1886 à la huitième et dernière exposition du groupe des impressionnistes, où la nouvelle génération est admise, sans l'apparente intervention de Gauguin.

Lorsque Gauguin part pour Pont-Aven à la mi-juillet 1886, Schuffenecker le rejoint peu après au moment des vacances scolaires. Mais Pont-Aven lui déplaît et il lui préfère Concarneau. Il y passe l'été et peint quelques œuvres dans le style pointilliste, comme ce paysage montrant une chaumière dominant la mer ou celui qui représente l'extrémité de la plage des Sables-Blancs à Concarneau[108]. La rencontre du jeune Bernard daterait de ce moment-là. Schuffenecker lui aurait conseillé d'aller voir Gauguin à Pont-Aven[109].

Après ce séjour de l'été 1886, Schuffenecker n'est jamais revenu en Bretagne, lui préférant la Normandie. Sa peinture évolue sensiblement, revenant à un impressionnisme ordinaire que Charles Maurice a joliment qualifié d'« impressionnisme décoratif ». Gauguin, qui a beaucoup usé et abusé de l'hospitalité et de la générosité de son ami, lui a méchamment réglé son compte. A propos de celui qu'il présente comme « né pour être simple ouvrier, ou concierge, ou petit boutiquier[110] », il écrit à Daniel de Monfreid à propos de l'engagement de son ami dans le pointillisme : « En peinture, il avait un tempérament au-dessous de zéro. Après avoir été admirateur des Baudry et consorts, il a viré de bord par esprit d'opposition ou de commerce (le Salon ne voulant pas lui ouvrir ses portes). Alors ! il a comme vous savez prêché la guerre sainte[111]. » La situation inconfortable de Schuffenecker, à la fois adepte du néo-impressionnisme et fidèle de Gauguin, lui vaudra également quelques déboires du côté des tenants de la nouvelle peinture. Signac écrit en septembre 1886 : « Je comprends le peu d'enthousiasme de Schuffenecker (alias Gauguin II) pour la méthode scientifique. Il est bien peu honnête de profiter des formules d'un novateur qu'on nie et qu'on repousse. Heureusement Seurat a les reins solides il résistera aux abordages du terrible Gauguin. Seulement tenons-nous bien les coudes serrés : car il n'y a pas à dire tout est à refaire, la lutte sera aussi dure et peut-être davantage qu'aux premiers jours, car nos prétendus alliés ou maîtres seront contre nous[112]. »

Emile Bernard, un tour de Bretagne à pied

Emile Bernard (Lille, 1868-Paris, 1941) manifeste très tôt des dons pour la peinture et la littérature et un goût très vif pour la spéculation intellectuelle. A l'âge de 16 ans, malgré le souhait de ses parents qui le destinent à une carrière commerciale, il a interrompu ses études afin de devenir peintre et s'inscrit à Paris à l'Académie Cormon où il rencontre Louis Anquetin, Eugène Boch, John Peter Russel, Archibald Standish Hartrick et Henri de Toulouse-Lautrec. Il a découvert à ce moment-là l'impressionnisme, en particulier l'œuvre de Cézanne dans la boutique du père Tanguy qu'il fréquente régulièrement, et où il rencontrera Vincent Van Gogh à l'automne 1886. Il s'enthousiasme alors pour l'impressionnisme et commence à peindre dans un style hybride à mi-chemin entre l'impressionnisme et le divisionnisme : le pointillé n'est pas érigé en système et l'emploi des couleurs se fait d'une manière

107. Lettre de Gauguin à Camille Pissarro, juin (?) 1885, reproduite dans Merlhès, n° 81.
108. Collection Walter F. Brown et musée des Beaux-Arts, Quimper. Il convient d'être prudent à propos de la localisation en Bretagne des œuvres de Schuffenecker. Dans le catalogue de l'exposition Volpini en 1889 figurent : n° 59 *Coin de plage à Concarneau* et n° 60 *Coucher de soleil à Concarneau*.
109. Emile Bernard a tellement travesti la vérité que la réalité de cette rencontre « historique » n'est pas assurée.
110. Lettre de mars 1893.
111. Lettre de Gauguin à Daniel de Monfreid, avril 1893, citée par Merlhès, 1984, pages 401-402.
112. Lettre de Signac à Camille Pissarro, reproduite dans Merlhès, 1984, page 442.

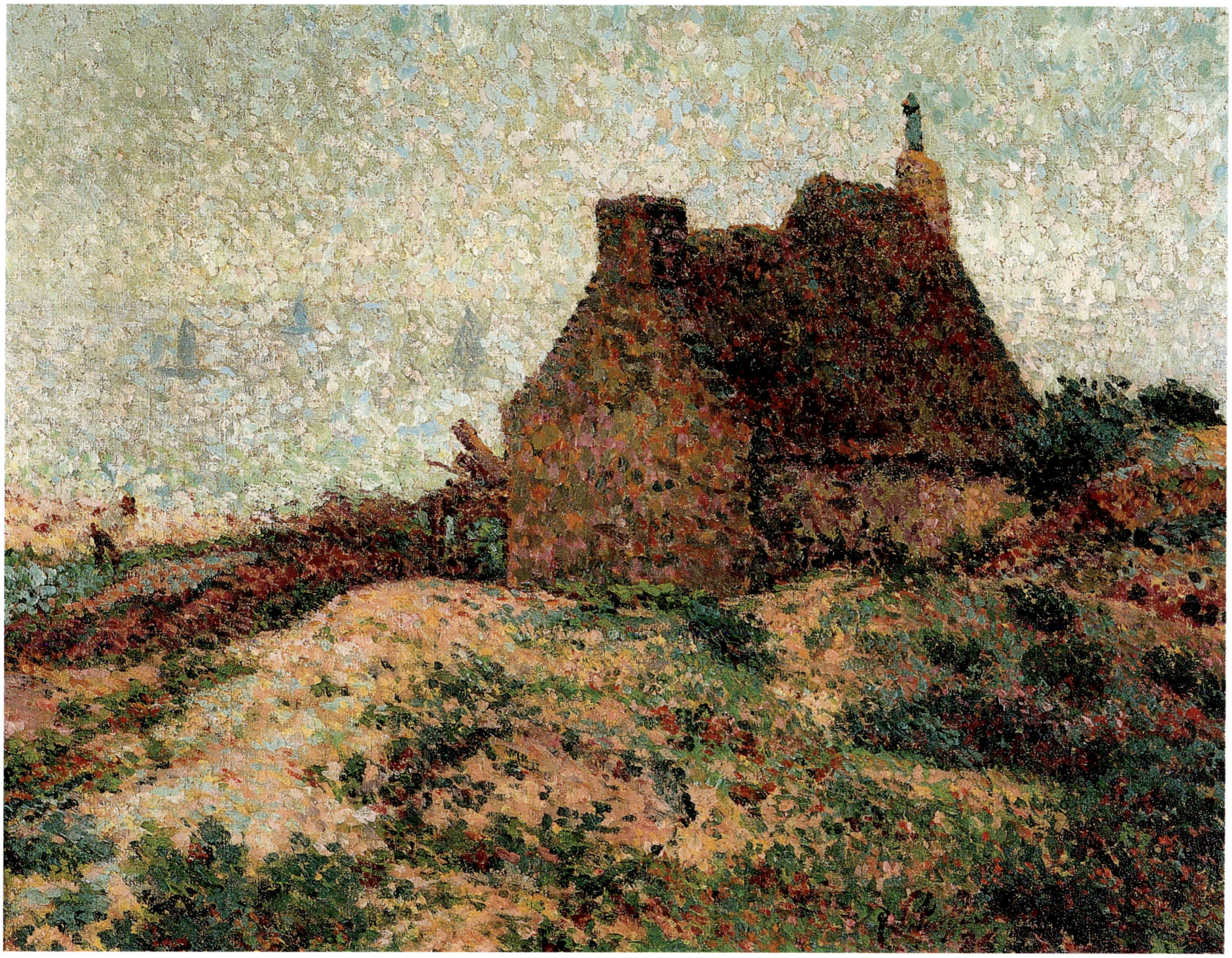

N° 22
Claude-Emile Schuffenecker
Maison au bord de la mer
1886
Huile sur toile, H. 50,5 - L. 61,6
Collection Walter F. Brown

approximative. Dans une lettre du 22 mai 1886 à ses parents, écrite de Bretagne, il regrette de ne pouvoir voir l'exposition des impressionnistes qui a lieu alors et les invite à la visiter car « cela vous mettrait un peu au courant de cette école de l'avenir[113] ». Plus tard il ajoute : « Il doit y grouiller forces belles choses[114]. » En raison de son caractère trop entier, il s'oppose à l'enseignement de Cormon pourtant considéré comme libéral et est chassé en février 1886[115]. Les semaines suivantes sont consacrées à la préparation d'un voyage à pied en province. Au lieu de descendre la vallée de la Seine, il préfère aller en Bretagne car, au dire de ses camarades, le pays y est plus beau et la vie meilleur marché.

Le 4 avril, le jeune Bernard, qui n'a que 18 ans, part pour un long voyage à pied depuis Dreux. Après Mortagne et Alençon, il s'arrête le 29 avril en Normandie au Ribay et y peint dix toiles. Après avoir visité le Mont-Saint-Michel, il est le 14 mai à Cancale où il reste jus-

113. Publiée par le docteur Laure Harscoët-Maire, petite-fille du peintre, dans la revue *Le Pays de Dinan*, 1997.
114. Lettre à ses parents, publiée dans *Le Pays de Dinan*, 1997.
115. Le peintre Hartrick (*A Painter's Pilgrimage through 50 years*, Cambridge, 1899) dit que c'est la conversion de Bernard au pointillisme qui provoque son renvoi.

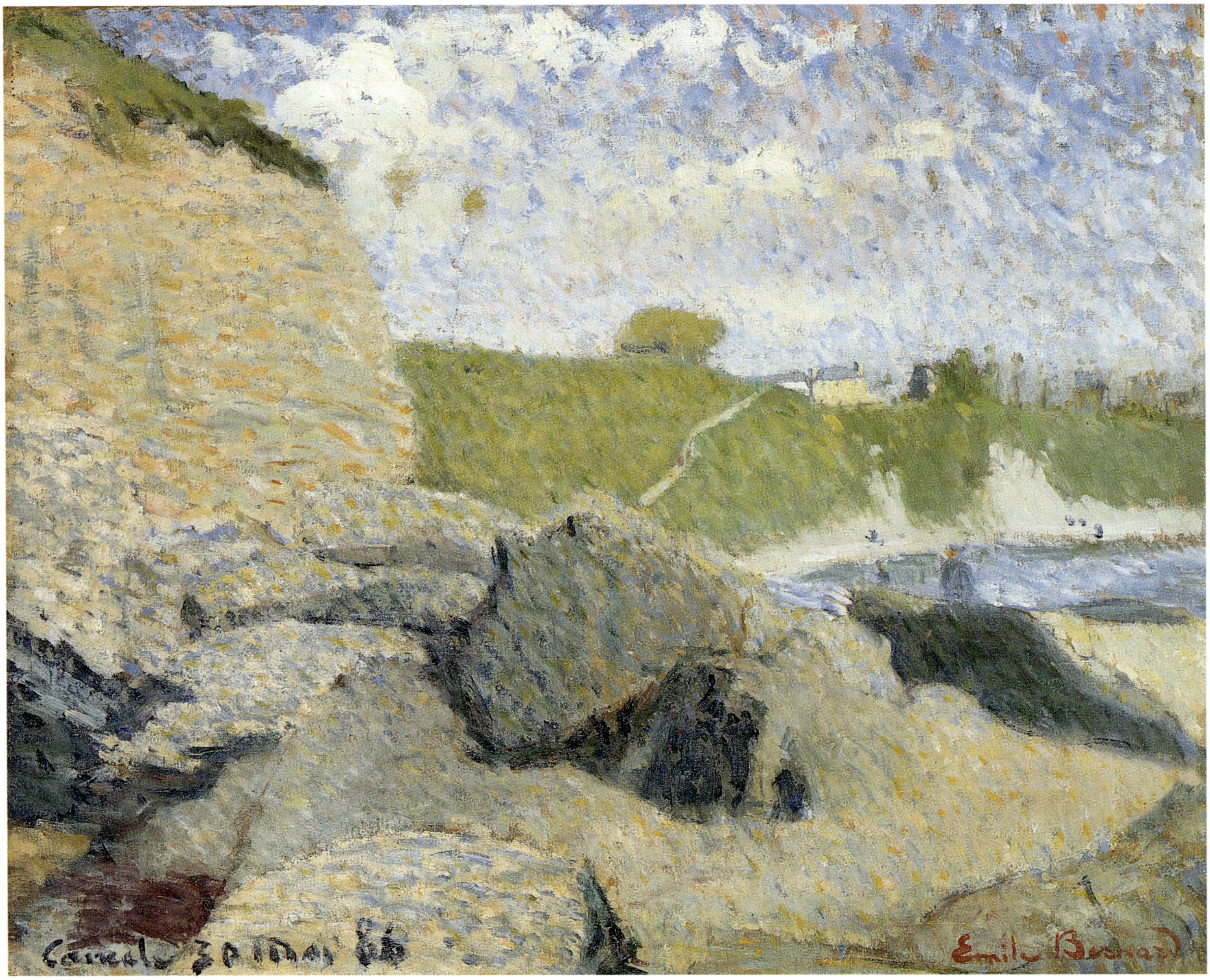

N° 23
Emile Bernard
La Plage de Cancale
1886
Huile sur toile, H. 45,5 - L. 55,5
Musée du Petit-Palais, Genève

qu'au 31. Il peint un coin de plage, peut-être vers Port-Briac ou Port-Pican, refusant les scènes pittoresques des ramasseuses d'huîtres et des bisquines au port de la Houle[116]. Il écrit : « Cancale m'enchante, c'est roche ici, roche là-bas, roche en haut, roche en bas, d'un pittoresque inouï[117]. » « Ici c'est une exposition impressionniste permanente ; on n'a qu'à mettre le nez dehors quand il fait beau, c'est du Monet tout craché : des blouses violettes, les terrains verts, le ciel orangé, les arbres bleus, les bateaux violets, rouges, roses, etc. Il y a de quoi devenir fou[118]. » Mais le temps est mauvais et, outre un carnet de croquis, il ne réussit qu'à commencer une toile : « J'ai passé cinq séances sur cette malheureuse toile spectatrice de mes colères, je n'ai rien, mais absolument rien fait, du moins ça semble, pas un détail, rien. Je n'en suis cependant pas mécontent à certains points de vue mais c'est loin de me satisfaire complètement. Je veux arriver à d'autres résultats. Le format des toiles était convenable pour le paysage mais pour la main, il est un peu petit. Les roches sont trop mesquines sur pareil format. Il faudrait des toiles formidables pour pouvoir donner un aperçu de la grandeur monstre de ces rochers[119]. »

116. *Plage à Cancale*, musée du Petit-Palais, Genève, Luthi 41.
117. Lettre d'Emile Bernard à ses parents du 22 mai 1886, publiée dans *Le Pays de Dinan*, 1997.
118. Lettre d'Emile Bernard à ses parents du 30 mai 1886, publiée dans *Le Pays de Dinan*, 1997.
119. Lettre d'Emile Bernard à ses parents du 30 mai 1886, publiée dans *Le Pays de Dinan*, 1997.

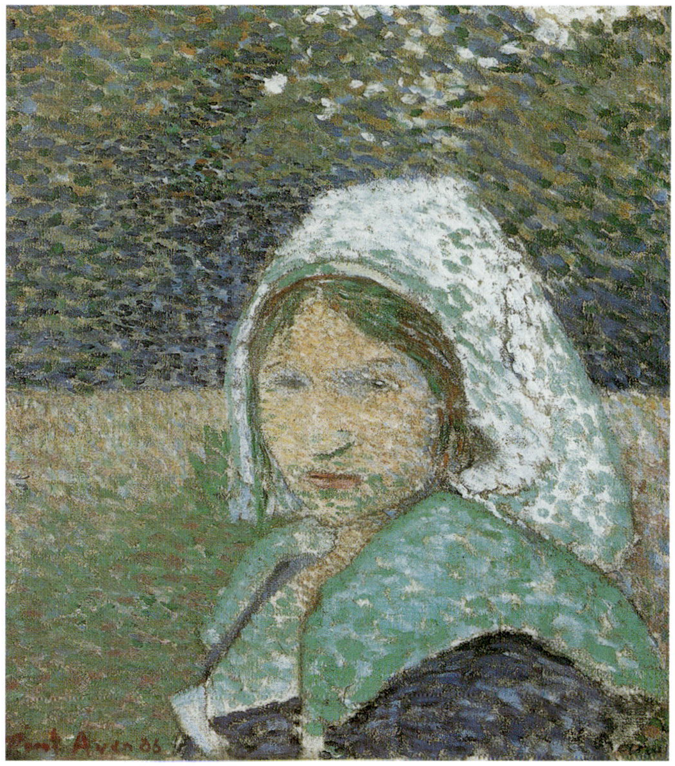

Ill. 28
Emile Bernard
Tête de Bretonne
1886
Huile sur toile, H. 55 - L. 48
Collection particulière

Après Paramé, près de Saint-Malo, il découvre le 9 juin Saint-Briac. Les deux semaines projetées se prolongent en raison de la présence de Marie Lemasson, la fille de l'aubergiste chez qui il demeure, rue Pavée. Ce séjour, durant lequel il se passionne pour la Fête-Dieu et peint le village et une figure de femme[120], dure finalement près de six semaines. Puis il reprend la route le 17 juillet, faisant le tour de la péninsule par Lamballe, Saint-Brieuc, Tréguier, Morlaix, Landerneau, Brest, Le Faou, Châteaulin, Douarnenez, Quimper le 9 août, où il trouve le musée « épatant », pour arriver à Concarneau peu avant la mi-août.

En raison de l'absence probable d'une lettre de Bernard concernant cette partie du voyage, la suite doit se raconter suivant deux versions, celle de la légende, édifiée bien après et celle de la vérité, construite d'après quelques informations avérées.

Suivant la légende, « c'est pendant un voyage à pied que je faisais en Bretagne [...] que je rencontrai à Concarneau un peintre en train d'exécuter une étude devant la mer. Il semblait fort énervé de ma station prolongée derrière lui, si bien qu'il entama la conversation sur un ton ironique : La peinture vous intéresse-t-elle ? — Oui, répondis-je, quand elle est bonne. Dès lors la glace fut rompue et nous échangeâmes nos impressions, nos convictions, serait-il plus juste de dire, car moi, j'étais du plus tranchant absolutisme. Connaissez-vous Gauguin ? me dit à brûle-pourpoint l'artiste. — Non, fis-je, je connais les ouvrages des impressionnistes mais pas ceux de Gauguin. Comme j'informai mon interlocuteur de mon passage prochain à Pont-Aven, il tira une carte de sa poche sur laquelle je lus : Emile Schuffenecker. Avec cette carte, me dit-il, allez voir Gauguin à Pont-Aven, il habite l'hôtel Gloanec. Le lendemain soir, j'étais à Pont-Aven et je présentai à monsieur Gauguin la carte de son ami. L'envoi de ma personne lui parut intempestif sans doute, car il ne fit nullement attention à moi, ne vit rien de ma main, et je n'aperçus ses œuvres que lorsqu'il les promenait sur son dos en allant travailler[121]. » A propos des mêmes circonstances, il raconte en 1903 : « Me voici à Pont-Aven, chez la mère Marie-Jeanne Gloanec. Je me présente à Paul Gauguin avec la recommandation de M. Schuffenecker. Mauvaise réception. Granchi-Taylor, peintre ami de Gauguin, me conduit chez ce dernier : une petite facture tisse la couleur et rappelle Pissarro, peu de style. Mon séjour à Pont-Aven se passe sans que nous sympathisions ; nous ne causons même pas ensemble ; pourtant nous sommes voisins de table[122]. »

D'après ce que nous savons, Bernard n'envisageait pas au départ de se rendre à Pont-Aven, qu'il a rayé sur son itinéraire. Il est donc possible qu'un événement extérieur l'ait fait changer d'avis. Serait-ce la rencontre de Schuffenecker à Concarneau ? Mais cette rencontre n'est pas prouvée. Le jeune homme si enthousiaste n'aurait pas manqué de raconter à sa famille cette rencontre aussi incroyable avec Schuffenecker, qui vient d'exposer avec les impressionnistes. Il va donc à Pont-Aven qu'il décrit à ses parents dans une lettre du 24 août : « Pont-Aven est très joli, comme paysage, mais que père se détrompe, sauf quelques pierres tremblantes, quelques dolmens, il n'y a rien d'artistique ici c'est un simple bourg trouvé par les artistes pour s'isoler un peu des endroits bourgeois. Ici il n'y a pas un bourgeois, tous peintres et savants. » Il rencontre effectivement Gauguin : « Il y a un peintre impressionniste nommé Gauguin, un garçon très fort, il a trente-six ans, il dessine et peint très bien et de

120. *Femme à Saint-Briac*, 24 juin 1886, Luthi 47, collection Josefowitz ; *Rue de village à Saint-Briac*, 24 juin 1886, collection particulière, Luthi 26 ; *Place à Saint-Briac*, collection particulière, Luthi 56.
121. « L'Aventure de ma vie », manuscrit dicté vers 1933-1934, repris dans « Souvenirs inédits sur l'artiste peintre Paul Gauguin et ses compagnons lors de leur séjour à Pont-Aven et au Pouldu », dans *Le Nouvelliste du Morbihan*, Lorient, 1939. Le peintre a beaucoup romancé ses souvenirs, inventant de toutes pièces certains aspects comme l'opposition de ses parents à sa vocation de peintre, alors que ceux-ci n'ont jamais cessé de l'aider et de l'encourager, ou bien transformant ses relations avec Gauguin.
122. Dans *Mercure de France*, décembre 1903, repris par Chassé, 1921.

plus n'est point théorique[123]. » Il ne faut point oublier la grande différence d'âge entre Bernard, 18 ans et Gauguin, vingt de plus. Gauguin, fort d'une grande expérience, ami de Degas ou de Pissarro, ne pouvait qu'impressionner le jeune garçon. Les deux peintres se fréquentent peu mais échangent des idées. Il poursuit : « Décidément, c'est un succès que mon tableau chez Gloanec, tout le monde le commente, le dispute, moi-même je discute impressionnisme au milieu de groupes animés, de l'art, de Ingres. Tout le monde veut me serrer la main. Je suis très respecté. En revanche Gauguin me tourne le dos et se fiche de moi. Il a peut-être raison[124]... » Durant ce séjour à Pont-Aven du 15 août au 28 septembre, bien plus qu'une simple halte, Emile Bernard, qui signe dorénavant ses lettres « Emile Bernard impressionniste », peint quelques paysages, les bonnes de la pension Gloanec et une figure de femme[125] dans le style néo-impressionniste qui est alors le sien.

Il poursuit son tour de Bretagne en septembre, passant par Lorient, Carnac, Auray, Vannes, Elven puis Rennes où il prend le train pour Paris. Durant l'hiver, il reprend en atelier à Asnières plusieurs peintures bretonnes qui sont ainsi datées 1887[126].

Sa peinture est durant une dizaine de mois marquée par le pointillisme. Le jeune peintre ne suit pas un système, emploie les contrastes colorés de manière approximative, juxtapose des touches plutôt comme les impressionnistes que les pointillistes. La simplification de la composition et la mise à plat des surfaces annoncent le cloisonnisme que le peintre inventera l'année suivante. A son retour à Paris, il montre quelques peintures chez le père Tanguy et y rencontre le 28 février Angrand et Lucien Pissarro. Puis Bernard présente à Asnières au début de 1887, dans une exposition collective, ses peintures pointillistes d'inspiration bretonne. Signac visite l'exposition et l'invite dans son atelier. La rencontre aura lieu le 12 mars. Bernard, accompagné d'Anquetin, ne s'entend pas avec Signac et abandonnera le pointillisme au profit d'une nouvelle approche où « les idées dominent la forme ». Lorsque, au printemps 1887, Emile Bernard repart pour Saint-Briac retrouver Marie Lemasson, sa peinture a déjà évolué vers une simplification des plans colorés, le cloisonnisme. En juillet, il va jusqu'à Pont-Aven, espérant y retrouver Gauguin, mais celui-ci est alors à la Martinique. La véritable rencontre entre les deux peintres n'aura lieu qu'un an plus tard. De celle-ci naîtra le synthétisme, l'esthétique de l'Ecole de Pont-Aven.

Henri Delavallée, le pointilliste de l'Ecole de Pont-Aven

A l'auberge Gloanec, Gauguin se lie durant cet été 1886 avec Henri Delavallée (Reims, 1862-Pont-Aven, 1943), un paysagiste déjà familier de la cité des moulins. Elève brillant ayant obtenu le premier prix au Concours général de philosophie, Delavallée s'était inscrit simultanément à la Sorbonne et à l'Ecole des Beaux-Arts où il devint l'élève des meilleurs professeurs de l'époque : Merson, Lehmann, Hébert et Carolus-Duran. Son admiration va à Corot, Millet et Courbet. En 1881[127], un de ses amis d'atelier, le Breton Hersart du Buron, l'entraîne en Bretagne à la recherche de motifs. Ils séjournent dans l'île d'Ouessant, au Faouët, à Châteauneuf-du-Faou et à Pont-Aven où les cousins de son ami possèdent le château du Plessis au-dessus du bois d'Amour. Comme bon nombre de paysagistes qui à cette époque émigrent de la forêt de Fontainebleau, Delavallée y fait des séjours réguliers. En 1886, il fait la connaissance de Gauguin et se lie avec lui. Il a raconté à Charles Chassé sa première rencontre : « Je me trouvais devant la terrasse de Gloanec quand Gauguin m'apparut pour la première fois : il avait un béret sur la tête et portait un de ces chevalets devant lesquels on peut travailler debout. J'allais vers lui et je me souviens que nous parlâmes de Degas et de Pissarro qu'il admirait beaucoup. Sa peinture d'alors était très zébrée et les questions de technique, en ce temps-là, le tracassaient beaucoup plus que les questions de doctrine[128]. »

123. Fragment d'une lettre à ses parents du 19 août parue dans Malingue Maurice, *Lettres de Gauguin à sa femme et à ses amis*, Paris, 1946.
124. Lettre à ses parents du 24 août 1886.
125. *Deux Bretonnes dans une prairie*, Rijksmuseum Vincent Van Gogh, Amsterdam ; *Paysage breton*, collection particulière, Luthi 28 ; *Pont-Aven, jeune Bretonne*, collection particulière, Luthi 36 ; *Août, verger à Pont-Aven*, collection particulière, ancienne collection Marie-Jeanne Gloanec, Luthi 27 ; *Bretonne assise, environ de Pont-Aven*, collection particulière ; *Marché en Bretagne*, collection particulière, *Les Bonnes de la pension Gloanec*, dessin, collection particulière.
126. *Le Rouet*, musée Thyssen Bornemisza, Madrid, Luthi 70 ; *Le Pré à Saint-Briac*, collection particulière, Luthi 52 ; *Ferme à Pont-Aven*, 1887, collection particulière, Luthi 58.
127. La date n'est pas assurée, Delavallée n'a que 19 ans. On sait qu'il poursuivra ses études à la Sorbonne jusqu'à l'obtention de la licence. Certains historiens disent 1885 mais sans le démontrer.
128. Charles Chassé, *Gauguin et son temps*, Paris, 1955, page 47.

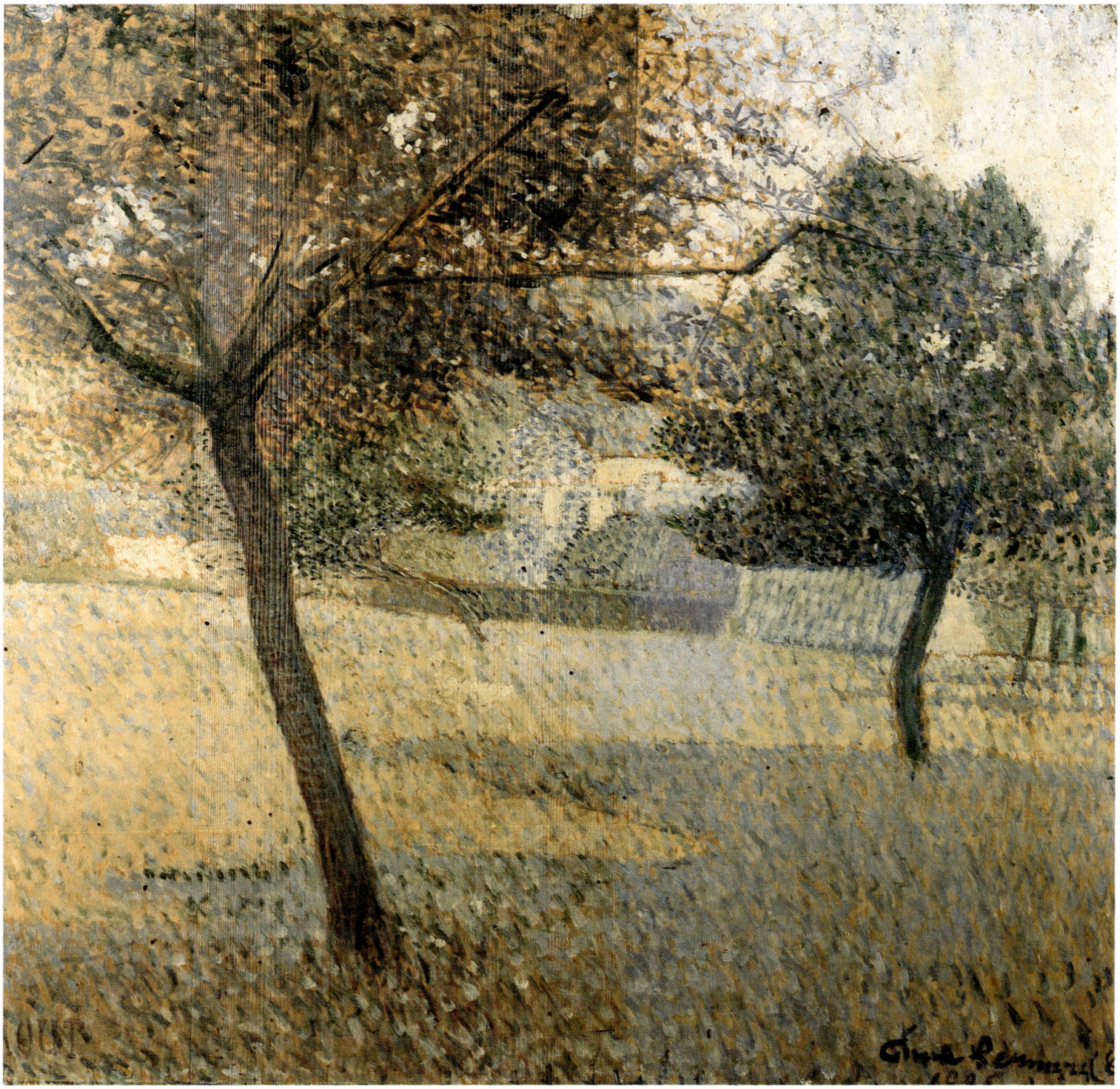

N° 24
Emile Bernard
Août, verger à Pont-Aven
1886
Huile sur bois, H. 52 - L. 52
Collection particulière

Ami de Félix Bracquemont qui a participé à toutes les expositions des impressionnistes, il fait, par son intermédiaire, la connaissance de Pissarro puis de Seurat et de Signac. A Marlotte, en 1887, il travaille en compagnie de Pissarro, qui a abandonné depuis quelques mois la technique impressionniste. Puis il rencontre Signac. Il est alors fortement marqué par les recherches divisionnistes. De rares œuvres des années 1887-1890 témoignent de sa maîtrise de cette nouvelle technique[129]. Peu après il reviendra à une expression plus relâchée, pour exemple *Jeune Fille de Pont-Aven*[130] de 1892.

Ces années sont encore mal connues. Le peintre s'initie à la gravure et produit de 1888 à 1893 soixante-quatre planches[131]. Après un séjour dans le Cotentin, en 1890, sur les pas de Millet, il revient à Pont-Aven. Il fréquente Jourdan, Seguin et O'Conor et revoit Gauguin en 1894. A l'automne, il quitte la France pour la Turquie pour un long séjour de sept années. Puis il revient régulièrement à Pont-Aven où il s'installe définitivement vers 1910. Henri Delavallée continue de peindre et de graver et consacre ses loisirs à la navigation de plaisance sur son yacht ancré sur les bords de l'Aven. Figurant parmi les derniers témoins de l'Ecole de Pont-Aven, il disparaît en 1943, presque oublié, méconnu de la plupart. Ses œuvres, pastels et peintures, sont extrêmement dispersées aujourd'hui, parfois confondues avec celles de son épouse Gabrielle Moreau, rendant son étude difficile.

La rupture avec les divisionnistes

Les souvenirs de Delavallée sur Gauguin laissent à penser que ce dernier est intéressé par la nouvelle technique pointilliste : « Je ne peins, m'expliquait-il, qu'avec des martres : la couleur reste ainsi plus épaisse ; quand vous vous servez de brosses ordinaires, deux couleurs voisines se mélangent ; avec des martres, vous obtenez des couleurs juxtaposées. » Une de ses opinions aussi et qui était chère à tous les néo-impressionnistes, c'est que « l'ombre est plus foncée au bord qu'au milieu, quand elle est opposée à la lumière[132] ». Pourtant Gauguin n'éprouvera jamais la « tentation » pointilliste et traitera Seurat et ses amis de « jeunes chimistes » et de « voyageurs en petits points ». Les raisons tiennent autant à sa personnalité, à des circonstances qu'à sa méthode de peindre et à sa perception de la réalité. Sa correspondance depuis le retour du Danemark n'en parle pas, car il est absorbé par la lutte contre la précarité et la misère. Jour après jour un fossé se creuse entre Gauguin, extrêmement réservé sur la nouvelle technique pointilliste et qui n'a pas vocation de suiveur, et son « maître » Pissarro, plein d'enthousiasme aux côtés des jeunes.

Un incident a lieu le 18 juin 1886 : Signac a autorisé Gauguin à venir travailler dans son atelier pour y dessiner d'après un de ses bois qui y était entreposé. Non informé de cet arrangement, Seurat s'en indigne, interdit à Gauguin l'accès à l'atelier, et colporte auprès de Pissarro et de Guillaumin des rumeurs sur le sans-gêne, « l'indélicatesse de matelot » et la conduite de Gauguin. Malgré la mise au point de Signac, la tension demeure et Gauguin lui adresse début juillet deux lettres que Signac juge « très désagréables[133] ». L'incident va se transformer en lutte entre deux clans, ou tout au moins servir de prétexte. Une lettre de Camille Pissarro à son fils Lucien en septembre traduit bien l'ambiance et n'est pas tendre pour Schuffenecker qui oscille entre l'influence de Gauguin et l'attraction du pointillisme : « J'y ai rencontré à cette exposition Mr Scouffenecker *(sic)*, naturellement on a parlé des incidents Gauguin et Guillaumin, très malin Mr S et très malin Mr Gauguin, qui d'après Mr S a été très mal inspiré de se laisser emporter par un accès d'amour-propre froissé ! Comme bien tu penses, je lui ai dit ce que je pensai très carrément sur la conduite tenue en cette occasion par les deux amis G.G. Mais le plus beau, le bouquet de l'affaire, c'est Mr S me faisant le plus grand éloge de l'art nouveau, reconnaissant, non seulement de la science, à Seurrat *(sic)* mais

129. *La Rue au soleil à Port-Manech*, 1887, Indianapolis Museum of Art, The Holliday Collection, Indianapolis ; *La Ruelle rose*, 1887, sans doute un village d'Ile-de-France, collection particulière ; *Le Cireur de bottes*, 1890, collection particulière ; *Le Puits en hiver*, 1887, collection Walter F. Brown.
130. Musée des Beaux-Arts, Brest.
131. Daniel Morane, *Henri Delavallée, l'œuvre gravé*, catalogue de l'exposition du musée de Pont-Aven, 1996.
132. Charles Chassé, *Gauguin et son temps*, Paris, 1955, page 47.
133. Signac le rapporte à Lucien Pissarro, reproduit dans Merlhès, n° 104.

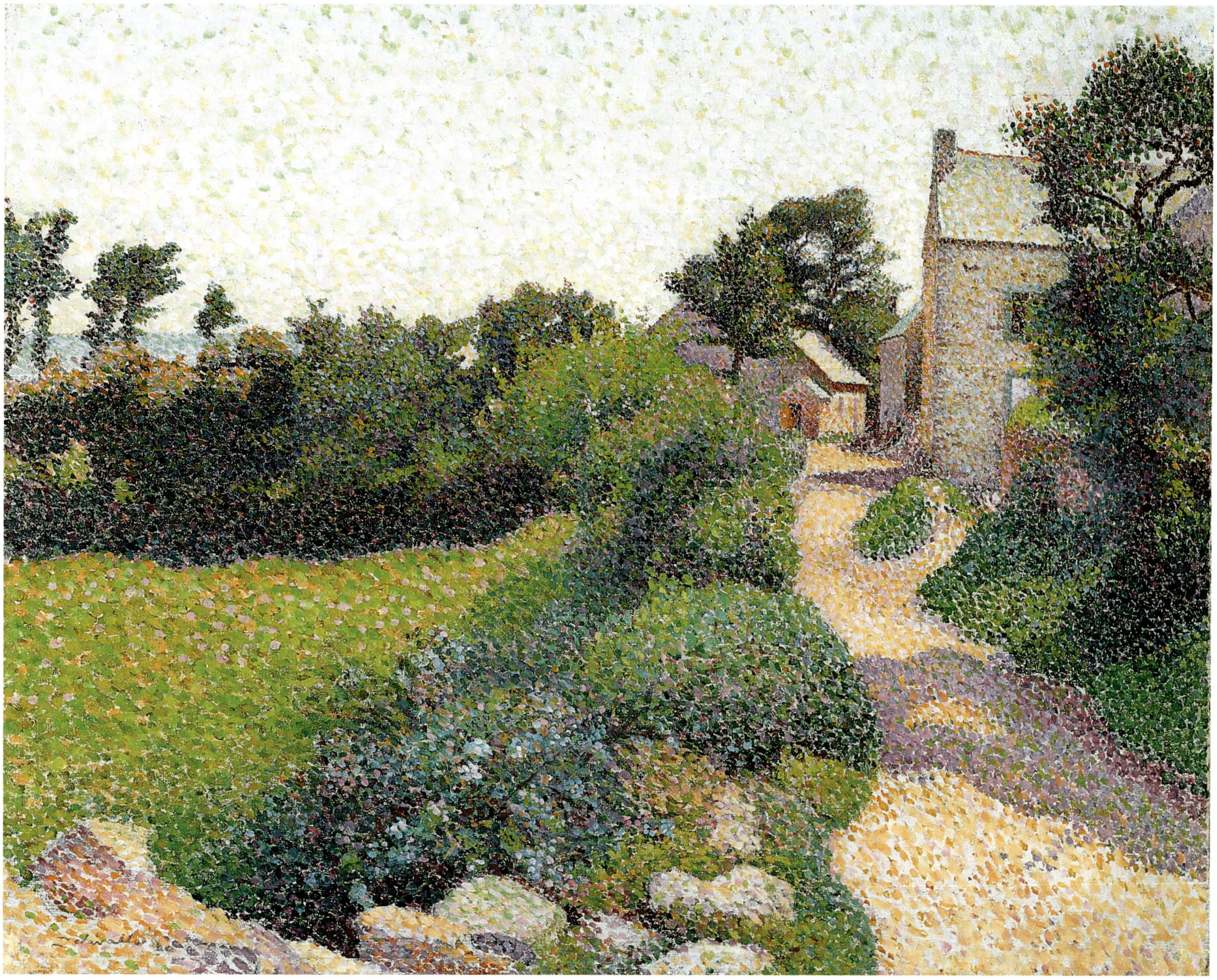

N° 25
Henri Delavallée
La Rue au soleil à Port-Manech
Vers 1887
Huile sur toile, H. 45,7 - L. 55,2
Indianapolis Museum of Art, the Holliday Collection

même du talent ! Oh ! oh ! lui ai-je dis, mais il me paraît que vous n'êtes plus d'accord avec Mr G., je vous demande pardon, vous verrez le pas immense qu'a fait Gauguin, j'arrive de la campagne, Gauguin marche absolument dans cette voie, c'est un fier peintre allez, une volonté de fer, on entendra parler de lui. Nous verrons cela Mr S dans tous les cas ai-je dis, Mr G a eu bien tort de déblatérer contre Seurrat *(sic)* et Signac et par conséquent moi, une entente entre nous n'est plus guère possible, du reste notre parti est pris, nous exposerons, nous lutterons seuls, car je ne vois pas que ces messieurs s'engageront si carrément que cela dans la voie impressionniste scientifique. Nous verrons. Grande protestation de Shouffenecker *(sic)*. Vois-tu mon cher Lucien, tous ces gens, qui tournent, tournent, voyant qu'ils ont fait une boulette, les voilà qui, et Gauguin surtout, par des efforts réitérés, vont tâcher de se couler dans la place. C'était à prévoir, nous allons en voir de belles[134]. » L'automne consacre la

N° 26
Henri Delavallée
Jeune Fille de Pont-Aven
1892
Huile sur toile, H. 46 - L. 38
Musée des Beaux-Arts, Brest

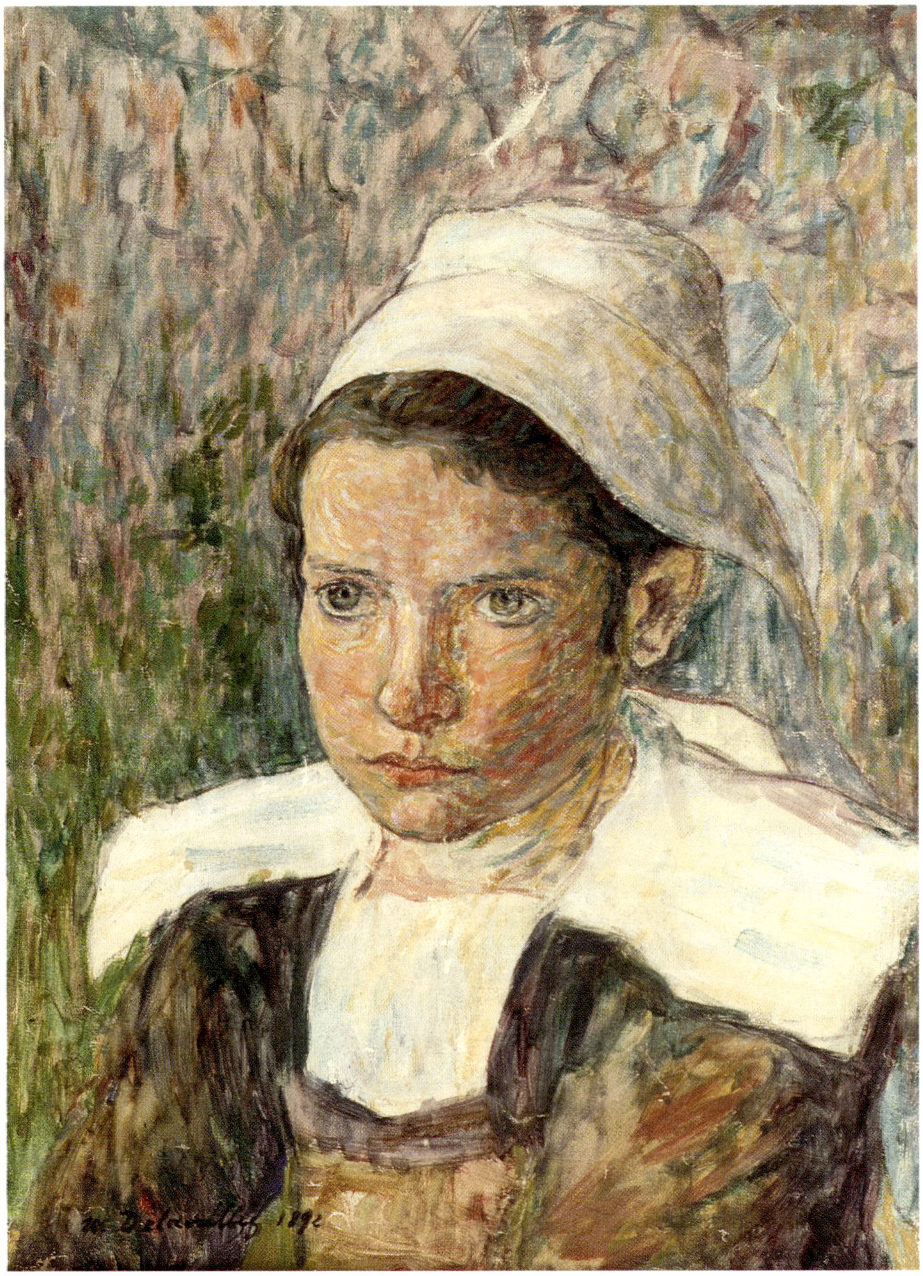

134. Camille à Lucien Pissarro, septembre 1886, reproduite dans Merlhès, 1984, n° XXX.

rupture, comme le raconte Pissarro : « Les hostilités continuent de plus en plus parmi les impressionnistes romantiques, ils se réunissent très régulièrement, Degas lui-même vient au café, Gauguin est redevenu très intime de Degas et va le voir souvent, curieux, n'est-ce pas, cette bascule des intérêts ! Oublié les avanies de l'année passée aux bords de mer oublié les sarcasmes du maître contre le sectaire, oublié ce qu'il m'a assez dit sur l'égoïsme et le côté commun de Guillaumin moi naïf je le défendais à corps et cris contre les uns et les autres. C'est bien humain et c'est bien triste[135] .» « Je me suis trouvé avec Signac, Seurat, et Dubois-Pillet à la Nouvelle-Athènes dernièrement, en rentrant, Guillaumin, Gauguin et Zando s'y trouvaient ; Guillaumin a refusé de donner la main à Signac ainsi que Gauguin, il y a eu une explication impossible d'y rien comprendre il paraît que pour l'affaire de l'atelier de Signac, un malentendu. Malgré cela, Gauguin est sorti brusquement sans saluer ni moi, ni Signac, etc. C'est bien fini les Impressionnistes, quoi qu'en dise le sectaire Gauguin[136]. »

De son côté, Emile Bernard se fâche avec Signac le 12 mars 1887 et, du même coup, renonce à la technique pointilliste. Les raisons précises ne sont pas connues. Bernard a raconté ultérieurement cette visite : « J'y regardais de grands paysages lumineux, mais peu vivants, des intérieurs dont tous les personnages me paraissaient de bois. J'en conclus que, si le procédé était bon pour la production vivante de la lumière, il dépouillait la couleur et je me jetais aussitôt dans la théorie contraire[137]. » Il est possible de penser, d'après ce que nous savons du jeune peintre, qu'il a compris qu'il n'aurait pas le *leadership* de ce mouvement et qu'il lui fallait trouver ailleurs ou autre chose. Il serait un peu léger de penser que le synthétisme de Pont-Aven, mis en forme par Gauguin et Bernard durant l'été 1888, n'est qu'une réaction des deux peintres contre le néo-impressionnisme. Ce serait minorer ou ignorer les recherches décoratives de Gauguin dès 1886, sa peinture de la Martinique, ses céramiques chez Chaplet et pour Bernard, son travail avec Anquetin sur les bords de la Seine à Asnières. Mais il est certain que l'année 1886 a marqué la fin de l'impressionnisme et que les règlements de comptes ont radicalisé les attitudes et ainsi permis la recherche de nouvelles méthodes ou techniques. Emile Bernard écrit à sa mère en août 1889 : « Le but du synthétisme est déjà de faire passer l'impressionnisme et ensuite d'attirer sur des entrepreneurs les regards d'un groupe intelligent qui appréciera les efforts des artistes allant toujours vers un but nouveau[138]. » Gauguin a toujours été sarcastique envers les néo-impressionnistes. En 1889, au Pouldu, il titre une peinture : *Nature morte ripipoint*[139].

135. Lettre de Camille à Lucien Pissarro, 16 ou 23 novembre 1886, reproduite dans Merlhès, 1984, n° XXXI.
136. Lettre de Camille à Lucien Pissarro, 3 décembre 1886, reproduite dans Merlhès, 1984, n° XXXII.
137. Cité dans Cachin, *Signac*, 1971, page 39.
138. Lettre d'Emile Bernard à sa mère, Saint-Briac, août 1889, reproduite dans *Le Pays de Dinan*, 1998.
139. W376, peinture offerte à Marie Henry, collection particulière.

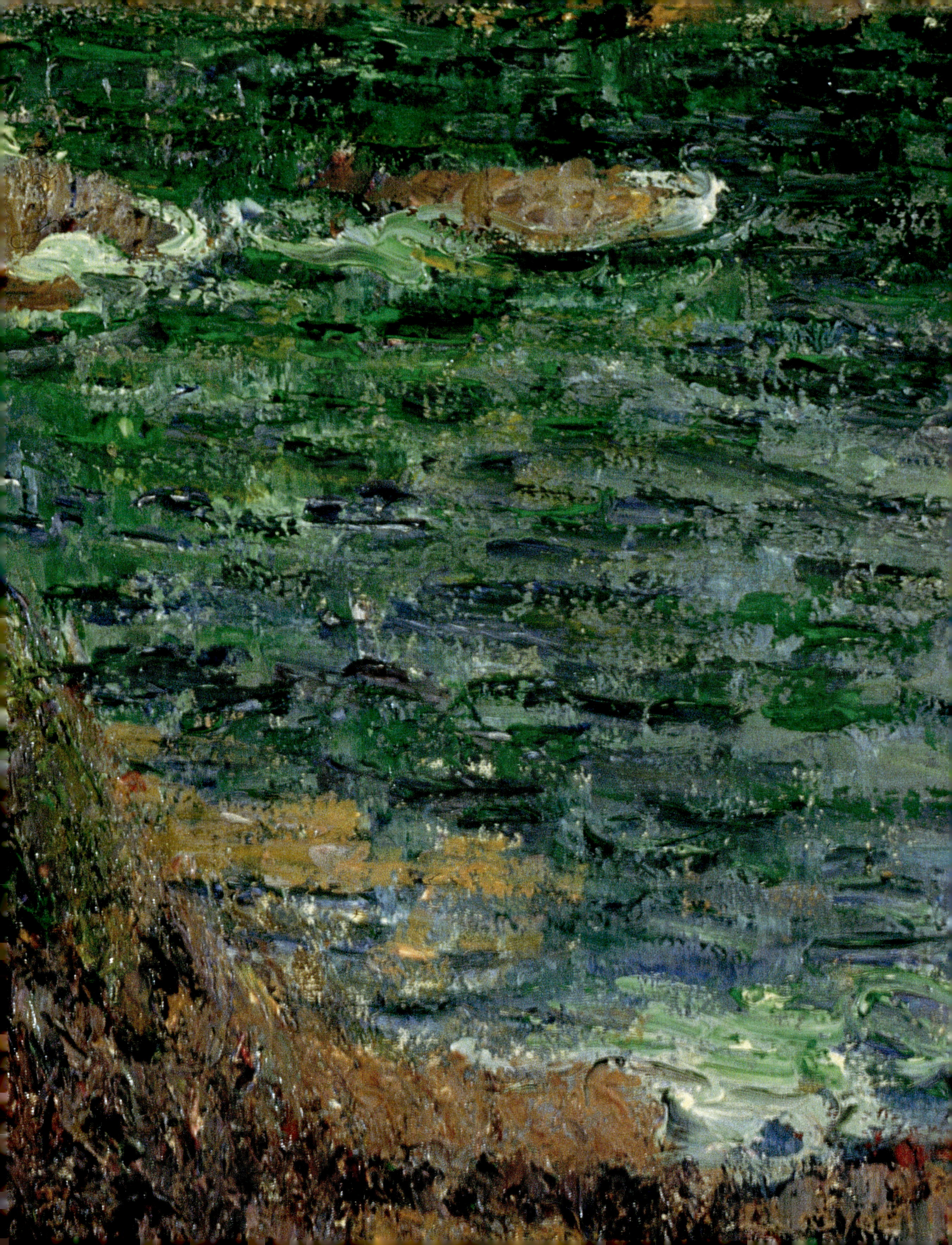

Chapitre 5

Les paysagistes impressionnistes de l'École de Pont-Aven

Le départ de Gauguin pour Tahiti en 1891 favorise la radicalisation des tendances stylistiques qui se côtoyaient au sein de ce que l'on appelle l'Ecole de Pont-Aven. L'une de ces tendances regroupe des peintres souvent mystiques, épris de symbolisme et de théorie : Sérusier, Denis, Filiger, Ballin, Verkade, Seguin et Bernard. L'autre, plus discrète, regroupe des paysagistes qui ont tenté de trouver un compromis entre l'impressionnisme et le synthétisme : Chamaillard, Moret, Maufra, Loiseau, du Puigaudeau. Certains sont inclassables comme Roderic O'Conor, Cuno Amiet ou plus tard Emile Jourdan qui peignent suivant de longues touches colorées parallèles, un système de zébrures qui n'est pas sans parenté avec le pointillisme.

Ernest de Chamaillard, un homme de loi quimpérois

Ernest Ponthier de Chamaillard (Quimper, 1862-Eaubonne, 1930), licencié en droit en 1885 suivant la tradition familiale, effectue, sans grand enthousiasme, des stages chez des hommes de loi ; désœuvré, il fréquente les peintres à Pont-Aven. Il raconte sa rencontre avec Gauguin en 1888 : « Je me trouvais par hasard, un jour de juin 1888, à une vente publique au château du Hénan, près de Pont-Aven, lorsque je remarquais un homme dans la foule des paysannes élégantes. Il avait le torse moulé dans un tricot de marin, un béret sur la tête et aux pieds des sabots sculptés extraordinaires. Je fus étonné de voir cet homme d'allure magnifique saluer mes compagnons et je leur demandais quel était ce personnage si remarquable. On me répondit que c'était un peintre de grand talent, mais d'un talent si original qu'il était difficile de le comprendre. C'était, en effet, un des plus jeunes peintres impressionnistes qui peignait avec toutes les audaces ; son nom commençait à devenir fameux : Paul Gauguin. Pour moi, enthousiaste d'art et de poésie, je me disais qu'il serait agréable de faire plus ample connaissance avec cet artiste. Aussi fus-je heureux de le voir aborder notre groupe. Il s'exprimait simplement mais avec autorité, développant ses théories artistiques. Il parlait de ces choses avec

N° 34
Gustave Loiseau
La Pointe du Jas au cap Fréhel
(détail)
1904
Musée des Beaux-Arts, Rennes

N° 27
Ernest Ponthier de Chamaillard
Rivière dans la vallée
1894
Huile sur toile, H. 50 - L. 61
Collection particulière

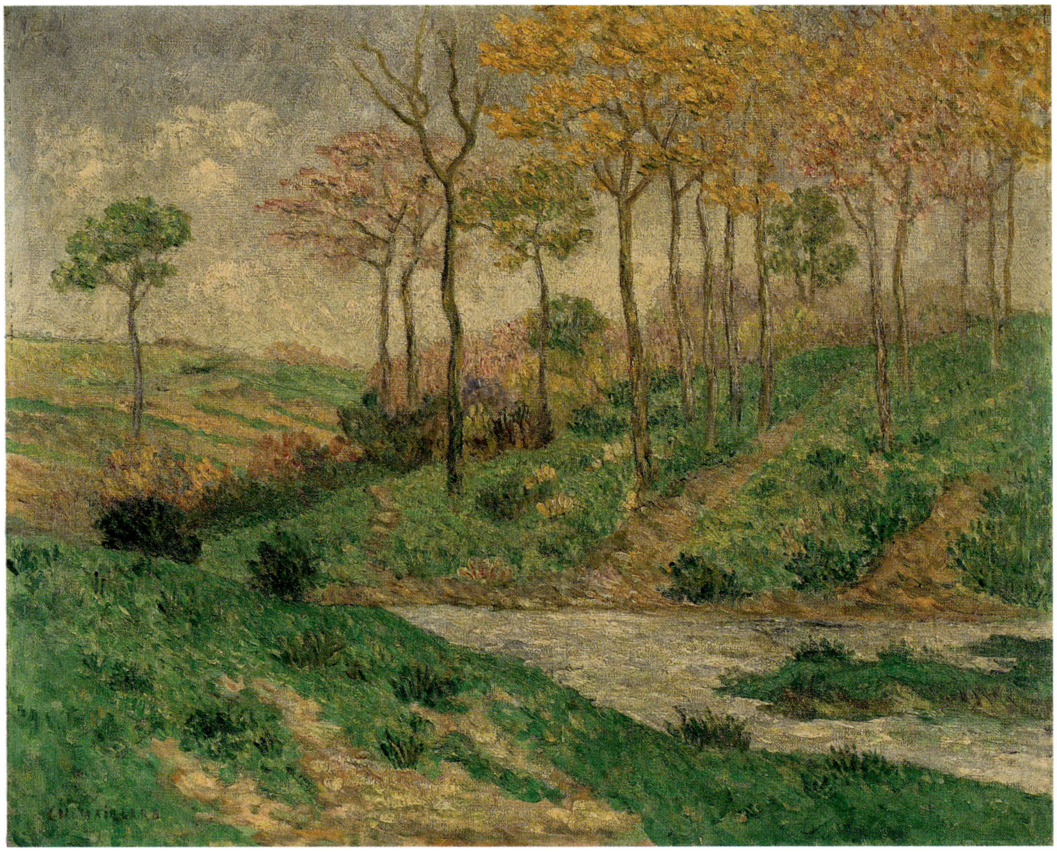

un tel cœur que je me sentis acquis à ce bel artiste. Je lui confessais que depuis quinze jours j'étais attiré vers la peinture, bref, que je venais d'essayer mes premiers pinceaux sur de petites toiles. Il n'en fallut pas davantage pour faire de nous des amis[140]. »

Chamaillard est totalement marqué par cette rencontre. Gauguin appréciait la gaucherie naïve et la rusticité de l'expression artistique de son jeune disciple, un homme jovial et bon vivant mais aussi cultivé et raffiné. A la fin de l'été, Chamaillard fait partie du petit groupe devant accompagner Gauguin chez Vincent Van Gogh à Arles afin de créer un « atelier du Midi ». Mais il se marie et s'installe à Pont-Aven. Sa maison devient le lieu de rencontre des artistes novateurs de passage.

A l'exception de son mobilier sculpté et peint et de quelques aquarelles des premières années, Chamaillard n'a pas été influencé par le synthétisme pontavénien. Il acquiert progressivement une technique impressionniste que l'on trouve dans les paysages campagnards qui constituent l'essentiel de sa production. Il définit ainsi l'impressionnisme : « L'impressionnisme n'est à mon avis qu'une école de transition. Il a donné à l'art plus de liberté, plus de lumière, quelque chose de plus chantant[141]. »

Pressé par des soucis d'argent, il s'installe à Quimperlé comme avocat en 1892 puis l'année suivante à Châteaulin. De nombreux peintres lui rendent visite, en particulier Moret, Maufra, O'Conor, Slewinski, Sérusier ou Maurice Denis. En 1905, il se retire dans le manoir familial de Mesquéon en Gourlizon près de Quimper. Des expositions chez Bernheim et Vollard, les amitiés d'André Salmon et de Guillaume Apollinaire, qui lui préface une exposition[142], témoignent de la reconnaissance dont bénéficie le peintre autodidacte jusqu'en 1914.

140. Propos de Chamaillard rapportés par André Salmon dans *Souvenirs sans fin*, Gallimard, Paris, 1969.
141. Dans Charles Morice, « Enquête sur les tendances actuelles de la peinture », dans *Mercure de France*, 1 IX 1905.
142. L'exposition a été annulée en raison de l'entrée en guerre en 1914.

Henry Moret, de Belle-Ile à Ouessant

Le Normand Henry Moret (Cherbourg, 1856-Paris, 1913) découvre la Bretagne en 1875 à l'occasion du service militaire effectué à Lorient. Il y reçoit alors ses premières leçons de dessin d'un paysagiste lorientais, Ernest Corroller. L'année suivante, il est reçu à l'Ecole des Beaux-Arts de Paris dans l'atelier de Lehmann puis fréquente celui de Jean-Paul Laurens. Il expose au Salon, à partir de 1880, des paysages de la région du Pouldu et de l'île de Groix dans un style qui traduit l'influence de Corot et de l'Ecole de Barbizon.

En 1888, Moret s'établit à Pont-Aven et fait la connaissance, un peu par hasard, de Gauguin, Bernard, Chamaillard, Jourdan et Laval. Il s'intègre rapidement au petit groupe et son atelier chez le maître du port Kerluen devient leur rendez-vous habituel. Il est associé au projet d'« atelier du Midi » chez Van Gogh à Arles mais il demeure à Pont-Aven au départ de Gauguin. Il retrouvera Gauguin au Pouldu durant les années 1889-1890, mais à l'écart du groupe installé chez Marie Henry. Sa peinture reflète alors les principes du synthétisme : étagement des aplats colorés, suppression des effets perspectifs, cadrages japonisants, etc.

Le peintre s'essouffle et recherche dans la région de Lorient de nouveaux motifs et un style qui puisse recueillir l'approbation des amateurs. Une peinture comme *Bord de mer à Larmor-Plage*[143] traduit un fort intérêt pour l'œuvre de Monet et une évolution vers l'impressionnisme.

En 1895, Charles Durand-Ruel le remarque et lui propose d'acquérir et de promouvoir ses peintures. La première exposition individuelle aura lieu en 1898, suivie par de nombreuses autres, individuelles ou en groupe, dans les galeries de Paris ou de New York, ou bien dans des manifestations organisées par la galerie en divers lieux. Le succès est au rendez-vous.

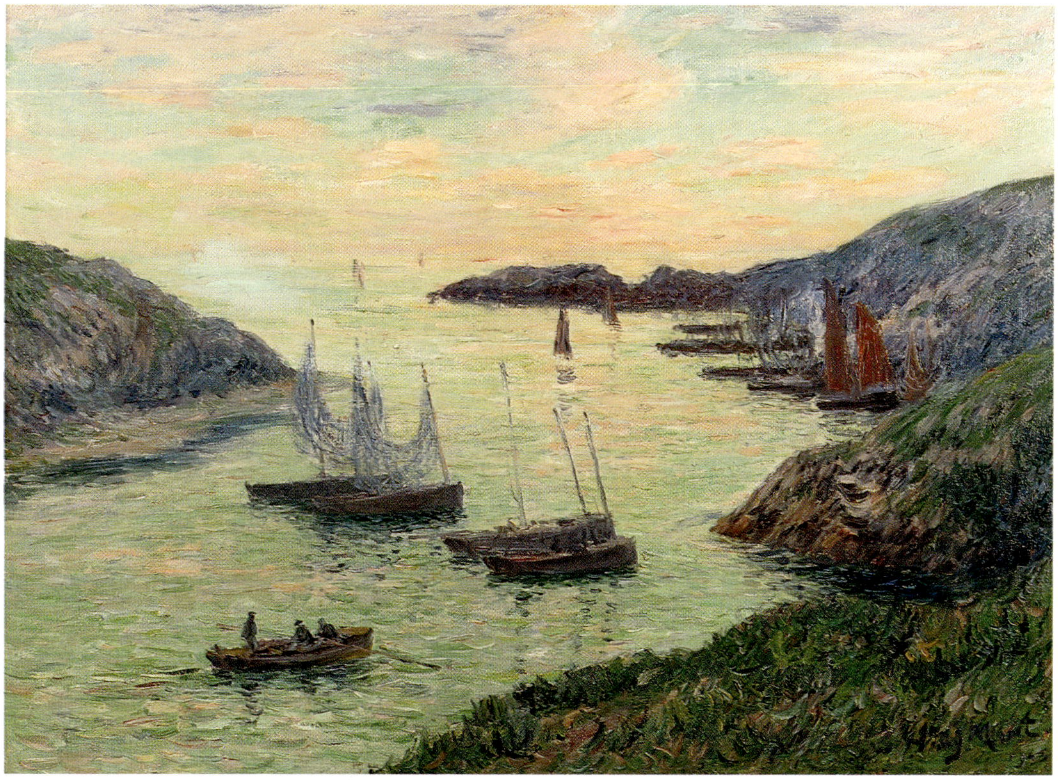

N° 28
Henry Moret
Barques et bateaux dans la baie de Clohars-Carnoët
1903
Huile sur toile, H. 60,5 - L. 81
Collection particulière

143. 1891, Musée national des Douanes, Bordeaux.

N° 29
Henry Moret
Les Scieurs de long
1912
Huile sur toile, H. 46 - L. 61
Collection particulière

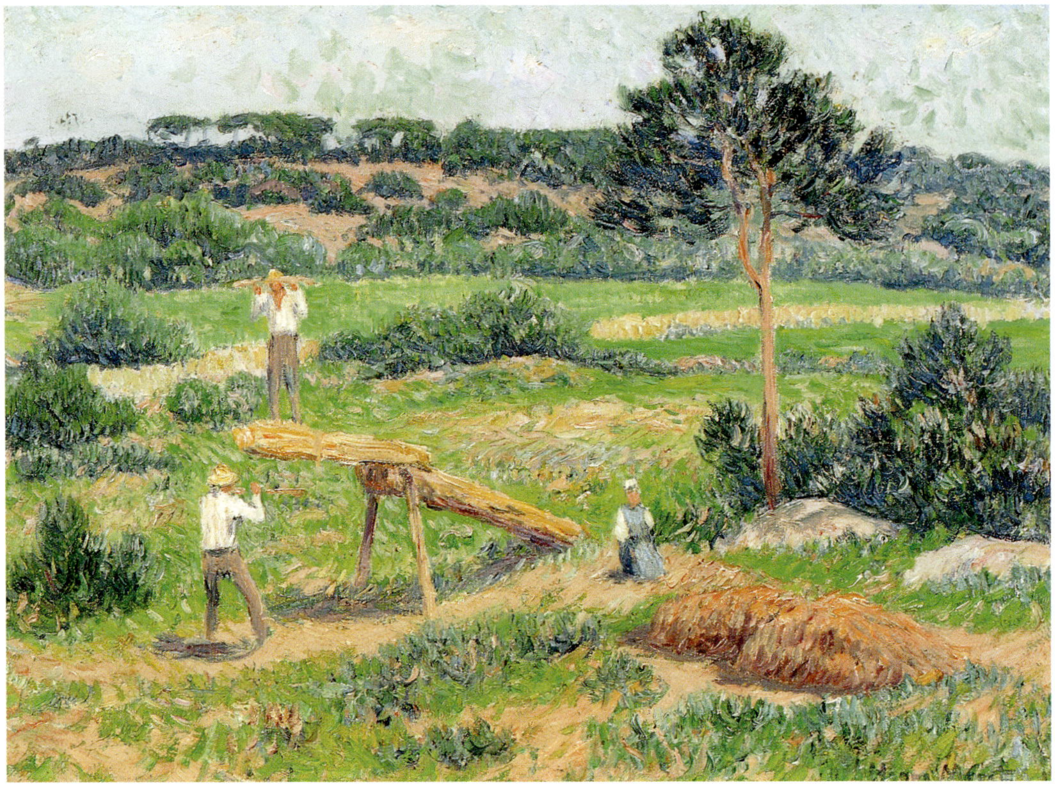

Moret, digne successeur des « impressionnistes historiques », entre dans les collections publiques et privées prestigieuses.

Parallèlement à cette reconnaissance, qui le met à l'abri du besoin, l'art de Moret a doucement évolué vers un impressionnisme plus traditionnel. Les thèmes se répètent : les rochers qui s'avancent dans la mer à Raguénez, à Ouessant, dans la région de Porspoder, les hautes falaises de Belle-Ile, de Groix, du cap Sizun, des scènes de campagne autour de Doëlan où il réside ou bien à Mesquéon, le manoir de son ami Chamaillard ou des vues des petits ports de Doëlan, Merrien, Brigneau ou Port-Manech. Le peintre traduit avec sensibilité les effets atmosphériques ou les mouvements de l'eau. Si l'esprit est celui des impressionnistes, la technique s'en éloigne par l'emploi de couleurs vives, en touches épaisses. Certains accords colorés, parfois stridents, traduisent un certain expressionnisme qui contredit l'atmosphère apaisée des compositions. Vers 1905, Moret prend l'habitude de peindre des effets de givre, de brouillard ou de neige et adopte une technique où les touches ont tendance à disparaître, remplacées par une sorte d'évocation brumeuse, un camaïeu gris où les formes se fondent. A longueur d'année, Moret, basé à Doëlan, se rend dans quelques lieux privilégiés et familiers : Belle-Ile, Groix, Ouessant, la côte du Pouldu à Port-Manech, les bords de l'Aven et du Belon, à l'occasion Douarnenez, le cap Sizun, la région de Porspoder. Aussi, il reprend les mêmes sites, à plusieurs années d'intervalle. On ne peut comparer cette démarche avec la « série » de Monet à Belle-Ile.

L'évolution de Moret soulève des questions. Sa brutale conversion au synthétisme estelle due à la forte influence de Gauguin ? Sa conversion ultérieure à l'impressionnisme estelle due à l'absence de Gauguin, ou aux suggestions de son marchand ou bien est-ce la réaction d'un homme qui a trouvé une certaine sécurité matérielle et qui se satisfait d'une vie paisible ? On rapporte que Moret était surtout occupé par ses loisirs favoris : la chasse, la pêche et la partie de cartes le soir avec ses amis pêcheurs dans un café de Doëlan.

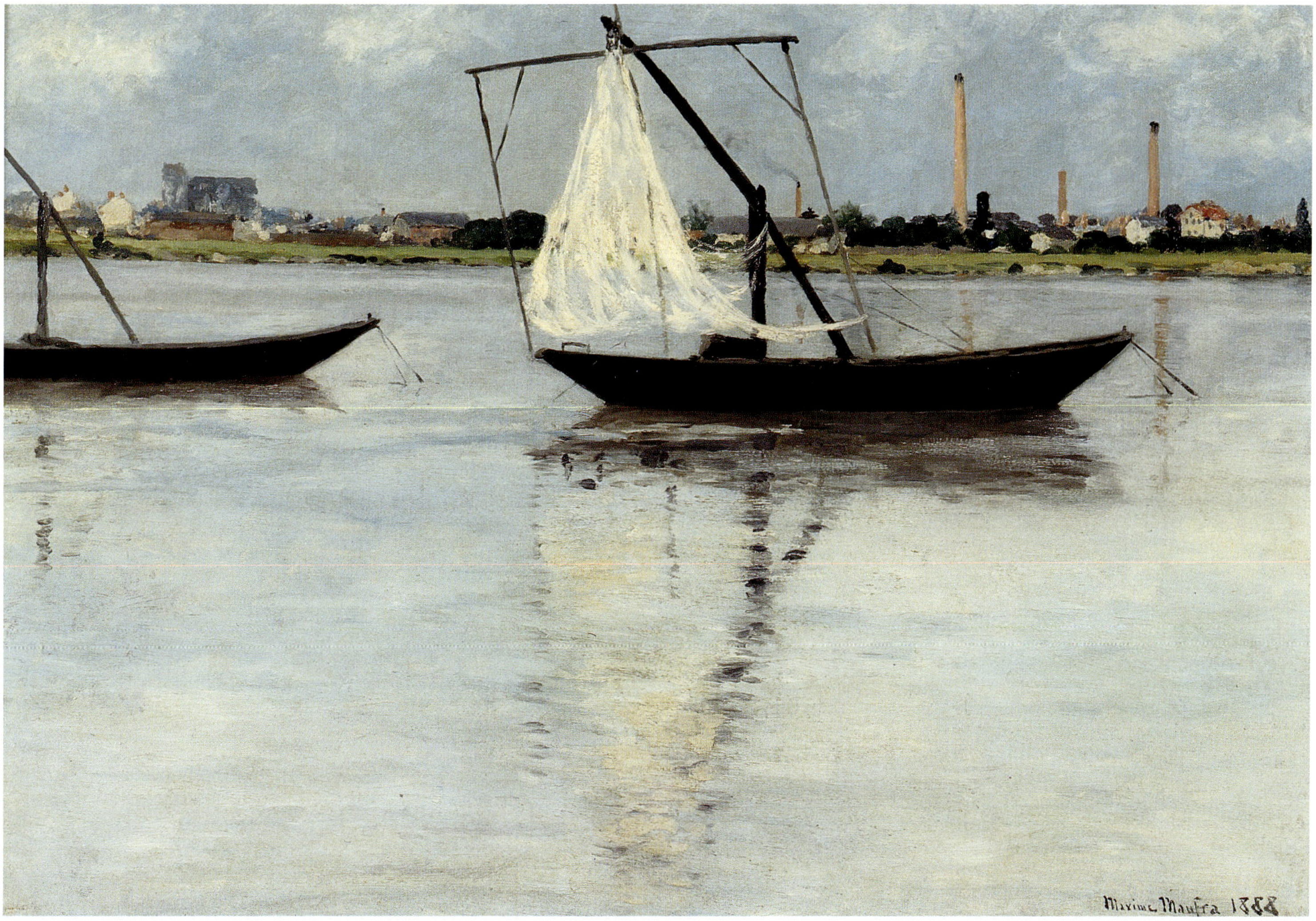

N° 30
Maxime Maufra
La Prairie d'Amont
1888
Huile sur toile, H. 79 - L. 110,9
Musée des Beaux-Arts, Nantes

Maxime Maufra, de Nantes à Pont-Aven

A l'issue de ses études, Maxime Maufra (Nantes, 1861-Poncé, 1918), que ses parents destinent au commerce, part en stage à Liverpool en Angleterre. Le stage terminé, il découvre à Londres l'œuvre de Turner qui l'impressionne fortement. Rentré à Nantes en 1884, il reçoit les conseils et les encouragements du paysagiste nantais Charles Le Roux, un élève de Corot. Cet ami de Théodore Rousseau l'initie à la peinture de plein air. Le jeune peintre commence à peindre le long des côtes bretonnes. Il expose pour la première fois en 1886. Cette même année, son ami John Flornoy organise à Nantes une importante exposition de peintures modernes. Maufra présente trois œuvres et y découvre de nombreuses peintures impressionnistes et néo-impressionnistes qui témoignent des recherches les plus récentes des peintres parisiens : Boudin, Guillaumin, Pissarro, Monet, Renoir, Sisley, Gauguin, Seurat ou Signac. Il peint alors dans les environs de Nantes, le long de la Loire jusqu'à Bourg-de-Batz des paysages marqués par l'impressionnisme comme en témoigne *La Prairie d'Amont* de 1888.

Ce n'est qu'en 1889 qu'il se décide à abandonner la carrière commerciale pour se consacrer entièrement à la peinture. A Pont-Aven, en 1890, il rencontre par hasard Gauguin,

Sérusier, Filiger et de Haan qui viennent du Pouldu fêter le 14 Juillet. Maufra, attiré par l'impressionnisme, se lie avec ces peintres novateurs. Il s'installe au Pouldu à l'auberge de Marie Henry, où demeure alors Filiger et fréquente à l'occasion Verkade, Sérusier, Bernard, Loiseau, Moret et Seguin. Gauguin étant alors à Tahiti, il est influencé par ses œuvres qu'il découvre et par ce que lui disent ses camarades. Il crée alors des œuvres d'esprit et de style synthétiques dont les compositions sont plus simplifiées et plus décoratives.

En novembre 1893, Gauguin, à son retour d'Océanie, visite son atelier et lui dit : « Je sais que vous défendez mon art et je vous en remercie. Nous suivons une voie toute différente ; la vôtre est bonne et vous n'avez qu'à continuer. » Les deux peintres se lient d'amitié et se voient souvent jusqu'au nouveau départ de Gauguin pour l'Océanie en juin 1895. Celui-ci lui dédicace un dessin : « A l'ami Maufra, à l'artiste d'avant-garde. »

La peinture de Maufra va évoluer alors sensiblement vers un impressionnisme plus conventionnel. Il peint sur le motif dans le cap Sizun, la région de Douarnenez, la presqu'île de Crozon et le pays bigouden, mais aussi en Normandie, dans la vallée de la Seine, la Sarthe, le Dauphiné, le Midi, en Vendée, au bord de la Méditerranée, en Algérie, en Savoie ou à Paris où il revient chaque hiver. Il a régulièrement fréquenté Belle-Ile et la presqu'île de Quiberon et décide en 1903 de s'établir à Kerhostin, un hameau près de Quiberon. Dorénavant, la plupart de ses œuvres seront consacrées à des paysages des environs.

Au début de 1894, le marchand des impressionnistes, la galerie Durand-Ruel, a conclu avec Maufra un accord commercial, lui achetant ses peintures, lui consacrant vingt-quatre expositions personnelles ou collectives à Paris et à New York et présentant ses œuvres dans de nombreuses expositions à travers le monde. Les relations entre le peintre

N° 31
Maxime Maufra
Locronan, la rue descendante
1906
Huile sur toile, H. 65,5 - L. 85
Musée des Beaux-Arts, Quimper

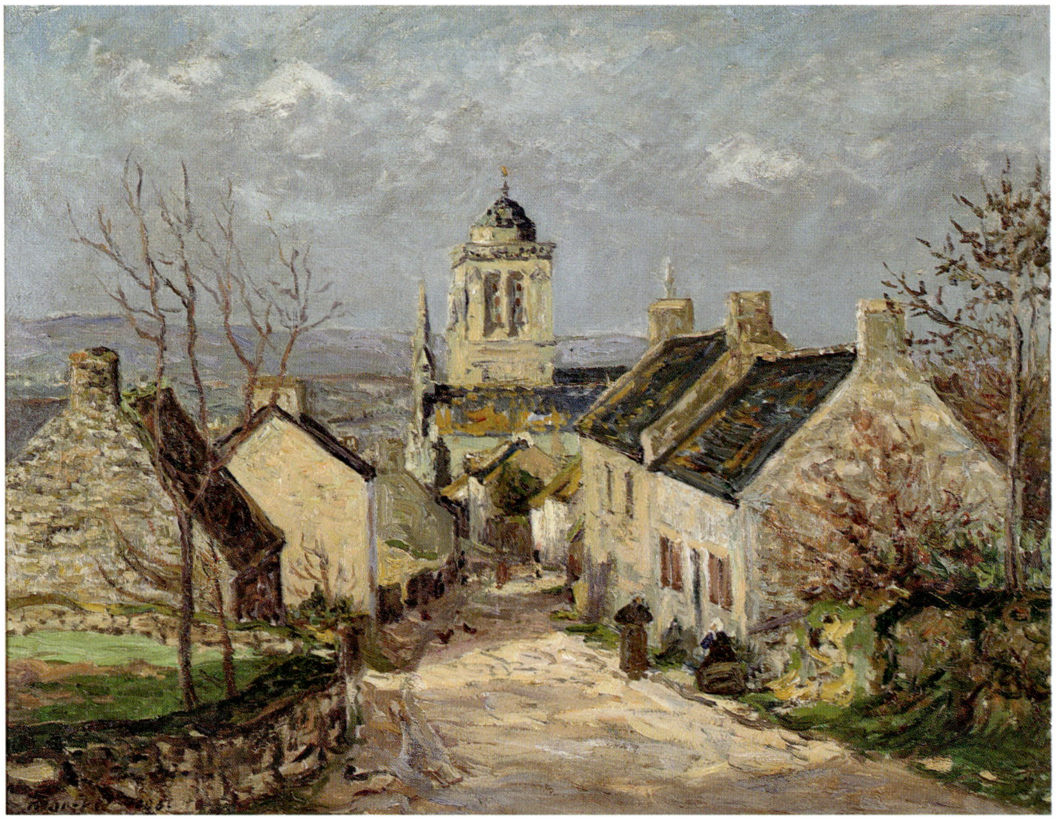

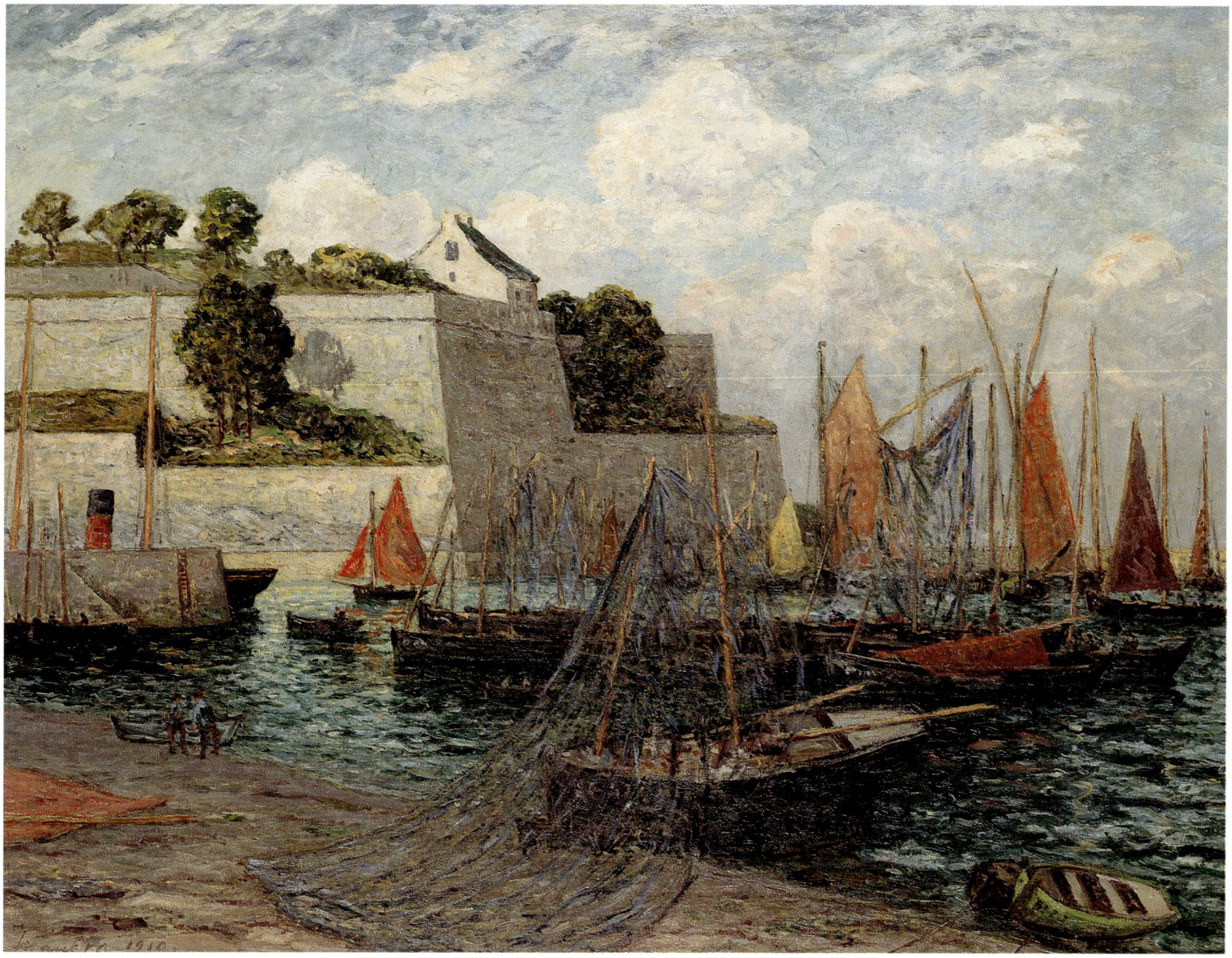

N° 32
Maxime Maufra
Le Port du Palais à Belle-Ile
1910
Huile sur toile, H. 115 - L. 146,5
Musée des Beaux-Arts, Quimper

et son marchand ne seront pas toujours faciles, d'autant plus que les peintures ne se vendent pas très bien, cent soixante-quatre à la mort du peintre sur neuf cent deux achetées. Durand-Ruel lui reproche sa tendance à l'esquisse et une exécution trop libre et rapide et lui écrit : « Tâchez que ces tableaux soient aussi poussés que possible, avec la nature sous les yeux car, vous le savez, il est difficile dans l'atelier de retrouver tous les tons si variés et si fins que nous observons dans les paysages[144] » ; « Les amateurs veulent des tableaux très faits et ils n'ont pas tort[145] » ; « Les marines sont belles, mais ce ne sont que des ébauches. Comment ne pouvez-vous pas pousser plus loin votre travail sur nature[146] ? » Le peintre explique alors au marchand son travail : « Peignant [...] plus spécialement les mouvements, mers et ciels, il est souvent difficile de pousser sur place aussi loin qu'on le désire [...]. La pluie, le vent et autres changements de température vous arrêtent et il m'arrive toujours d'aller [...] sur un motif sans pouvoir y travailler[147]. » On pense inévitablement à Monet travaillant dans la tempête au bord de la falaise.

144. Lettre du 4 août 1894, archives Durand-Ruel.
145. Lettre du 10 avril 1895, archives Durand-Ruel.
146. Lettre du 7 décembre 1895, archives Durand-Ruel.
147. Lettre du 9 décembre 1895, archives Durand-Ruel.

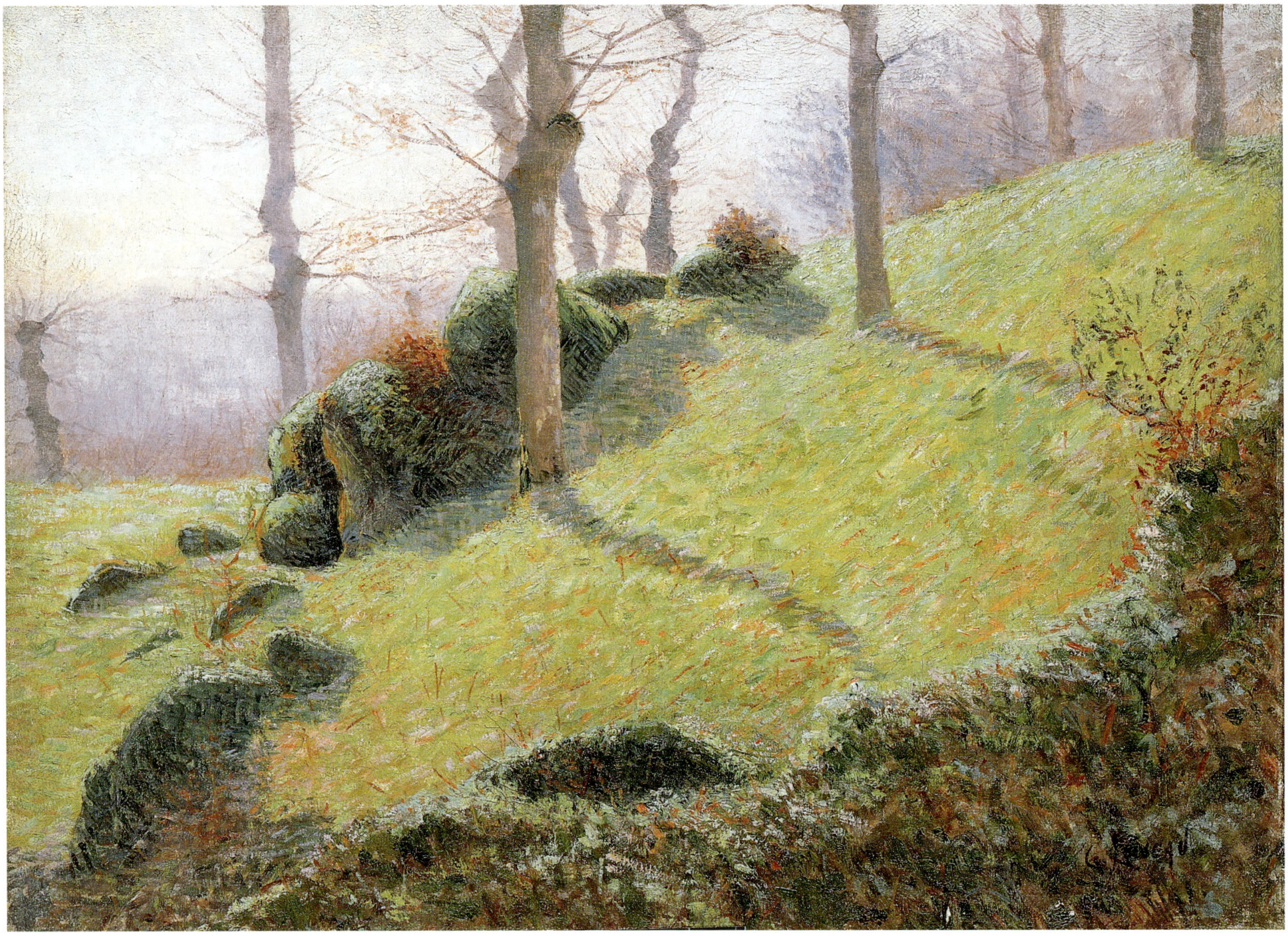

N° 33
Gustave Loiseau
Les Roches vertes
Vers 1893
Huile sur toile, H. 54 - L. 73
Musée du Petit-Palais, Genève

Gustave Loiseau, la seconde génération impressionniste

Le jeune apprenti décorateur Gustave Loiseau (Paris, 1865-Paris, 1935), qui passe pour admirer Corot, décide à l'âge de 20 ans de devenir peintre et s'installe à Montmartre où il fréquente le milieu des peintres. Il recueille pendant quelques mois en 1889 les conseils de Fernand Quignon, qu'il connaissait pour avoir travaillé à la décoration de son appartement. Celui-ci est un familier de Pont-Aven depuis le début des années 1880. Tout naturellement il conseille à son « élève » de s'y rendre afin d'y peindre sur le motif, ce qu'il fait l'été 1890. Il se lie à l'auberge Gloanec avec Maufra et Dezaunay. Sans doute aperçoit-il le soir du 13 juillet Gauguin, de Haan, Filiger et Sérusier, venus du Pouldu célébrer la fête nationale. C'est durant l'absence de Gauguin, parti à Tahiti, que l'art de Loiseau s'affirme. Son amitié avec des paysagistes comme Moret et Maufra le rassure dans ses choix. Une peinture comme *Les Roches vertes* de 1893 traduit bien les influences multiples qu'il tente d'assimiler : une touche divisée afin de saisir les vibrations de la lumière et une composition très structurée, avec une composition en diagonale et une limitation de la perspective.

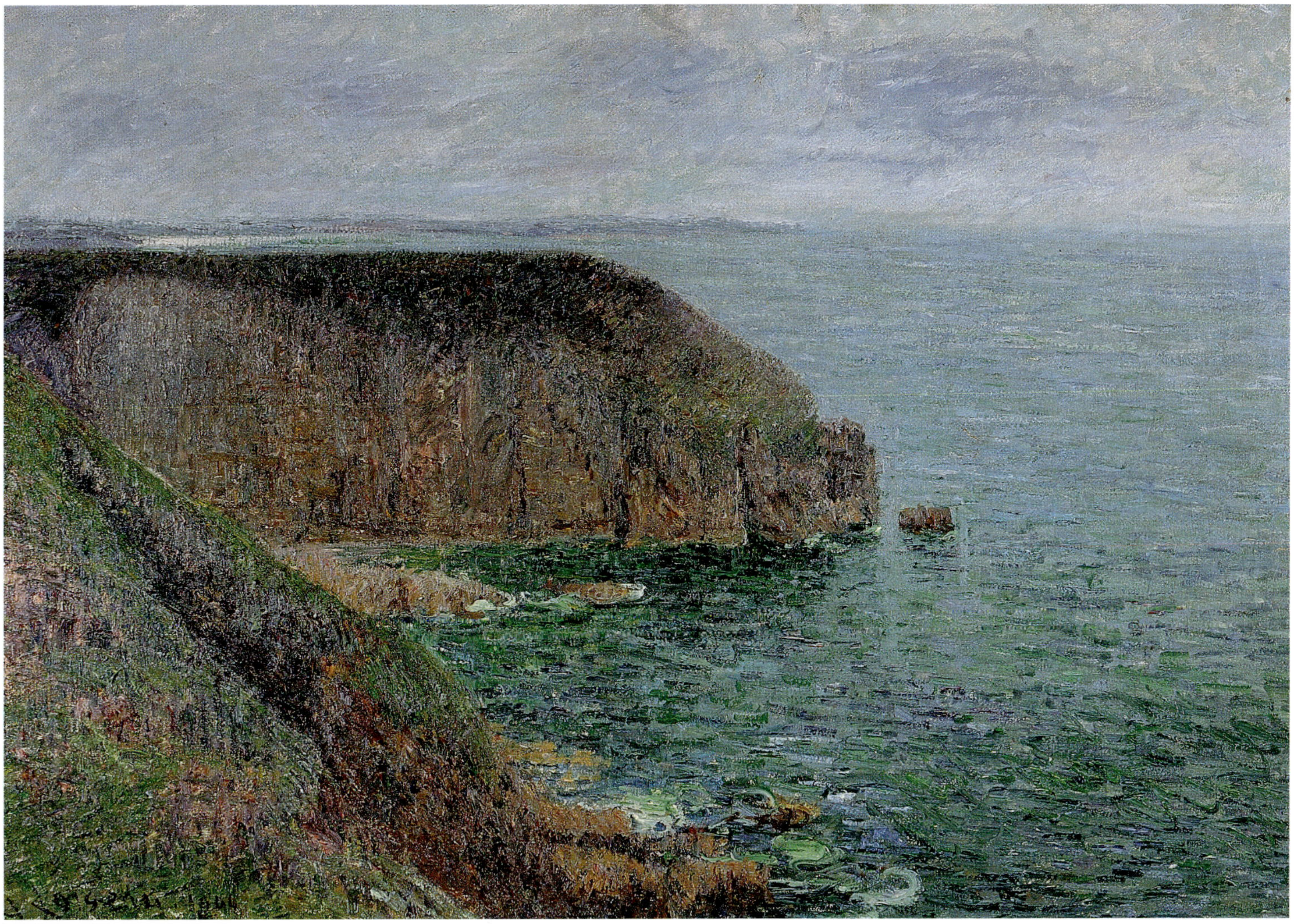

N° 34
Gustave Loiseau
La Pointe du Jas au cap Fréhel
1904
Huile sur toile, H. 65 - L. 92
Musée des Beaux-Arts, Rennes

Lorsqu'il retrouve ou rencontre Gauguin à Pont-Aven en 1894, le problème de l'influence ne se pose pas. Loiseau s'est affirmé comme un peintre de style et d'esprit impressionnistes. Bien que leurs arts soient si éloignés, ils se lient d'amitié et Gauguin offrira à Loiseau une de ses peintures.

La suite de la vie de Loiseau est celle d'un impressionniste, toujours sur le motif, à Moret-sur-Loing, à Pontoise, où il a un atelier, à Saint-Cyr-en-Vaudreuil sur les rives de l'Eure, dans la région de Dieppe, Fécamp et Etretat mais aussi en Bourgogne, en Isère et sur les côtes de la Méditerranée. Toute sa production est dans la lignée de l'art de Sisley, de Monet et de Pissarro, privilégiant les effets de neige, de givre ou de brouillard, aimant les alignements de peupliers ou de meules de foin comme ses aînés. Son art évoluera sensiblement, allant d'une touche fine et serrée à un réseau plus lâche de traits parallèles et entrecroisés. Il est en relation avec la galerie Durand-Ruel depuis 1896. Dorénavant il expose à Paris et à New York, présentant une œuvre très prolifique prisée des amateurs. Avec Moret et Maufra, il appartient à la « seconde génération impressionniste ».

On le retrouve en Bretagne de temps en temps. En compagnie de Maufra et de Moret, il peint à Belle-Ile en 1900 la Côte sauvage, les villages d'Envag, de Domois, de Kervilahouen, la pointe de Port-Coton. En 1903, il est dans les monts d'Arrée à Saint-Herbot et à Huelgoat.

N° 35
Gustave Loiseau
Rue du Presbytère à Pont-Aven
Vers 1922-1927
Huile sur toile, H. 61,5 - L. 50,5
Collection particulière

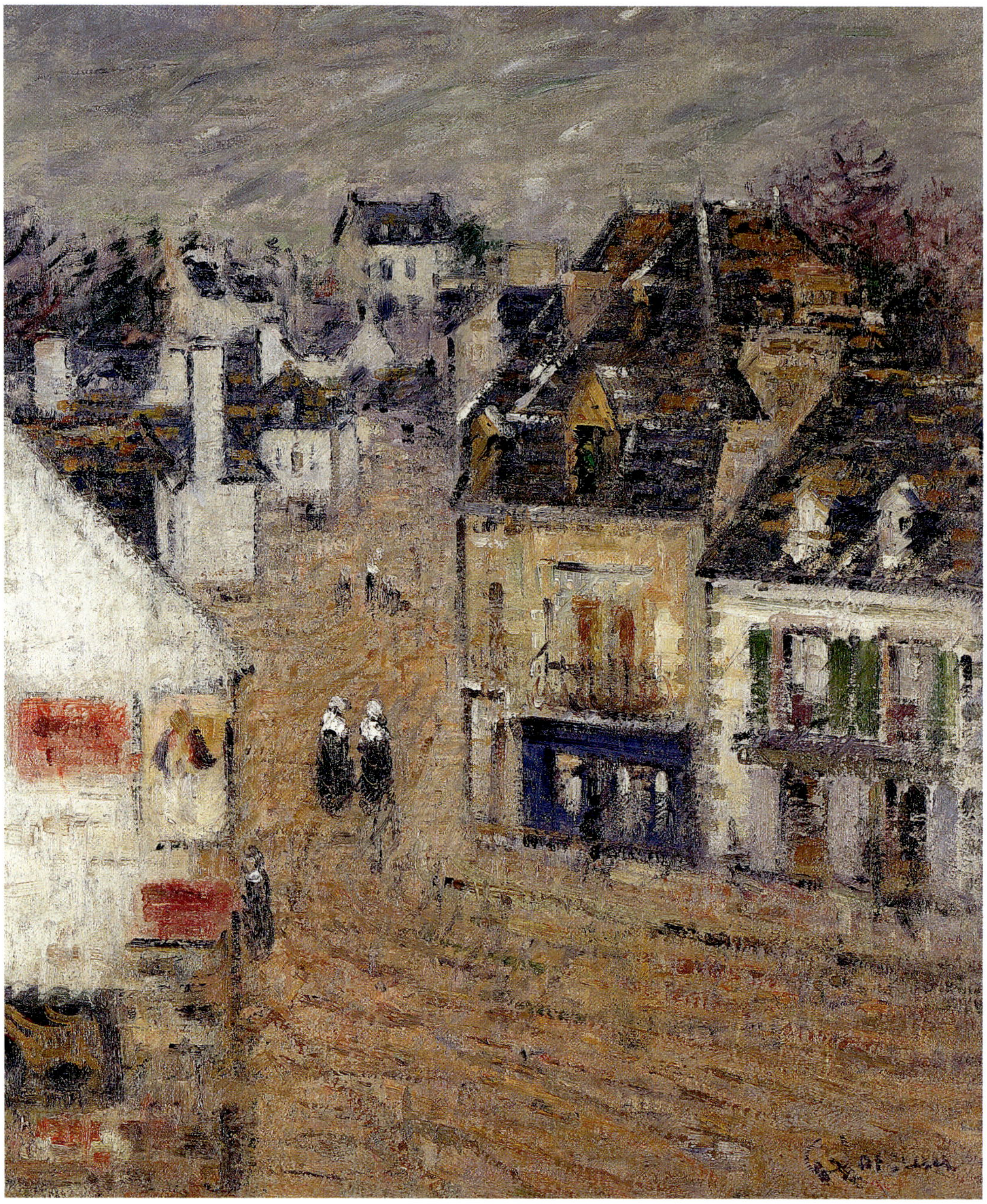

En 1904 et les trois années suivantes, il peint la Côte d'Emeraude, qu'il connaît depuis 1900. Il représente à plusieurs reprises la pointe du Jas près du cap Fréhel suivant la marée, le temps et le moment de la journée. Les parois sont alors plus ou moins abruptes et différemment éclairées. Mais les œuvres sont échelonnées dans le temps, contrairement à Monet qui à Belle-Ile reprend le même motif pour nombre d'œuvres en un temps limité. On le retrouve à Perros-Guirec en 1911, à Douarnenez deux années plus tard.

Effectuant de longs séjours à Pont-Aven de 1922 à 1927, il figure parmi les derniers témoins de cette aventure artistique. Il loge alors à l'Hôtel des Ajoncs-d'Or, tenu par le fils de Marie-Jeanne Gloanec. De la chambre qui lui sert d'atelier, il a une belle vue sur la place principale du village bordée de hautes maisons et sur la rue qui mène au pont. Suivant le principe des « séries », il peint plusieurs œuvres du même point de vue suivant des effets atmosphériques ou lumineux différents. Elles portent souvent comme titre une référence au temps : *Après la pluie, Paysage d'hiver, Temps gris* ou *Sous la neige*, ce qui indique que le peintre séjourne à Pont-Aven à la mauvaise saison et, ne pouvant aller sur le motif, doit se contenter de travailler dans sa chambre d'hôtel, comme il le fait en hiver à Paris depuis la verrière de son atelier, quai d'Anjou. Ces titres traduisent le goût et la sensibilité du peintre. Contrairement à Moret ou Maufra, Loiseau ne pratique pas le dessin. Les petites touches colorées qui correspondent aux volets, aux devantures, aux affiches ou aux passants viennent se superposer sur un fond gris-jaune traité en camaïeu. Ces touches grasses et larges sont animées en tous sens. Elles témoignent de la dextérité et de la liberté d'écriture du peintre.

Ferdinand du Puigaudeau, l'amateur de nocturnes

Bien que nantais d'origine, Ferdinand Loyen du Puigaudeau (Nantes, 1864-Le Croisic, 1930) a vécu sur la Côte d'Azur et en Italie avant de venir en Bretagne, comme tant d'artistes. Sa formation est avant tout celle d'un autodidacte, élève de son oncle Henri de

N° 36
Ferdinand du Puigaudeau
Le Calvaire de Rochefort-en-Terre ou l'Office du soir
Vers 1894-1895
Huile sur toile, H. 49 - L. 61
Musée des Jacobins, Morlaix

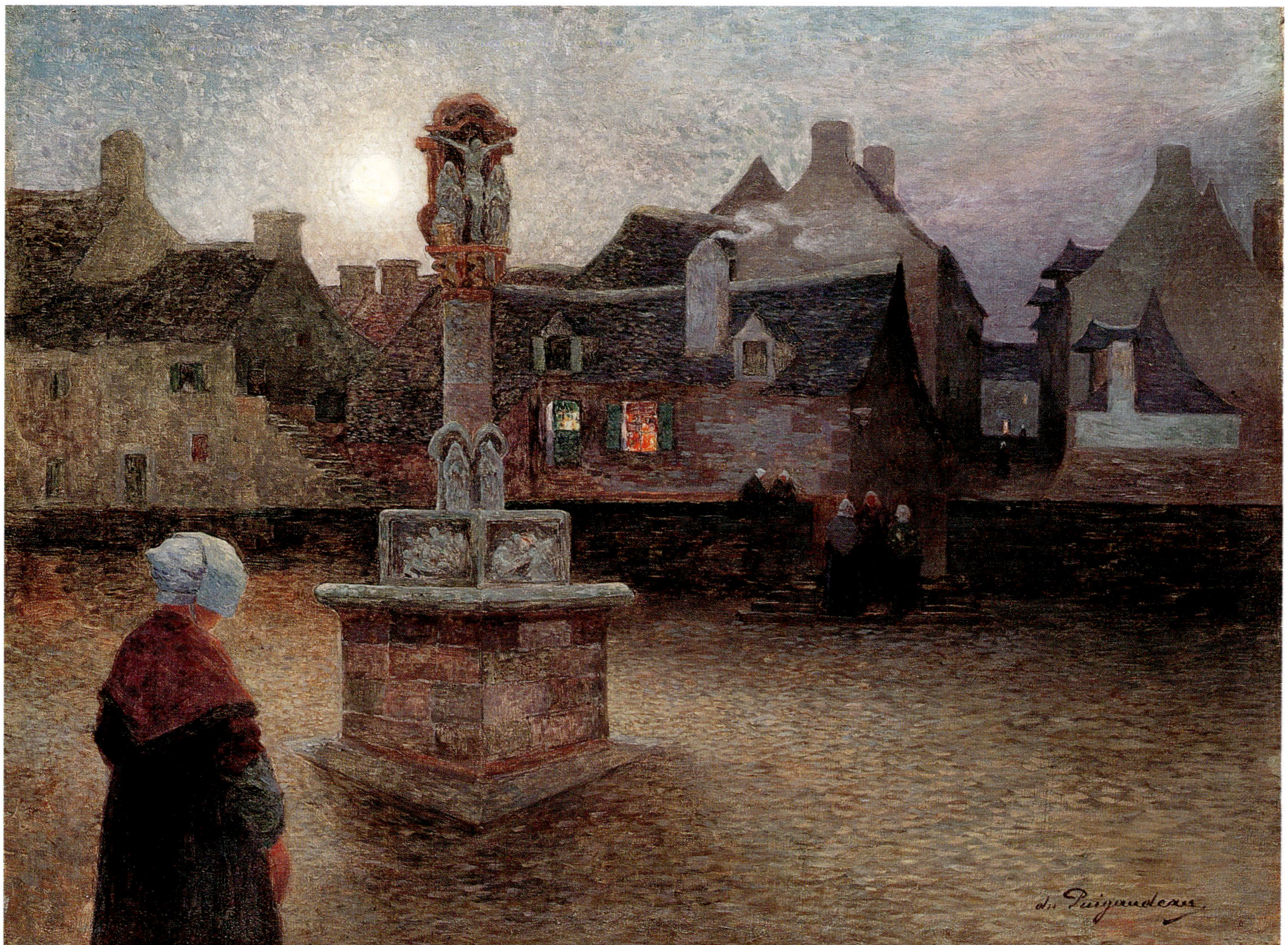

N° 37
Ferdinand du Puigaudeau
Paysage à la chaumière
1921
Huile sur toile, H. 81,5 - L. 60,5
Musée des Beaux-Arts, Quimper

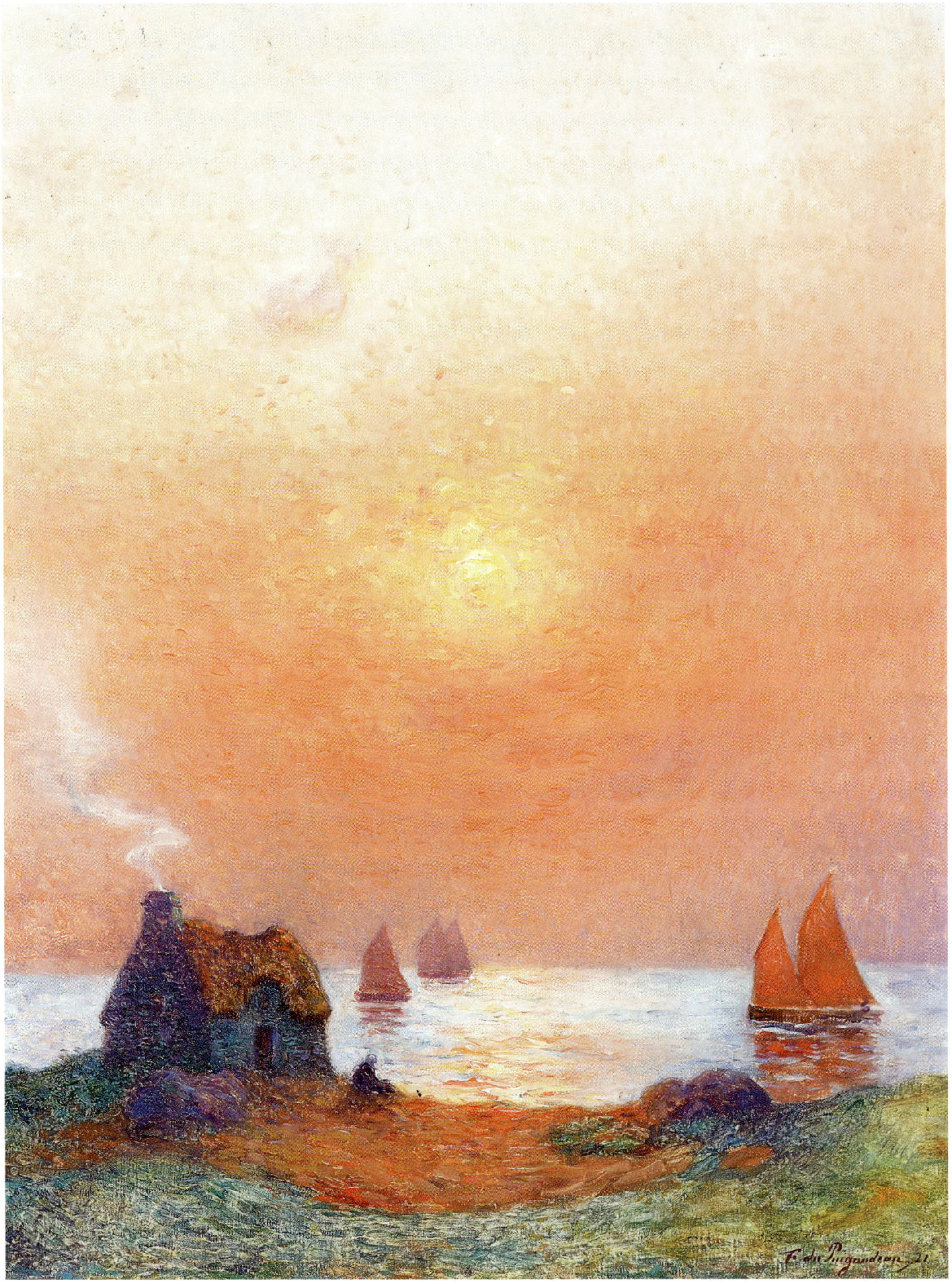

Chateaubriand qui l'a élevé. Mais il est également en relation avec les membres du groupe des Vingt créé en 1884.

Lors de son premier séjour à Pont-Aven en 1886, il a comme voisins à l'auberge Gloanec Gauguin, Laval, Bernard et Granchi-Taylor. Il a le projet d'accompagner Gauguin et Laval en Amérique centrale mais les obligations du service militaire le contraignent à demeurer en France. Il a été ainsi le témoin de la naissance de ce qui va devenir l'Ecole de Pont-

Aven. Les rares peintures de cette période et des années suivantes ne sont pas très significatives ni signifiantes de l'influence de Gauguin. Il ne sera jamais vraiment influencé par le synthétisme de ses amis, mais demeurera proche de l'esprit impressionniste. Il revient à Pont-Aven vers 1889-1890.

A partir des années 1890 sa peinture évolue. Il trouve une inspiration et un style qui lui sont propres et qu'il développe, en particulier à partir des années 1895, dans des œuvres peintes lors du troisième séjour à Pont-Aven en 1895-1898. Ses peintures sont reconnaissables par les thèmes qu'il affectionne : des scènes nocturnes, des fêtes aux flambeaux, des processions, des fidèles se rendant à l'office du soir, des manèges et des fêtes foraines, des feux d'artifice ou des effets d'ombre et de lumière dans l'esprit des caravagesques du XVIIe siècle. Elles le sont également par le style : une touche divisée mais qui n'a pas la rigueur du divisionnisme, des couleurs vives, parfois stridentes qui émergent de l'obscurité ambiante, une maîtrise technique au service d'effets valorisés et lumineux qui tendent à l'étrange. Il séjourne en de nombreux lieux de Bretagne, à Rochefort-en-Terre, Saint-Pol-de-Léon, Henvic, Belle-Ile, Concarneau, Locronan, Scaër, Pont-Aven ou Le Pouldu.

Comme pour Moret, Maufra et Loiseau, la galerie Durand-Ruel vend désormais à partir de 1897 ses peintures qui connaissent un grand succès. Degas en achète une cette même année et entretient une correspondance suivie avec lui.

Il s'installe en 1906 au Bourg-de-Batz, près de Saint-Nazaire, d'où son épouse est originaire, puis se retire en 1907 au Croisic. Il change alors d'inspiration et peint inlassablement les marais de la Brière et la région de Guérande, surtout au lever ou au coucher du soleil, ou suivant des effets de pleine lune. Le symbolisme et la poésie du spectacle de la nature sont traduits par des harmonies colorées étranges qui sont proches de la technique du chromoluminarisme. Les thèmes se réduisent à quelques éléments récurrents comme de grands arbres, un canot ou une chaumière. En atelier, à partir de dessins faits sur le motif, le peintre varie les effets lumineux suivant les œuvres, une démarche voisine de celle des impressionnistes.

Même si Ferdinand du Puigaudeau s'est assez rapidement fâché avec son marchand Paul Durand-Ruel, les autres lui sont restés fidèles jusqu'à leur mort. Moret a bénéficié de dix-sept expositions individuelles ou collectives de 1898 à 1973, Loiseau de vingt-cinq expositions de 1900 à 1968 et Maufra de vingt-sept de 1896 à 1968. Ces trois paysagistes, qui ont travaillé pour l'essentiel en Bretagne, figurent comme les plus représentatifs de cette « seconde génération impressionniste » que la galerie Durand-Ruel a promue en France et à travers le monde lorsque les impressionnistes « historiques » sont devenus trop chers ou ont été attirés par les sirènes d'autres marchands, comme Georges Petit. Ce succès va durer jusqu'à l'entre-deux-guerres. La plupart des collectionneurs vont alors se détourner de ces peintres, préférant, s'ils ne peuvent acquérir des œuvres de Monet ou de Renoir, suivre les avant-gardes qui se succèdent.

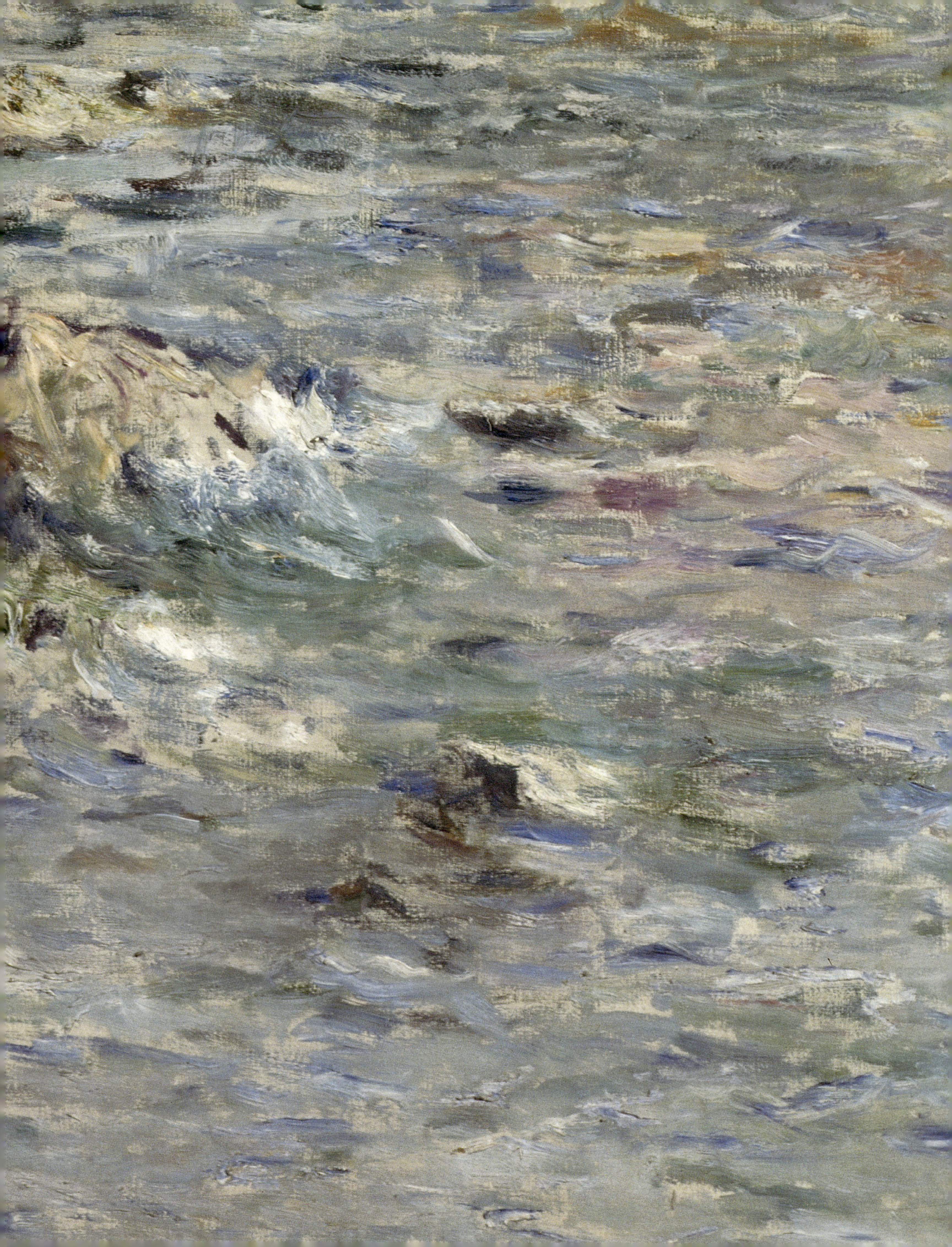

Chapitre 6

La diffusion de l'impressionnisme

Il suffit de citer l'Ecole de Pont-Aven pour apprécier l'extraordinaire attraction de la Bretagne sur des peintres venus de toute l'Europe : Verkade et de Haan sont hollandais, Ballin danois, Slewinski polonais, Amiet suisse, O'Conor irlandais, Bevan et Forbes-Robertson anglais. Des Américains et des Finlandais ont choisi Pont-Aven, certains Portugais Pont-Croix, des Scandinaves et des Slaves Bréhat, d'autres Américains et des Québécois Saint-Malo.

Vers 1900, les peintres préfèrent un certain isolement à l'ambiance « rapin » de lieux comme Pont-Aven. Ils viennent en Bretagne à l'occasion de vacances dans une maison amie préférée à la promiscuité d'une auberge.

L'impressionnisme, dès les années 1870, a conquis une nouvelle génération hors de France, grâce aux activités de la galerie Durand-Ruel ou celles d'un groupe comme celui des Vingt à Bruxelles.

N° 43
Anna Boch
Côte de Bretagne (détail)
Vers 1900-1902
Huile sur toile, H. 108 - L. 146,5
Musées royaux des Beaux-Arts de Belgique, Bruxelles

Sargent, la Bretagne cosmopolite d'un portraitiste anglais

John Singer Sargent (Florence, 1856-Londres, 1925) passe son enfance en Europe au gré des déplacements de sa riche famille, d'origine américaine. Lorsqu'elle s'installe à Paris en 1874, le jeune homme est inscrit à l'atelier de Carolus Duran afin de préparer le concours d'entrée à l'Ecole des Beaux-Arts. Le jeune peintre, alors influencé par l'impressionnisme, visite les expositions et rencontre les peintres.

En juin 1875, il rejoint sa famille en villégiature à Saint-Enogat, près de Dinard, dans la villa de Judith Gautier, le *Pré des Oiseaux*. La fille de Théophile Gautier est réputée comme étant l'une des personnes les plus brillantes et cultivées de son époque. Puis il passe les vacances de Noël avec sa famille et un camarade américain, James C. Beckwirth, à Saint-Malo. En 1877, il vient passer l'été à Cancale en compagnie d'un ami, Eugène Lachaise. Il s'attaque à un sujet ambitieux pour une œuvre destinée au prochain salon et réalise en plein air plu-

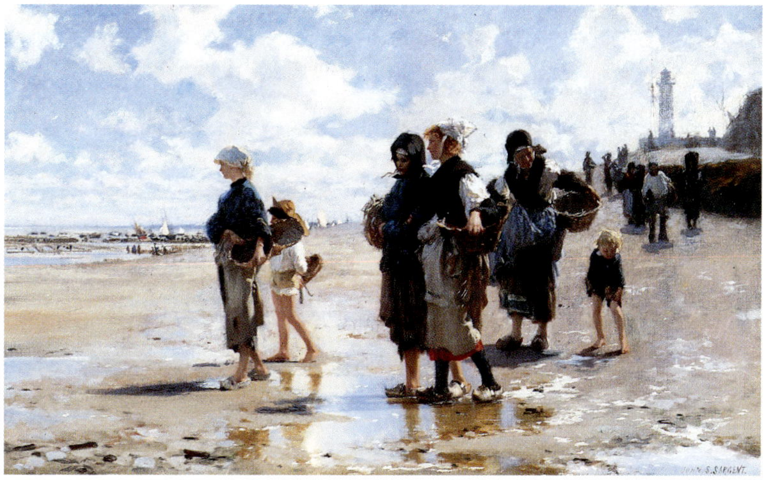

Ill. 29
John Singer Sargent
Les Ramasseuses d'huîtres à Cancale
1878
Huile sur toile, H. 79 - L. 123
Corcoran Gallery of Art, Washington

N° 38
John Singer Sargent
Etude de pêcheuse d'huître
1877
Huile sur bois, H. 40,5 - L. 20,5
Collection particulière

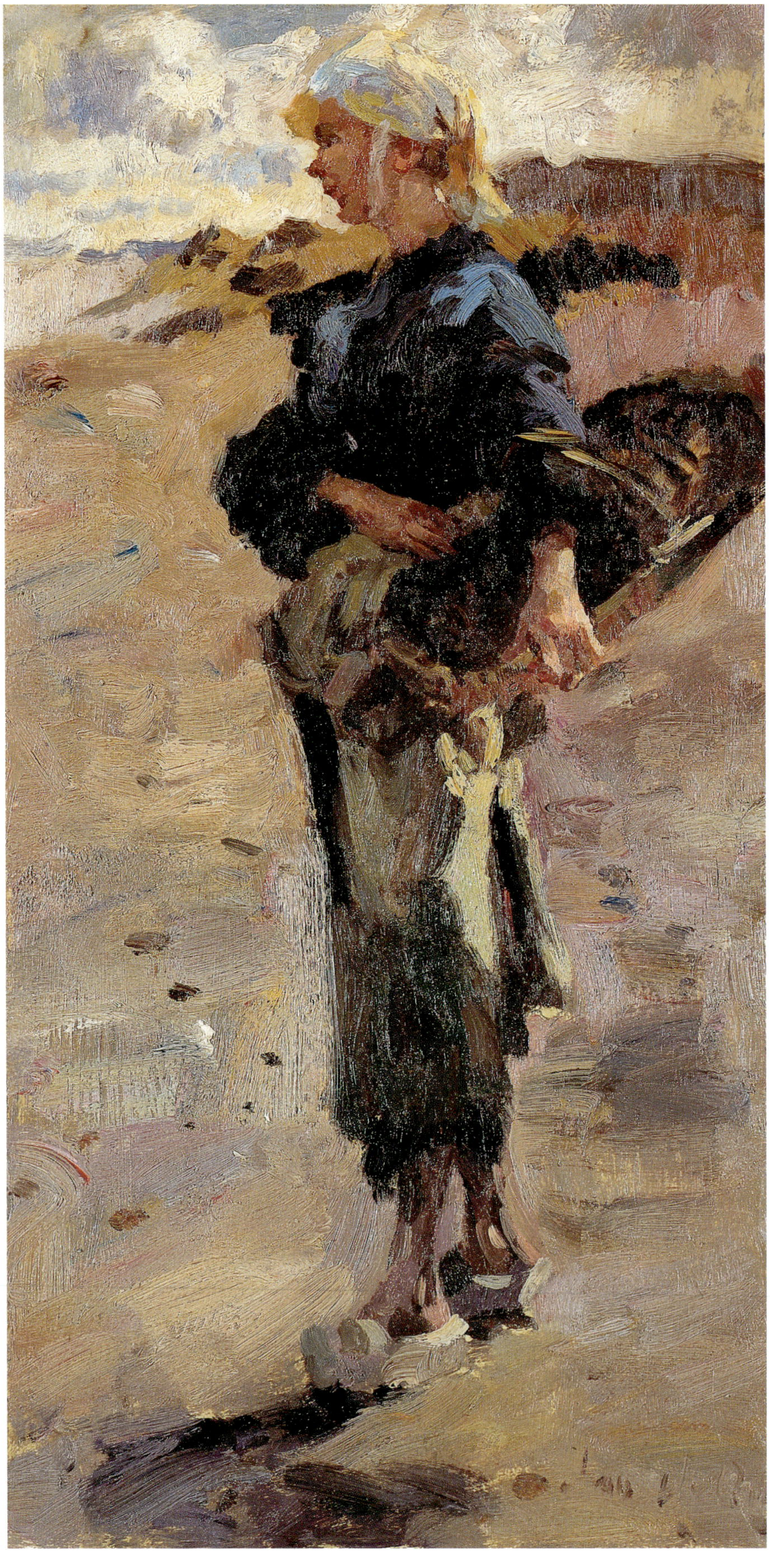

sieurs études de ramasseuses d'huîtres partant pour les parcs. Il joue des effets colorés sur le sable mouillé suivant une touche souple et légère. Ces œuvres traduisent l'admiration qu'il éprouvait alors pour Manet et son intérêt pour l'impressionnisme. Les esquisses d'ensemble[148] en atelier à Paris précéderont la grande composition, d'un aspect plus rigide, *En route pour la pêche*[149], qui obtiendra une mention honorable au Salon de 1878.

Entre des séjours dans différents pays d'Europe, Sargent reviendra une fois sur la Côte d'Emeraude. En août et septembre 1883, il est à Paramé, séjournant aux Chênes, la maison d'été d'une Américaine, Virginie Gautreau, célèbre pour sa beauté. Il y peint alors son portrait, connu sous le titre de *Madame X*, une peinture considérée aujourd'hui comme le chef-d'œuvre du peintre[150]. Durant cette même période, il séjourne également à Saint-Enogat, peint et dessine plusieurs portraits de Judith Gautier. Parmi ceux-ci figure un autre chef-d'œuvre, *Un coup de vent*[151].

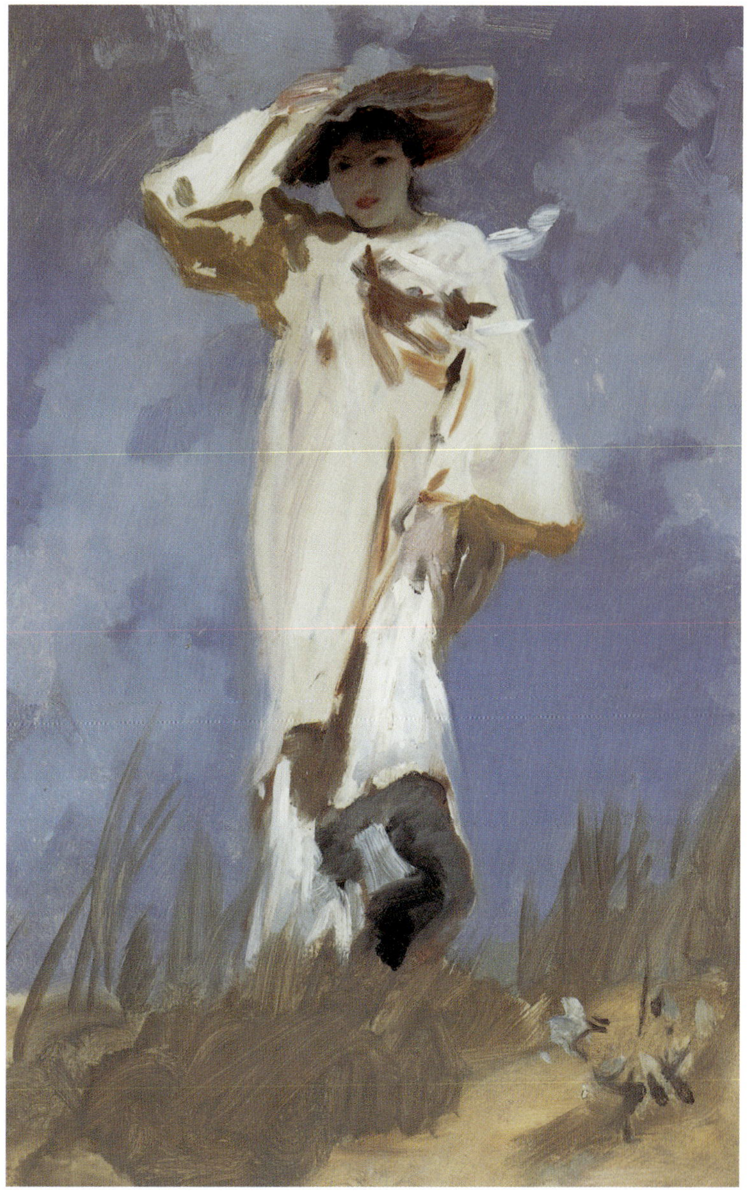

Ill. 30
John Singer Sargent
Coup de vent
Vers 1883
Huile sur toile, H. 61,6 - L. 38,1
Collection particulière

Un Australien à Belle-Ile, John Peter Russel

Durant ses années d'études à Londres entre 1881 et 1884, le peintre australien John Peter Russel (Sydney, 1858-Sydney, 1930) découvre la Bretagne à l'occasion d'un voyage, comme l'atteste un paysage de Port-Louis de 1883. A la fin de l'année suivante ou au début de 1885, il s'installe à Paris afin de perfectionner sa technique. Il s'inscrit au cours privé de Fernand Cormon et y rencontre en 1886 Anquetin, Bernard et Van Gogh. Il se lie avec ce dernier et échangera lettres et dessins jusqu'à la disparition tragique de son ami.

Le peintre découvre Belle-Ile en 1886. Cette découverte va être la passion de plus de vingt ans d'une vie heureuse consacrée à peindre les paysages de l'île et les Bellilois. Il s'y installe avec sa compagne, qui deviendra sa femme, la très belle Marianna Mattiocco. Il l'a rencontrée dans l'atelier de son ami, le sculpteur anglais Henry Bates. Elle est connue dans le milieu parisien depuis que Frémiet l'a prise comme modèle pour la *Jeanne d'Arc* de la place des Pyramides à Paris. Elle avait alors 16 ans et par la suite posa pour de nombreux artistes, dont Rodin[152]. Cherchant à se rapprocher autant que possible de la nature, il se fixe à proximité de la Côte sauvage au bourg de Bangor et y demeure plusieurs mois de suite. A l'automne, Russel apprend qu'il a un nouveau voisin peintre qu'il s'empresse de rencontrer : « Ne seriez-vous pas Monet, le prince des impressionnistes ? » Russel est enthousiaste. Monet écrit le 24 septembre : « En voilà encore un qui ne comprenait rien à ma peinture et qui est maintenant emballé. » Fasciné par Belle-Ile, Russel fait construire une maison l'année suivante, au fond de l'anse de Goulphar, appelée le « Château de l'Anglais ». Il s'y installe en 1888 et y séjourne pendant vingt

148. En particulier *Fishing for Oysters at Cancale* du Museum of Fine Arts, Boston.
149. Corcoran Gallery of Art, Washington.
150. The Metropolitan Museum of Art, New York.
151. Collection particulière, exposition 1998-1999, n° 27. Les autres portraits sont reproduits dans Ormond, n° 76 à 81.
152. Rodin fit d'elle sept sculptures dont le célèbre buste, *Pallas Athénée*, musée Rodin, Paris.

N° 39
John Peter Russel
Le Port de Goulphar sous la neige
1898
Huile sur toile, H. 63,5 - L. 81,5
Musée des Jacobins, Morlaix

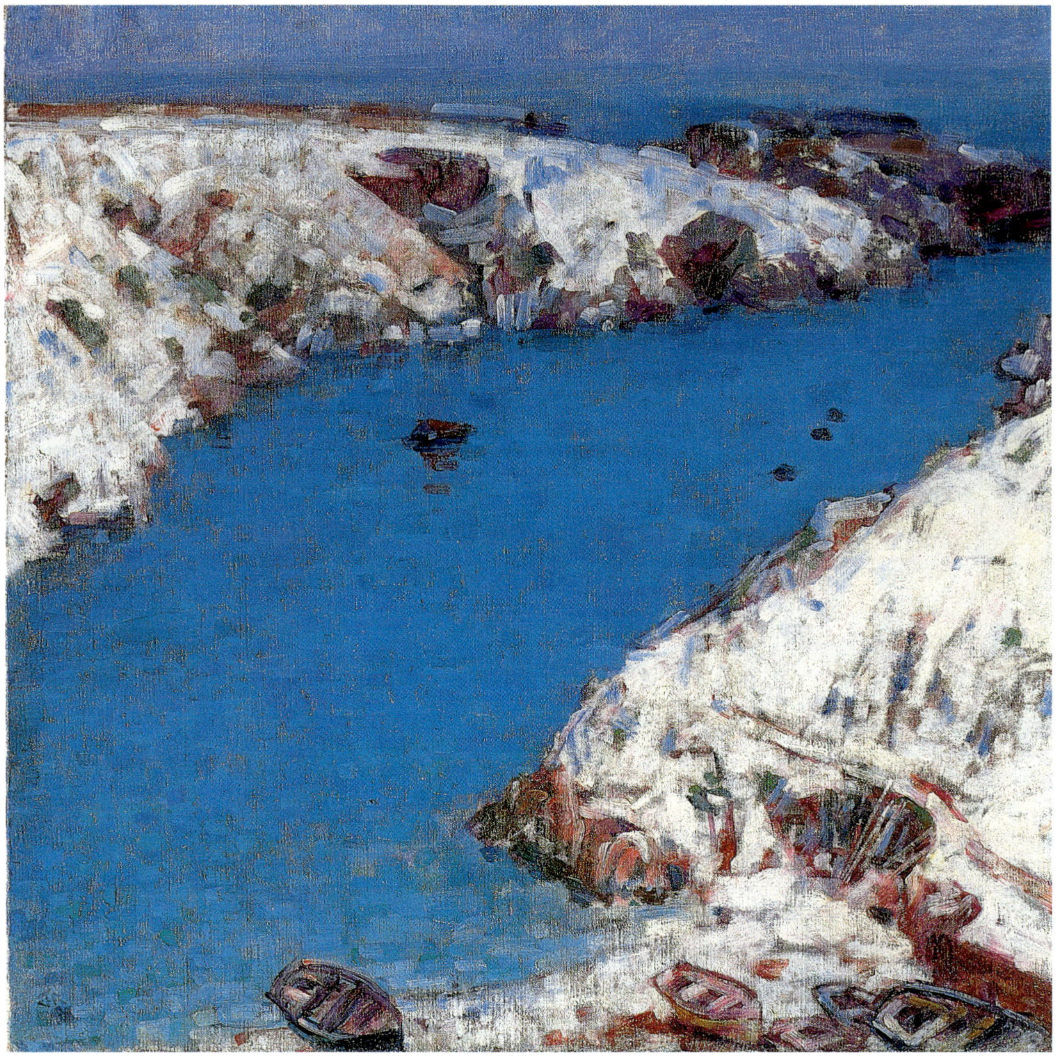

et un ans avec sa famille de sept enfants. Il y vit, à l'exception de quelques semaines parisiennes au cœur de l'hiver. Poly, le porteur de Monet, s'occupe du jardin. Le peintre aime la mer et n'hésite pas à partir en bateau, même par gros temps. En raison de sa généreuse et chaleureuse hospitalité, il reçoit la visite de nombreux artistes et écrivains, comme Rodin en 1902, qui est un de leurs amis les plus proches ou Rainer Maria Rilke, alors secrétaire du sculpteur.

Russel consacre l'essentiel de son œuvre française à Belle-Ile. Contrairement à la plupart des peintres de passage qui ne montrent que les falaises, il peint aussi parfois des figures : le pêcheur lançant sa ligne, la bergère guidant ses chèvres ou les laveuses au lavoir. Son style est toujours marqué par l'influence de Monet, avec une certaine tendance à émietter la touche, suivant l'esprit néo-impressionniste.

En 1896, il rencontre un jeune peintre, Henri Matisse, installé à Kervilahouen. Il lui parle avec passion de son ami Van Gogh, lui montre quelques œuvres et lui offre un des douze dessins qu'il possédait de ce dernier. Cette rencontre sera déterminante dans l'évolution de Matisse.

La mort de son épouse en 1908 est une terrible épreuve pour le peintre qui aurait, dit-on, détruit une grande partie de son œuvre. Il vend l'année suivante la maison de Belle-Ile et n'y reviendra plus jamais. Il séjourne en Italie, en Suisse et en Grande-Bretagne avant de retourner définitivement en Australie, son pays natal, où il meurt en 1930.

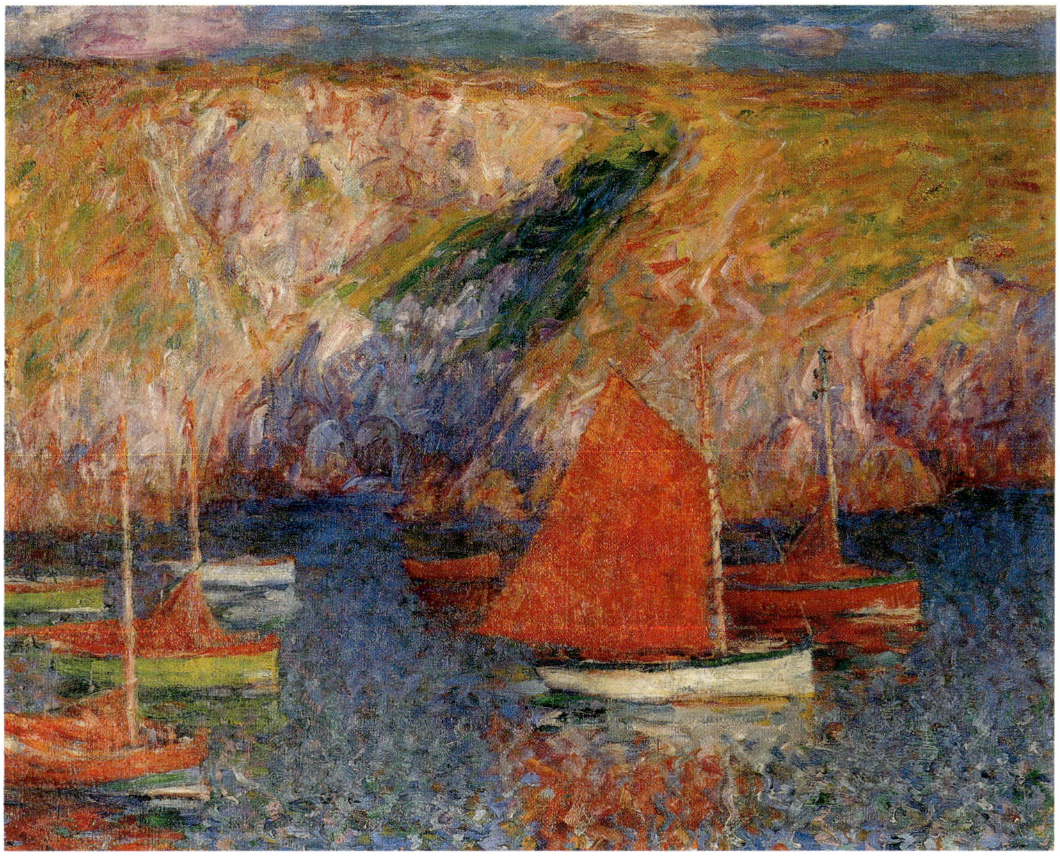

N° 40
John Peter Russel
La Voile rouge, port de Goulphar
Vers 1900
Huile sur toile, H. 65 - L. 80
Musée des Jacobins, Morlaix

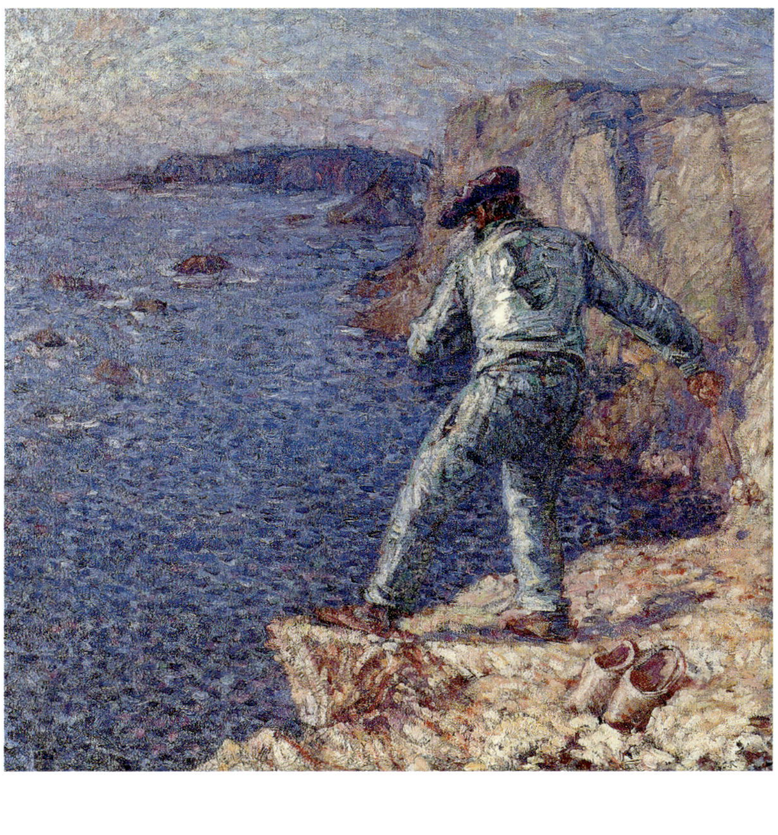

N° 41
John Peter Russel
Pêcheur en bleu
Vers 1904-1906
Huile sur toile, H. 81,5 - L. 82
Musée des Jacobins, Morlaix

Anna Boch, une Belge au cœur de la peinture moderne

En 1884, Anna Boch (Saint-Vaast, Belgique, 1848-Bruxelles, 1936) rejoint à Bruxelles le Cercle des Vingt, créé par vingt artistes en réaction contre l'académisme. Son cousin Octave Maus, avocat et critique d'art, en est le principal animateur. Son maître Isidore Verheyden, qui l'a déjà orientée vers la peinture de plein air, en fait également partie. La rencontre de Théo Van Rysselberghe en 1886 l'amène à éclaircir encore plus sa palette, à diviser les touches et à rechercher une restitution plus sensible de la lumière. Elle va évoluer parallèlement à son nouvel ami et, vers 1889-1890, peindre suivant la technique néo-impressionniste. Le célèbre portrait suivant la technique pointilliste que Van Rysselberghe fait d'elle en 1889-1893[153] illustre bien son intérêt pour le divisionnisme, qui se manifeste également par l'acquisition d'une œuvre de Seurat en 1892. Mais sa spontanéité adoucit le caractère grammatical et rigoureux du pointillisme et Anna Boch va évoluer, suivant son tempérament, surtout après le départ de Van Rysselberghe pour la France en 1898, jouant d'effets chromatiques et d'une touche plus expressive.

Les marines peintes en Bretagne en 1900-1902 sont traitées de cette manière. Anna Boch s'attache à traduire les mouvements de la mer en tous sens et l'effet atmosphérique. Ce voyage en Bretagne est peu documenté. On sait qu'elle voyageait beaucoup en France, en Italie et même en Grèce. Peut-être a-t-elle entendu parler de la Bretagne par Emile Bernard ou par John Peter Russel, des amis de son frère Eugène.

Anna Boch est également reconnue pour ses achats de peintures : deux Van Gogh, dont l'une est la seule acquise du vivant du peintre, un paravent de Bernard : *Les Quatre saisons*, un Moret : *Ouessant*, un Gauguin : *Conversation en Bretagne*.

On retient de son frère Eugène qu'il fut le « poète » dont Vincent Van Gogh fit le portrait à Arles en 1888[154]. Mais il était avant tout peintre, avait fréquenté les ateliers Bonnat et Cormon à Paris à partir de 1879 et s'y était lié d'amitié avec Van Gogh, Toulouse-Lautrec et Bernard qui en fit le portrait en 1891. Il semble qu'il soit venu à plusieurs reprises en

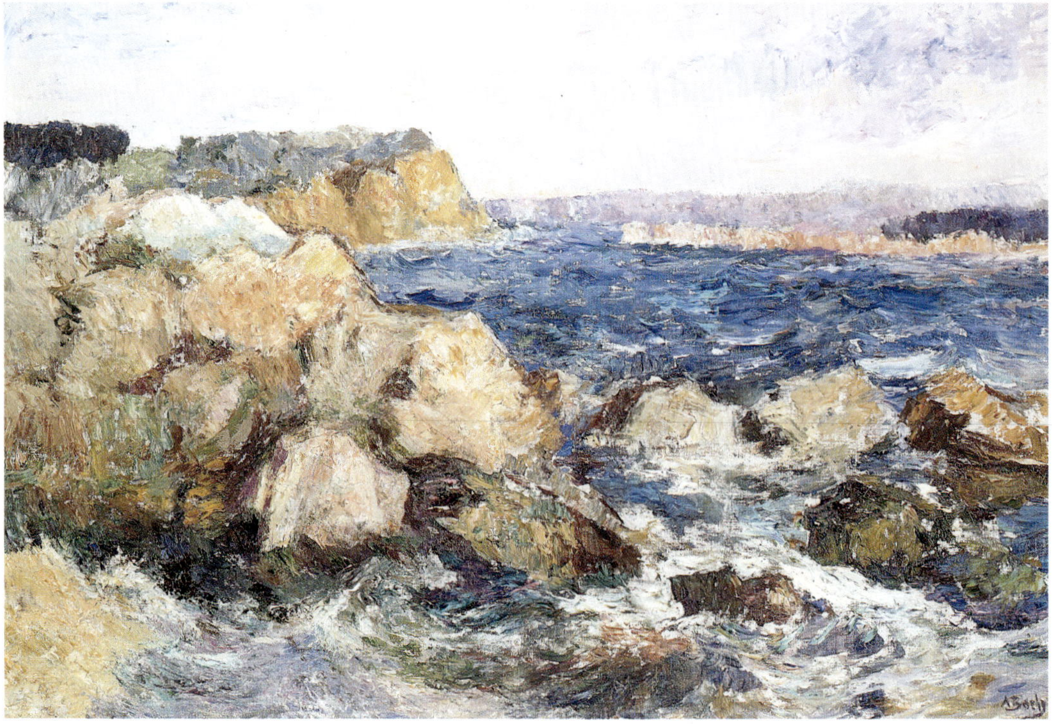

N° 42
Anna Boch
Côte de Bretagne
Vers 1900-1902
Huile sur toile, H. 70 - L. 100
Collection particulière

153. The Springfield Art Museum, Springfield.
154. Musée d'Orsay, Paris.

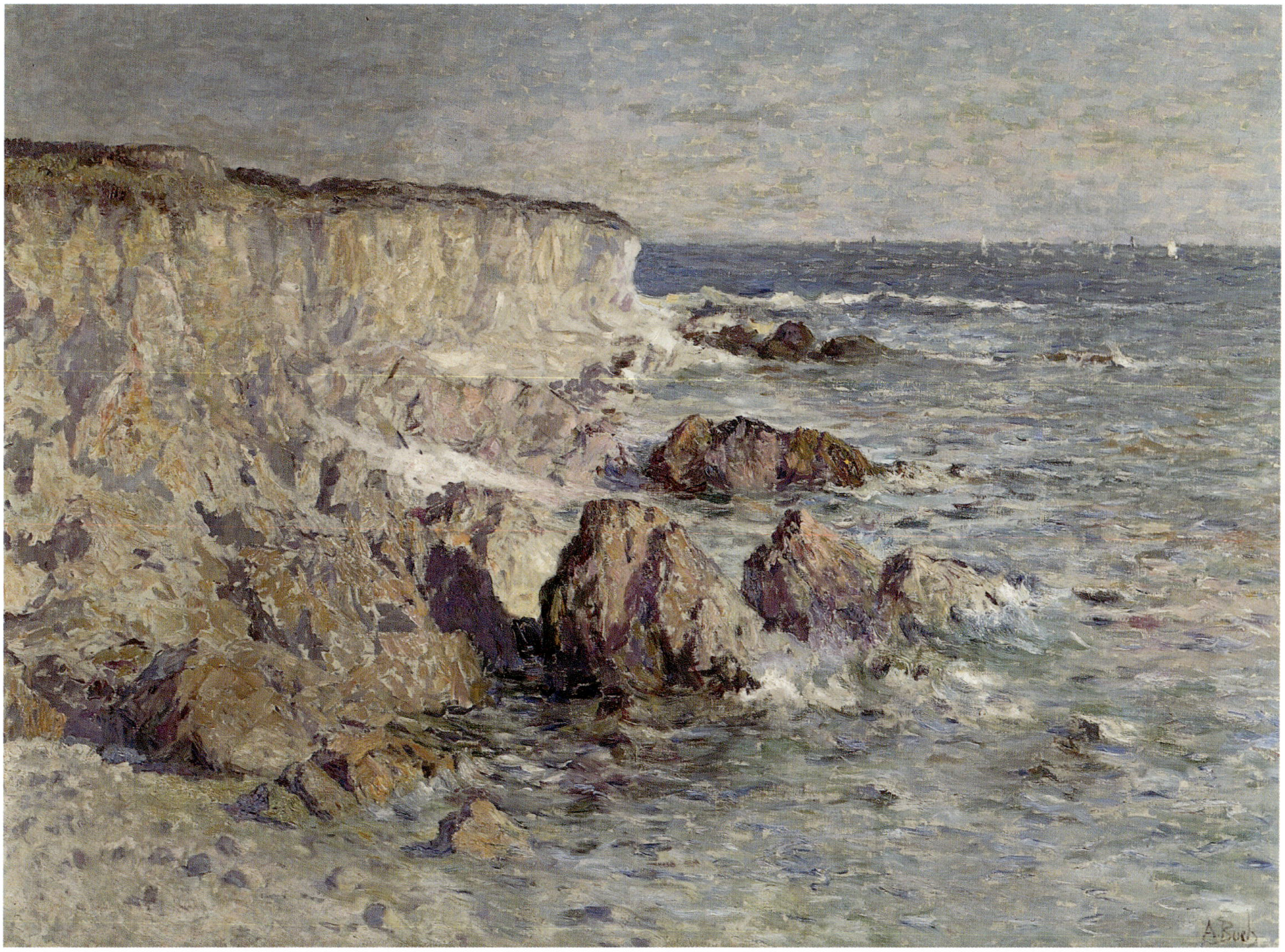

N° 43
Anna Boch
Côte de Bretagne
Vers 1900-1902
Huile sur toile, H. 108 - L. 146,5
Musées royaux des Beaux-Arts de Belgique, Bruxelles

Bretagne, notamment à Belle-Ile et à Bénodet entre 1883 et 1909, date de son mariage, suivi en 1910 de son installation définitive à Monthyon-en-Brie. Il faisait le voyage avec des amis comme Guiseppe Ricci et Dodge Mac Knight et séjournait sans doute chez Russel au « Château de l'Anglais » à Goulphar.

Childe Hassam, un impressionniste américain à Pont-Aven

Les jeunes peintres américains de la côte Est sont parfaitement informés dans les années 1880 sur la vie artistique en France. Les œuvres de Courbet ou de Millet ne leur sont pas du tout inconnues et ils commencent à entendre parler des peintres impressionnistes que la galerie Durand-Ruel diffuse à partir de sa galerie new-yorkaise. Le jeune Childe Hassam (près de Boston, 1859-Boston, 1938) affectionne particulièrement Monet et Pissarro et semble déjà connaître Caillebotte.

Comme la plupart de ses camarades, il vient se perfectionner en Europe, passant rapidement par la France en 1883 puis revenant y étudier de 1887 à 1889 à l'Académie Julian. A

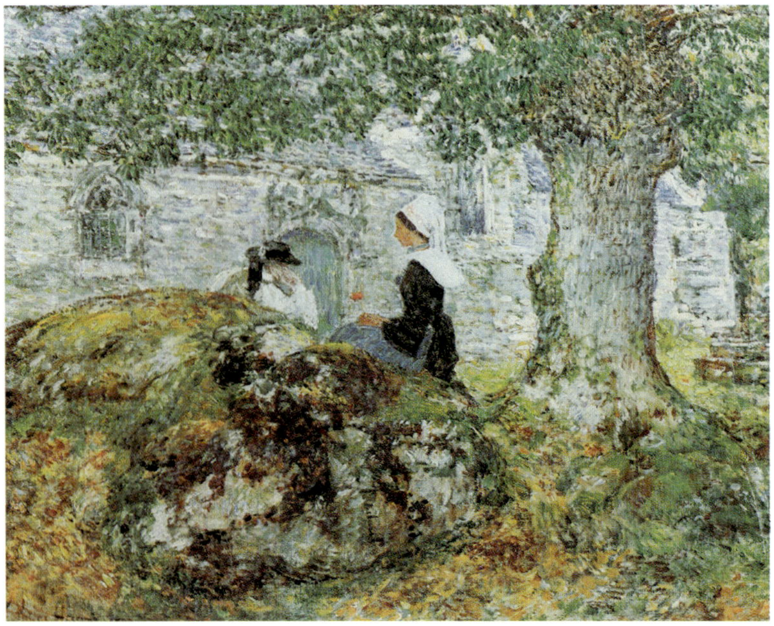

son retour dans son pays natal, à New York ou en Nouvelle-Angleterre, il peint de nombreux paysages suivant la technique de son maître Monet.

En 1897, il vient passer une année en Europe, visitant l'Italie puis séjournant à Paris jusqu'au début de l'été. Il se rend ensuite en compagnie de son épouse à Pont-Aven, où il demeure jusqu'à l'automne. Il a loué un atelier dans l'annexe de l'hôtel Julia et domine les toits du village. Le climat lui est très favorable, l'été est ensoleillé et il peint une vingtaine d'œuvres représentant l'animation des rues du village[155] ou du quai, les toits vus de l'atelier, des femmes devant une chaumière, des enfants sur un banc[156], une scène de moisson sur les hauteurs du village[157], l'intérieur et l'extérieur de la chapelle de Trémalo. Durant ce séjour, il excursionne jusqu'à Port-Manech[158] et Raguénez. Les œuvres se ressemblent : le ciel est peu présent ; le sol des rues et les murs des maisons sont traités suivant un camaïeu jaune-vert sur lequel se détachent les petites taches noires et blanches des costumes. Le rouge et le bleu sont quasiment absents de la palette du peintre. Dans quelques d'œuvres, la pose des personnages est trop convenue : le peintre n'a pu échapper au caractère anecdotique et pittoresque qui a tant séduit d'autres avant lui.

A la fin de son séjour pontavénien, Childe Hassam rentre au pays. Il bénéficia durant toute sa vie d'une très grande notoriété, étant considéré comme l'un des peintres impres-

Ill. 31
Childe Hassam
En Bretagne, Trémalo
1897
Huile sur toile, H. 60,3 - L. 71,7
Collection Hirschl and Adler Galleries, New York

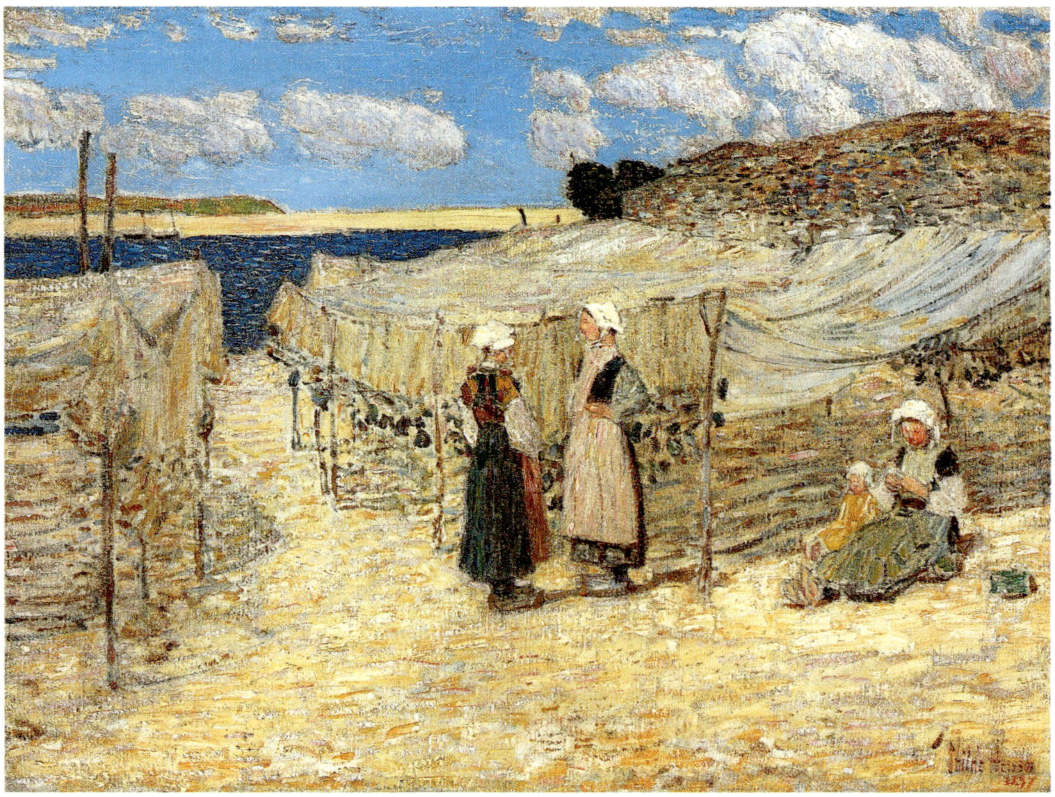

N° 44
Childe Hassam
Bretonnes réparant les filets, Le Pouldu
1897
Huile sur toile, H. 44,5 - L. 60
Collection Josefowitz

155. *Rue à Pont-Aven*, galerie du collège de Claremont, Californie ; *Après-Midi à Pont-Aven*, galerie d'art Cummer, Jackson, Floride ; *La Place, Pont-Aven*, Art Museum, Princeton, New Jersey ; *Rue à Pont-Aven, Bretagne*, Lang Art Gallery, Scripps College, Etats-Unis.
156. *Au soleil*, musée Hirshhorn, Institution Smithsonian, Washington.
157. *Le Temps de la moisson, Bretagne*, Colby College Art Museum, Waterville, Maine.
158. *Port-Manech*, musée d'Art Joslyn, Omaha.

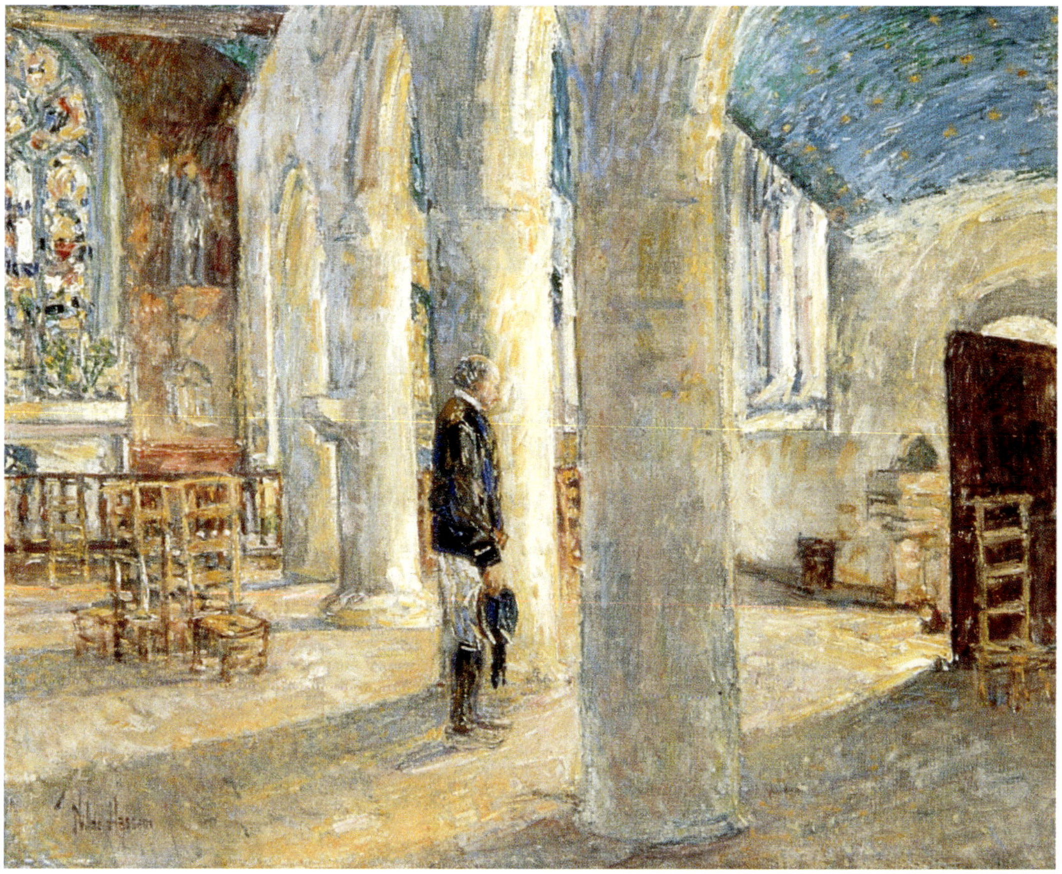

N° 45
Childe Hassam
Intérieur d'église en Bretagne, Trémalo, Pont-Aven
1897
Huile sur toile, H. 49,5 - L. 57,5
Collection George G. Matthews

sionnistes majeurs américains. Il revint en Europe en 1910 et passa quelque temps à Lannion et Perros-Guirec d'où il rapporta des gouaches et des aquarelles.

Les fidèles de Saint-Malo

Américains et Québécois ont toujours affiché une certaine attirance pour Saint-Malo. Plus accessible que la Cornouaille, proche de Paris et de la Normandie, le pays de Jacques Cartier a ainsi attiré le Québécois James Wilson Morrice, élève d'Harpignies, qui l'encourage à peindre sur le motif. Ce paysagiste marqué par l'impressionnisme visite la Bretagne en 1896 et séjourne à Saint-Malo presque chaque année jusqu'en 1907. Il y attire un autre Québécois, son ami Clarence Alphonse Gagnon, qui passe l'été 1908 à Dinard. Un autre ami de Morrice, américain cette fois, Maurice Prendergast, lui rend visite à Saint-Malo en 1907. Il y revient deux ans plus tard puis en 1914, produisant de nombreuses peintures et dessinant des aquarelles représentant des scènes de plage ou des personnages le long d'un paysage, suivant des dispositions particulières qui caractérisent son art. Son style est une dernière interprétation du néo-impressionnisme, fait de taches juxtaposées mais dont les couleurs stridentes relèvent davantage du fauvisme. Morrice effectuera ses derniers séjours bretons au Pouldu et à Concarneau en 1909-1910.

Ill. 32
Maurice Prendergast
Saint-Malo
1907-1914
Huile sur bois, H. 28 - L. 35
Fondation Barnes, Merion

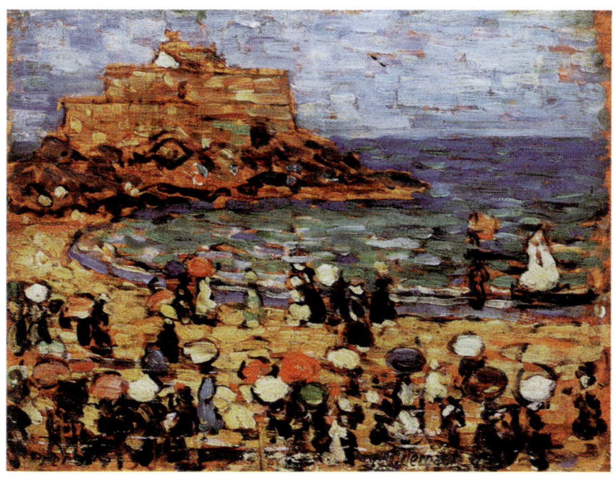

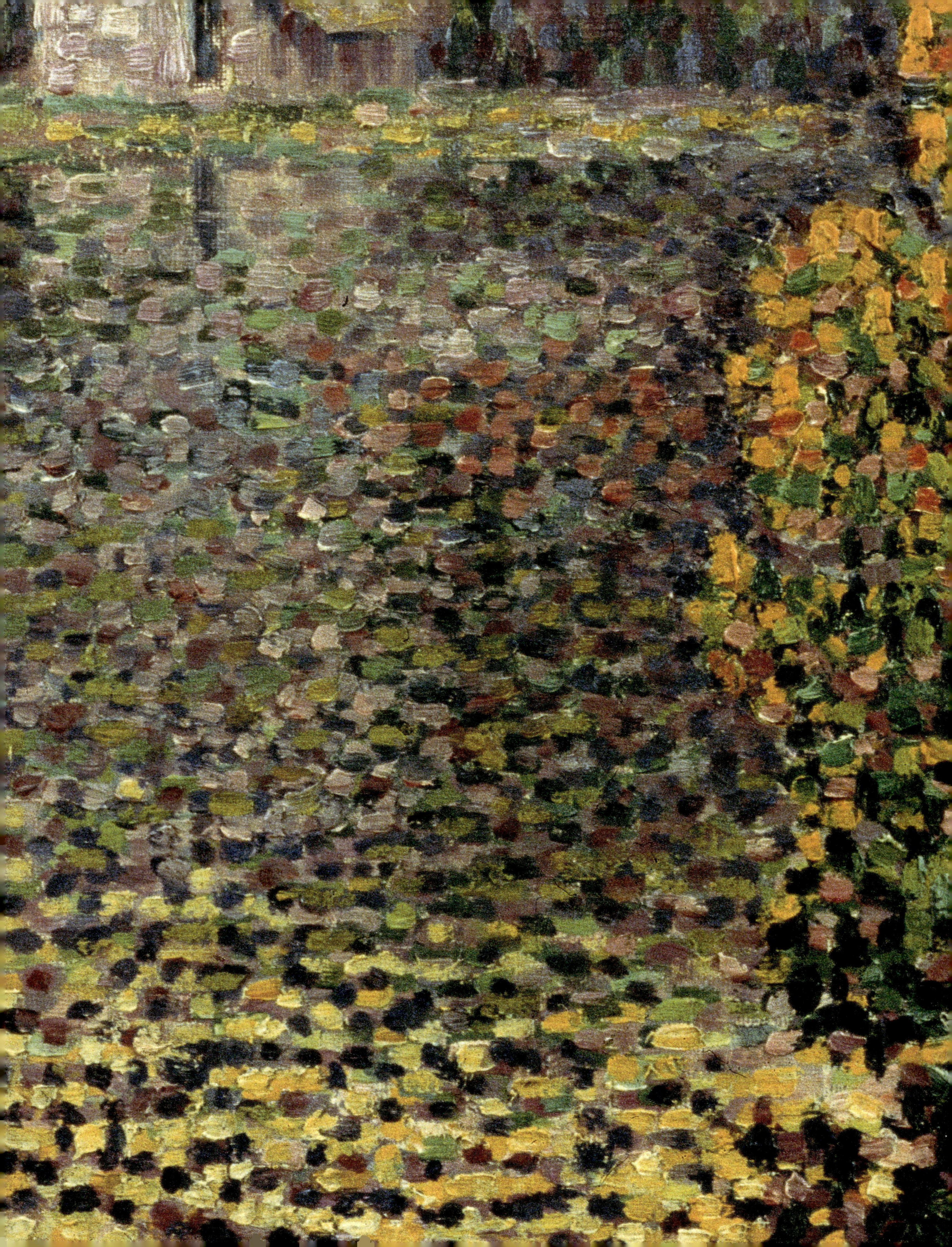

Chapitre 7

La nouvelle génération

La découverte de l'œuvre de jeunesse de certains artistes intrigue toujours pour ce qu'elle révèle parfois. Ainsi connaît-on un Francis Picabia impressionniste ? Talent précoce — il expose au salon dès l'âge de 15 ans en 1894 —, Picabia découvre l'œuvre de Sisley en 1897 puis celle de Pissarro l'année suivante. Durant sa période impressionniste qui va durer jusqu'en 1905, il effectue un séjour à Douarnenez en 1901. Parmi les fauves, on oublie souvent le Lorientais Alcide Le Beau : il a découvert la peinture au contact des artistes peignant sur le motif en Bretagne et a peint à Pont-Aven, au Pouldu et à Belle-Ile dans les années 1900 suivant le style impressionniste.

N° 50
Jean Metzinger
Le Château de Clisson
(détail)
1905
Musée des Beaux-Arts, Nantes

Henri Matisse, les années de rupture, la découverte de la couleur

Au hasard d'une convalescence, alors qu'il était clerc d'avoué dans une étude de Saint-Quentin, le jeune Henri Matisse (Cateau-Cambrésis, 1869-Nice, 1954) se découvre une véritable passion pour la peinture. Il y fréquente l'Académie Quentin La Tour. En 1892, il abandonne son métier et se rend à Paris. Il s'inscrit dans l'atelier de Bouguereau à l'Académie Julian afin de préparer le concours d'entrée à l'Ecole des Beaux-Arts. Remarqué par Gustave Moreau, il rentre sans concours dans son atelier en 1895.

Cette même année, durant l'été, il effectue un premier séjour en Bretagne, sans doute comme bien d'autres, attiré tout autant par la réputation de la province que par la vie à bon marché et les sujets susceptibles de se traduire en peinture. Il se rend d'abord à Belle-Ile, y reste dix jours, puis longe la côte sud jusqu'à Audierne et Beuzec-Cap-Sizun. Il y séjourne, visite

Ill. 33
Francis Picabia
Plage et rochers à Douarnenez
1901
Huile sur toile, H. 33 - L. 41
Collection particulière

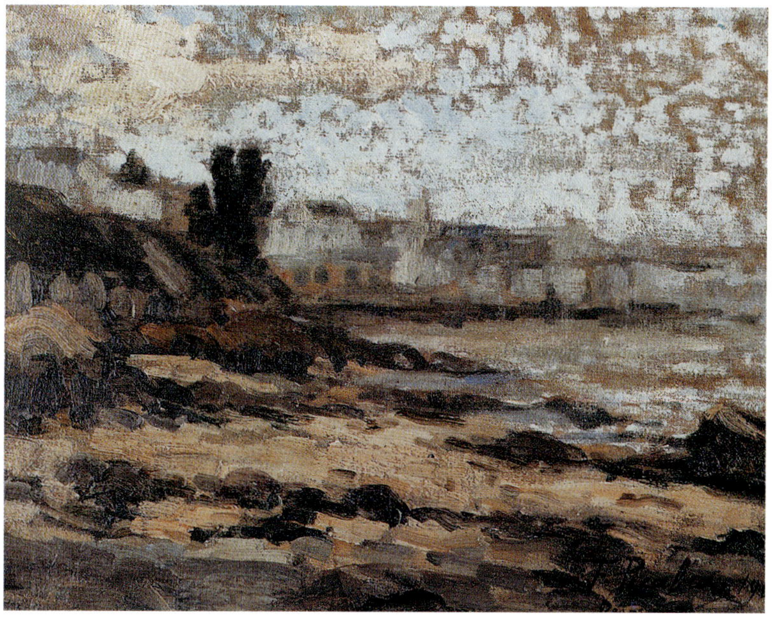

N° 46
Henri Matisse
Belle-Ile-en-Mer, pochade
1896
Huile sur toile, H. 57 - L. 70
Collection particulière

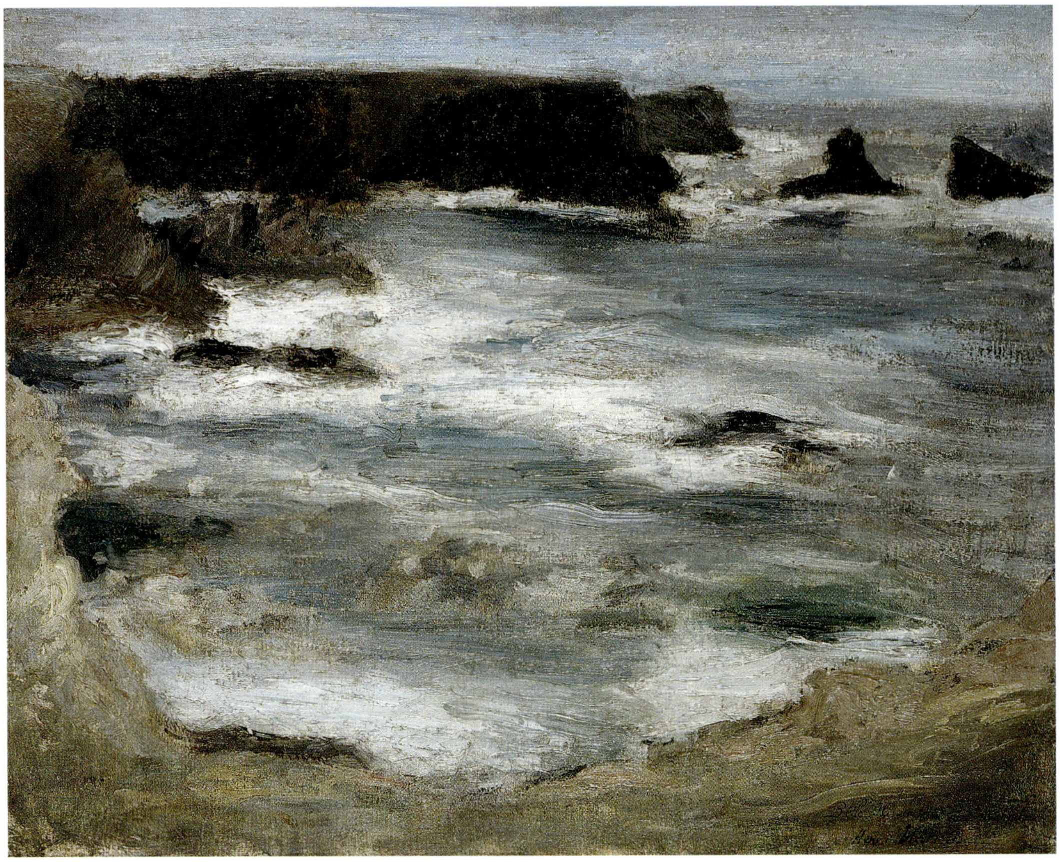

Page de droite
N° 47
Henri Matisse
Belle-Ile
1896
Huile sur toile, H. 46 - L. 38
Musée des Beaux-Arts, Bordeaux

Pont-Croix ou se rend à la pointe du Raz. Quelques scènes de genre ramenées de ce premier séjour breton témoignent de ses thèmes de prédilection et de sa manière qui est encore sombre et minutieuse, marquée par la peinture hollandaise et par l'art de Chardin. Il peint un *Tisserand breton* qui sera exposé au salon pour sa première participation en 1896 et une *Gardienne de cochons* à Beuzec[159]. Au retour, il passe par Concarneau puis Pont-Aven le temps d'une nuit à la pension Gloanec.

L'été suivant, il revient et se rend directement à Belle-Ile. Il est cette fois accompagné de son voisin de palier à Paris, Emile Wéry, qui est déjà un adepte de l'impressionnisme. Il raconte : « Je me liais avec un peintre nommé Wéry et je partis avec lui en Bretagne. Je n'avais que des bistres et des terres sur ma palette alors que Wéry, lui, avait une palette impressionniste. Comme lui j'entrepris de travailler sur nature. Et bientôt je fus séduit par l'éclat de la couleur pure. Je revins de mon voyage avec la passion des couleurs de l'arc-en-ciel[160]. » Ce séjour à Belle-Ile sera fondamental pour Matisse. Il y rencontre John Peter Russel qui lui parle longuement de Monet venu en ces mêmes lieux dix ans plus tôt. Russel lui montre également des œuvres de son ami Van Gogh et lui offre un dessin du peintre hollandais mort six ans auparavant. Sa palette s'éclaircit considérablement et sa touche acquiert de la vivacité. Wéry, de retour de Pont-Aven où il a rencontré Slewinski, l'influence par l'utilisation de couleurs pures. Dans un entretien avec Tériade en 1952, Matisse se souvient : « En travaillant aux côtés de Wéry, je remarquais qu'il obtenait plus de luminosité avec ses couleurs pures qu'il ne m'était possible d'en obtenir avec ma palette qui était celle des maîtres anciens. Ce fut la première étape de mon évolution et je revins à Paris libéré de l'influence du Louvre. Je me dirigeais vers la couleur. »

159. Musée Matisse, Nice.
160. Dans Jacques Guzennec, *Portraits d'artistes*, 1927.

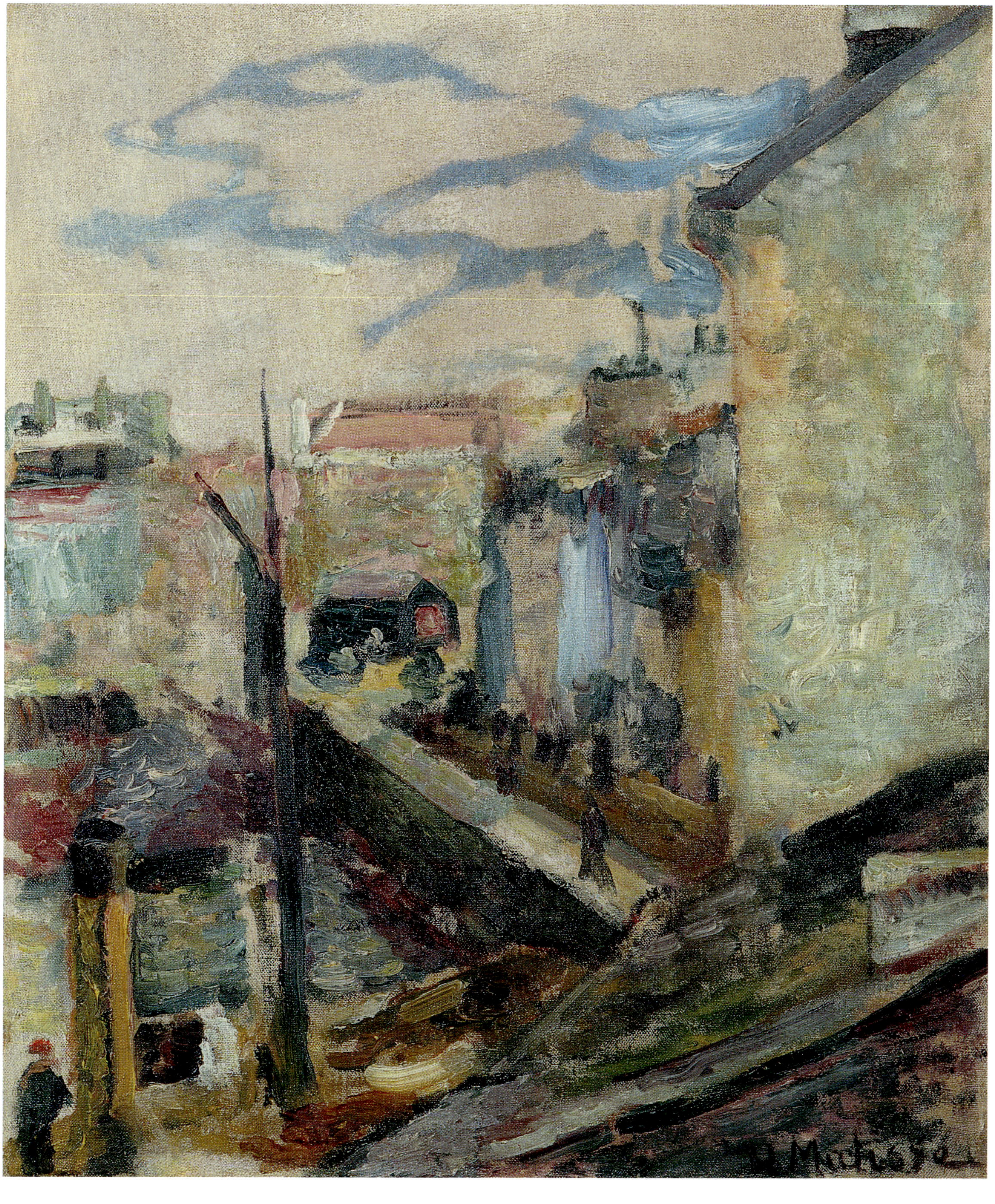

Une longue lettre adressée à Victor-Joseph Roux-Champion, un camarade de l'atelier Moreau qui séjourne alors à Pont-Aven, traduit bien l'état d'esprit de Matisse et sa perception de la Bretagne :

Samedi soir (Belle-Ile été 1896)

Mon cher ami

Tu te trouves absolument dans le même état d'esprit dans lequel je me trouvais il y a un an où j'étais comme toi démoralisé. Je me figurais qu'en arrivant en Bretagne, il n'y avait qu'à prendre sa toile et travailler aussi facilement qu'on peut le faire sous les quais de la Seine ou à l'Ecole. Aussi n'ai-je rien fait, ou peu de choses. J'ai passé mon temps à me tirer les cheveux pour me forcer à travailler. La Bretagne a son côté intime et fin qu'il faut pouvoir pénétrer et sans lequel elle devient au-dessous de bien des contrées qui sont plus riches, plus grasses et plus pittoresques. Sa lumière est particulièrement argentée, et ses ciels sont de nacres. Aussi, il faut observer beaucoup avant de travailler et revenir plusieurs années de suite pour se pénétrer du caractère du pays. Je suis cependant étonné que tu ne trouves rien à faire à Pont-Aven qu'on m'avait dépeint comme étant fortement ressemblant aux décors d'opérette et par conséquent pouvant donner des petits tableaux tout faits et de très bonne vente.

Que puis-je t'indiquer ? L'année dernière je suis venu à Belle-Isle d'où je suis parti navré au bout de dix jours. Les choses me paraissaient très originales, très particulières, mais d'une difficulté colossale. Ensuite j'ai été à Pont-Croix que j'ai trouvé très amusant. Je ne sais que te conseiller ne sachant pas ce que tu recherches.

En tout cas je crois qu'à Pont-Croix, tu pourrais très bien travailler et trouver une pension très bon marché et cependant satisfaisante. L'année dernière, j'étais chez Mme Le Bars, pâtissier à Pont-Croix, et je payais 60 francs par mois pour la pension et la chambre. Tu pourrais également te renseigner à l'hôtel du pays, je crois que tu auras des prix avantageux.

Ici à Belle-Isle, tu peux compter 2,50 francs par jour pour la pension et 25 francs pour la chambre.

Etant à Pont-Croix, tu peux aller à Audierne où tu serais très bien je crois, c'est à une heure de Pont-Croix. Tu pourrais même y trouver une petite pension à bon marché.

Tu vois comme je suis embarrassé pour te renseigner. Un pays nouveau est souvent, quand il est profondément intéressant, comme un manuscrit très embrouillé qu'il faudrait déchiffrer.

Peut-être à Concarneau pourrais-tu trouver quelque chose qui te dise. C'est à voir. Tu n'en es pas loin, il vaut mieux se grouiller à droite et à gauche plutôt que de s'ankyloser sur place. Je n'ose pas te conseiller de venir ici, car je me souviens combien je m'y suis trouvé effrayé et écrasé il y a un an. Maintenant je m'y plais beaucoup. Ici tu pourras trouver à 25 mètres de la côte la plus épouvantable que tu puisses rêver (des rochers de couleur merveilleuse, de caractère très beau, mais tu n'auras pas le petit port agréable avec les canots de pêche, ici c'est le sauvage dans toute sa beauté et son vide), une petite chambre très propre — l'hôtesse te ferait la cuisine à l'œil —, tu n'aurais qu'à payer les fournitures — œufs, lait, vin, poissons, quelquefois de la viande — et ce pour 30 francs par mois. Dans le cas où tu viendrais, il faudrait me prévenir pour que je puisse retenir la chambre.

Voilà tout ce que je puis te dire en souhaitant que ces petits renseignements te tirent d'embarras ou plutôt te trouvent tout à fait hors d'ennuis.

Ecris-moi tout de même, je serais content de te savoir remonté.

Je te transmets les amitiés de ta compagne de voyage et te la serre cordialement.

Ton dévoué

H. Matisse
Kervilahouen (Belle-Isle)
Par Bangor.

Les quelques œuvres peintes alors témoignent de cette évolution. Matisse se consacre à la Côte sauvage mais aussi aux villages de l'intérieur de l'île, à des natures mortes, à des scènes de genre ou à la citadelle du Palais, où il s'installe à la fin de son séjour La différence entre une peinture comme la *Citadelle de Belle-Ile*[161], encore sombre, et *Belle-Ile*[162], représentant le même lieu et peint quelques jours plus tard, traduit l'extraordinaire et fulgurante évolution du peintre.

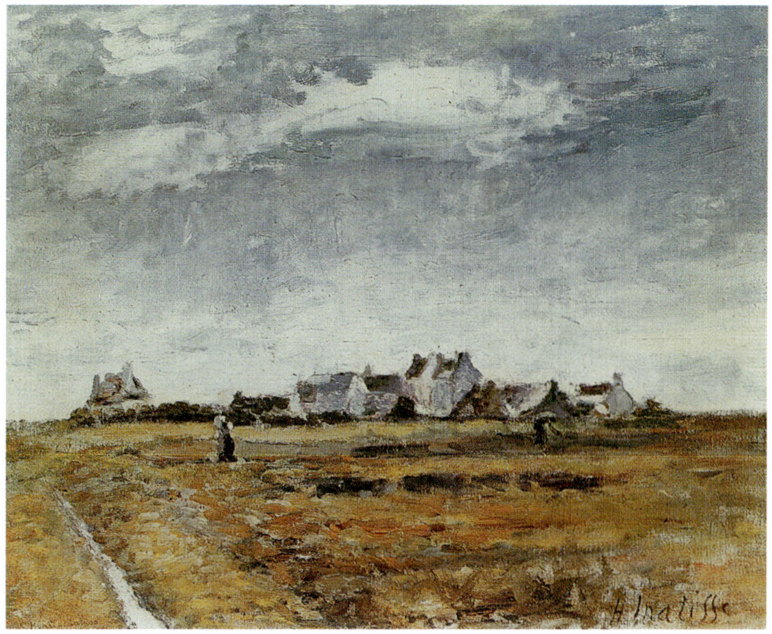

Ill. 34
Henri Matisse
Paysage breton, Belle-Ile-en-Mer
1897
Huile sur toile, H. 46 - L. 55
Muséu de Arte de São Paulo
© Succession H. Matisse.

Matisse revient sur l'île l'été suivant. Plusieurs œuvres représentant le village de Kervilahouen[163], des vues de falaises ou une nature morte traduisent une transformation. Son approche de la lumière va encore progresser. Une œuvre comme *Rochers à Belle-Ile*[164] témoigne déjà de l'influence du néo-impressionnisme.

L'année suivante, en 1898, il découvre l'œuvre de Turner à Londres, suivant les conseils de Pissarro. Ce dernier lui révèle également l'importance de Cézanne. Matisse abandonne la Bretagne au profit de la Corse où ses couleurs gagnent en intensité. Après avoir été un temps sensible aux sirènes du néo-impressionnisme après la lecture en 1899 du livre fondateur de Signac, il s'engage vers un « pré-fauvisme », caractérisé par la hardiesse des couleurs et la franchise des accords colorés. Avec ses amis Camoin, Rouault, Manguin et Piot de l'atelier Gustave Moreau, Derain de l'Académie Carrière et de Vlaminck, présenté par ce dernier, Matisse est présent au Salon d'Automne en 1905 dans la salle que le critique Louis Vauxcelles baptise « cage aux fauves ». Il n'est jamais revenu en Bretagne après ces trois étés.

Jean Puy, un peintre-marin le long des côtes bretonnes

La technique de Jean Puy (Roanne, 1876-Roanne, 1960) évolue rapidement au gré des étapes de son apprentissage : il ne reste que peu de temps à l'Académie Julian où il est entré en 1898 afin de suivre les enseignements de Jean-Paul Laurens et de Benjamin Constant. Dès 1899, il préfère l'enseignement plus libre de l'Académie Carrière et sa peinture, au début strictement impressionniste, puis marquée par le néo-impressionnisme, va progressivement évoluer au contact des camarades qu'il fréquente comme Laprade, Derain ou Matisse. L'enthousiasme commun de ce dernier et de Jean Puy pour Belle-Ile va les rapprocher dès le premier contact. Jean Puy sera influencé par son camarade, son aîné de sept ans. Il sera présent avec Matisse et les autres dans la désormais célèbre section appelée la « cage aux fauves ». Le marchand Ambroise Vollard l'y remarque et signe avec lui un contrat exclusif pour l'acquisition de ses œuvres.

Jean Puy a découvert la Bretagne en juillet 1899, à l'âge de 23 ans, en séjournant au Pouldu et à Bénodet. Il découvre la mer en même temps que la Bretagne. Ce terrien

161. Musée d'Art moderne, Saint-Etienne.
162 Musée des Beaux-Arts, Bordeaux.
163. Parmi les différentes versions, figure l'œuvre conservée au musée des Arts de Sao Paulo.
164. Collection Nathan, Zurich.

N° 48
Jean Puy
La Barre du Belon
1899
Huile sur toile, H. 38 - L. 46
Collection particulière

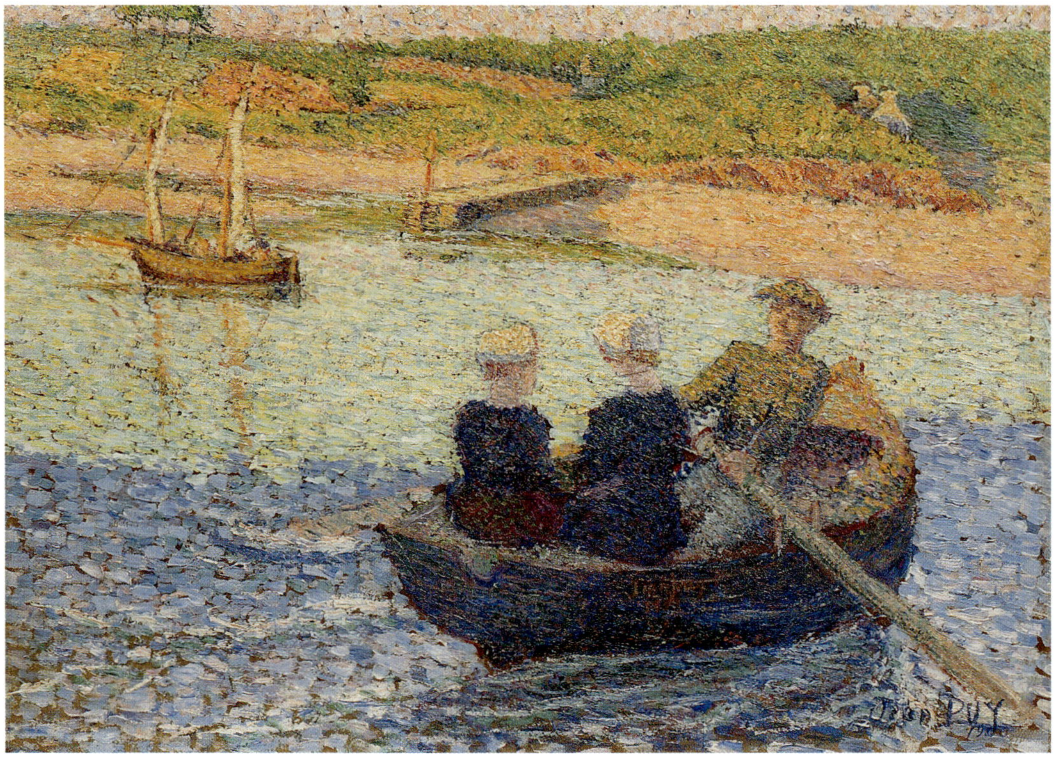

se prend de passion pour la mer et devient, comme Signac, un amateur de voile. L'attachement avec la Bretagne sera immédiat. Il y revient l'année suivante et découvre Belle-Ile. Pendant près de quarante ans, il ne cessera de venir naviguer quelques semaines par an le long des côtes bretonnes, d'Audierne à Belle-Ile en passant par Saint-Guénolé, Loctudy, Bénodet, Concarneau, Doëlan et Le Pouldu, mais aussi le long des côtes nord. Il peint depuis son voilier ou dans les petits ports où il fait escale. L'ambiance des ports de pêche et la lumière lui conviennent parfaitement. Dans une lettre à Camoin, il écrit : « Je suis allé parfois dans le Midi, en hiver, mais je n'ai jamais trouvé le rythme que j'aimais en Bretagne, pays modéré aux couleurs très modulées, peu de jaunes ou d'oranges et à côté de nombreux beaux jours, des jours de crachin à lumière réduite, lumière de rêve. Voilà ce qui me plaît et la variété des marines et d'une mer grandiose, tragique parfois, mais aussi si ensorcelante d'autres[165]. » Au fil des années, le petit port de Sauzon à Belle-Ile, où des amis lui prêtent une maison, est devenu son port d'attache favori.

Comme de nombreux jeunes artistes, il a été très marqué par la lecture du livre de Signac, *D'Eugène Delacroix au néo-impressionnisme,* qui a paru dans plusieurs livraisons de *La Revue blanche* en 1898 puis a été édité en volume en 1899. En 1900 et 1901, il peint dans un

165. Lettre du 1er janvier 1957, archives Camoin, citée dans *Belle-Ile-en-Mer* par Anatole Jakowsky, éditions La Nef de Paris.

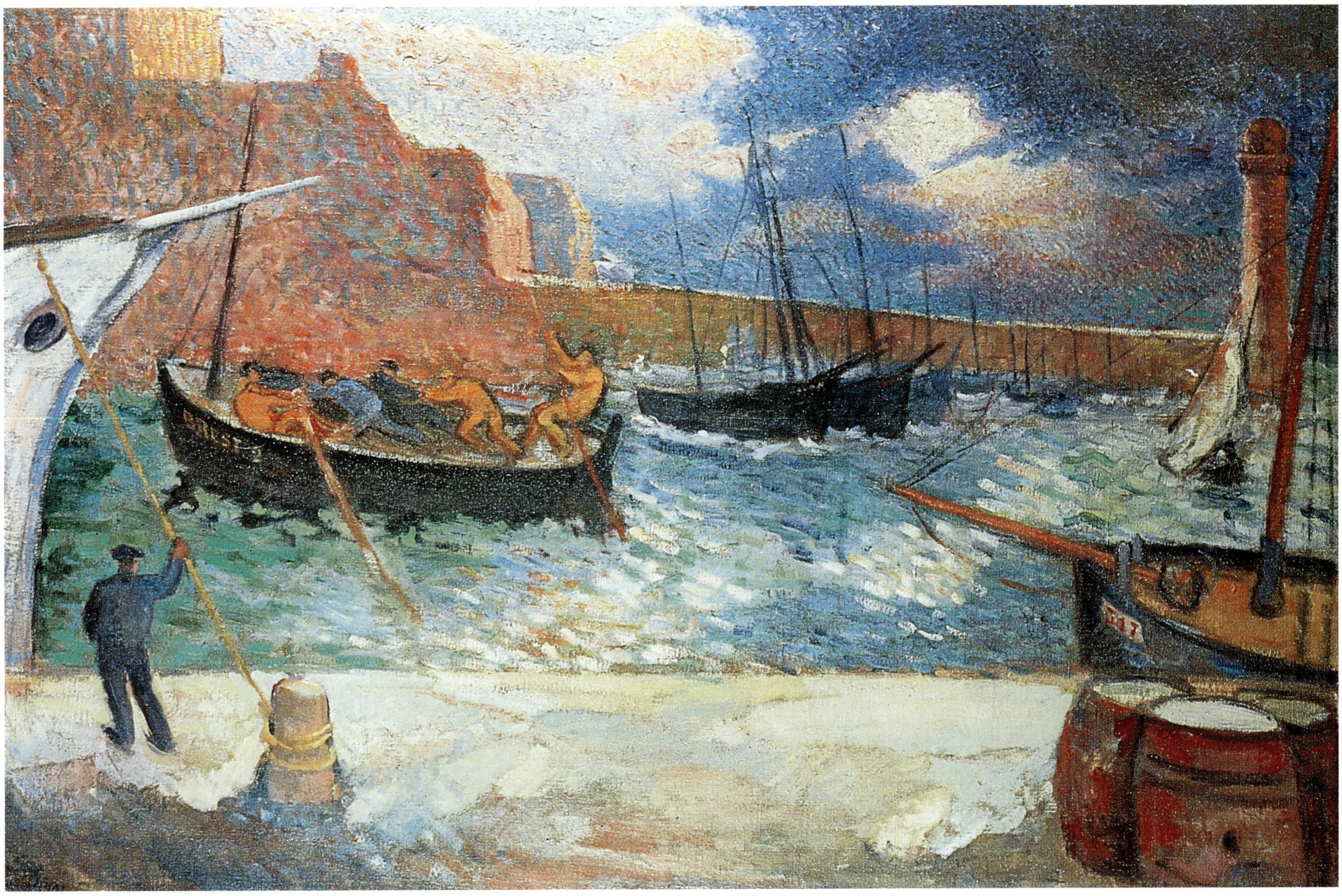

N° 49
Jean Puy
Tempête à Belle-Ile-en-Mer
1901
Huile sur toile, H. 100 - L. 150
Musée du Petit-Palais, Genève

style hybride entre l'impressionnisme et le néo-impressionnisme, très librement interprété. Mais, dès 1902, l'aplat franc de couleur remplace la multitude de touches : l'artiste évolue vers le fauvisme.

La jeunesse nantaise de Jean Metzinger

Le Nantais Jean Metzinger (Nantes, 1883-Paris, 1956) se forme dans sa ville natale. Il peint de manière impressionniste des œuvres exposées en 1904. En 1905, il est marqué par la découverte de l'œuvre de Van Gogh à la rétrospective des Indépendants et par celle du divisionnisme qui bénéficie alors d'un regain d'intérêt : la galerie Druet présente en 1904 une importante exposition Signac puis au printemps suivant une exposition Cross. Il rencontre cette même année Robert Delaunay.

Une œuvre de jeunesse, *Le Château de Clisson*[166], témoigne de la rupture du jeune peintre avec l'enseignement académique et son attrait pour le divisionnisme. Puis il sera attiré par le fauvisme. A Paris, il se lie en 1906 avec Albert Gleizes et l'année suivante avec Guillaume Apollinaire. Il participe au groupe de Puteaux et au salon de la Section d'Or. Il

166. Musée des Beaux-Arts, Nantes.

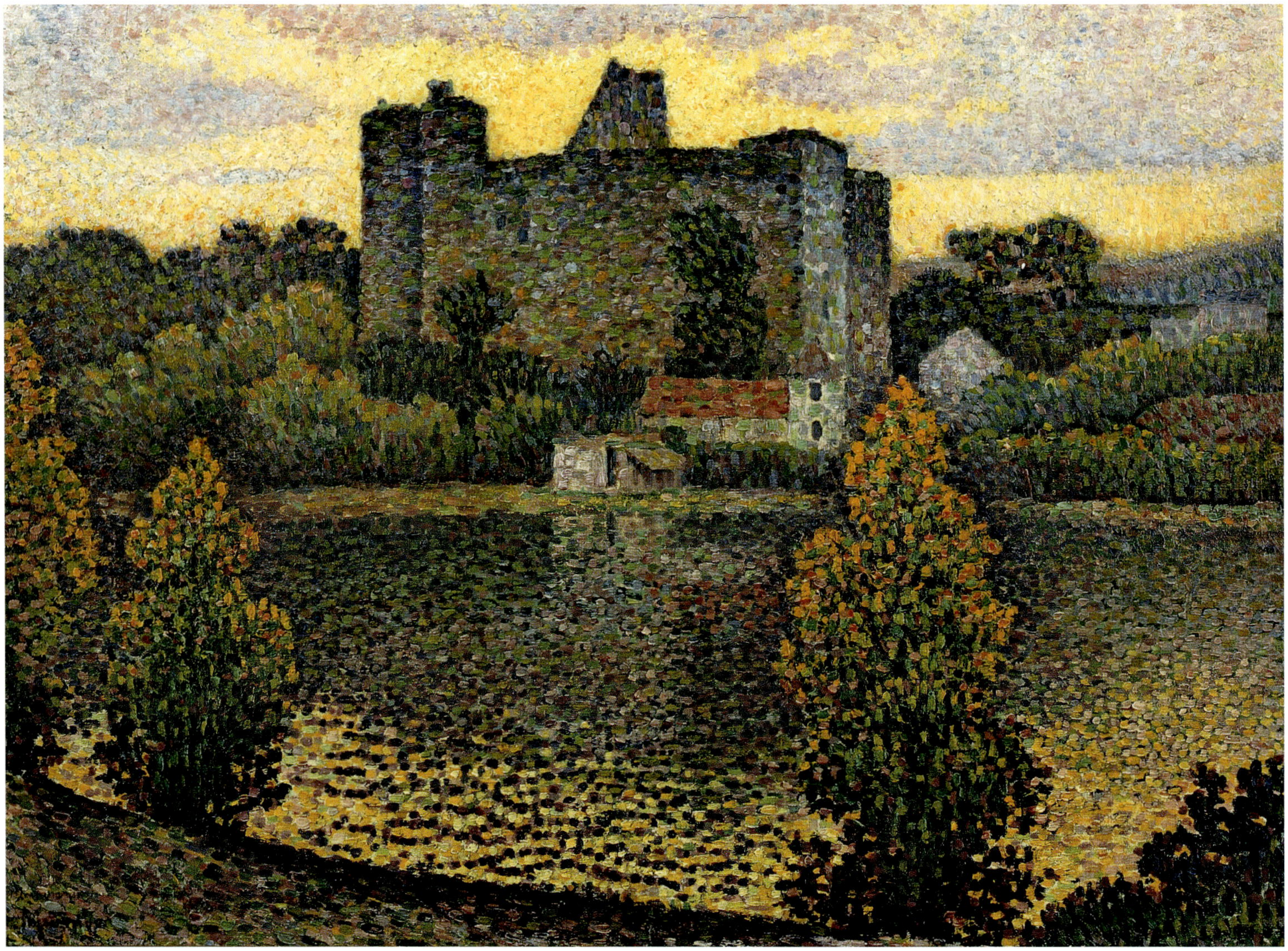

N° 50
Jean Metzinger
Le Château de Clisson
1905
Huile sur toile, H. 54 - L. 73
Musée des Beaux-Arts, Nantes

figure parmi les peintres majeurs du mouvement cubiste, dont il a explicité les bases théoriques dans l'ouvrage fondamental *Du cubisme* rédigé en collaboration avec son ami Gleizes et publié en 1912.

Robert Delaunay, deux étés dans le pays bigouden

Lorsque Robert Delaunay (Paris 1885- Montpellier 1941) découvre la Bretagne à Saint-Guénolé en 1904 en compagnie de son oncle et de sa tante qui l'ont élevé, il est encore apprenti dans un atelier de décors de théâtre. Sa vocation de peintre n'est pas encore totalement affirmée. Sa formation est avant tout celle d'un autodidacte, marqué d'abord par l'impressionnisme. Il découvre les œuvres de Gauguin présentées après la mort de ce dernier au Salon d'Automne de 1903 et à la galerie Vollard. Durant ce séjour breton et le suivant en 1905, l'évolution de Delaunay, dont la vocation et le métier s'affirment, est radicale. L'influence de Gauguin et de l'esthétique pontavénienne est sensible au début puis le peintre joue des couleurs, du velours noir, des orangés des plastrons et manchons des costumes bigoudens pour animer une composition faite de taches colorées superposées et simplifiées[167]. Cela le conduit

167. *Bigoudenne et enfant dans un paysage*, musée des Beaux-Arts, Quimper, *Veuve bretonne* et *Ramasseuse de goémons*, musée d'Art moderne, Bâle.

à une nouvelle expression, marquée par les leçons du néo-impressionnisme et l'intérêt pour les rythmes et le prisme colorés[168]. Comme tant de jeunes artistes, les visites des récentes expositions consacrées à Seurat, Signac et Cross l'ont marqué et lui ont montré les enjeux des recherches divisionnistes. Il peint alors suivant le principe des mosaïques, comme dans le *Paysage au disque solaire* de 1906[169].

Par la suite, dans les séries de Saint-Séverin et de la tour Eiffel, il procédera à la déstructuration des plans, suivant l'exemple de Cézanne qu'il découvre à la grande rétrospective du Salon d'Automne de 1907. Il contribuera ensuite à la naissance du cubisme, jouant des rythmes colorés suivant de savantes dispositions et de « contrastes simultanés » qu'Apollinaire a appelés *cubisme orphique* ou *orphisme*. Puis il évoluera vers l'abstraction et figure comme l'un des fondateurs de la peinture moderne.

En 1929, Robert Delaunay reviendra en Bretagne pour des vacances à Carnac en compagnie de son épouse Sonia, de Tristan Tzara, de Jean Arp et de Sophie Tauber-Arp.

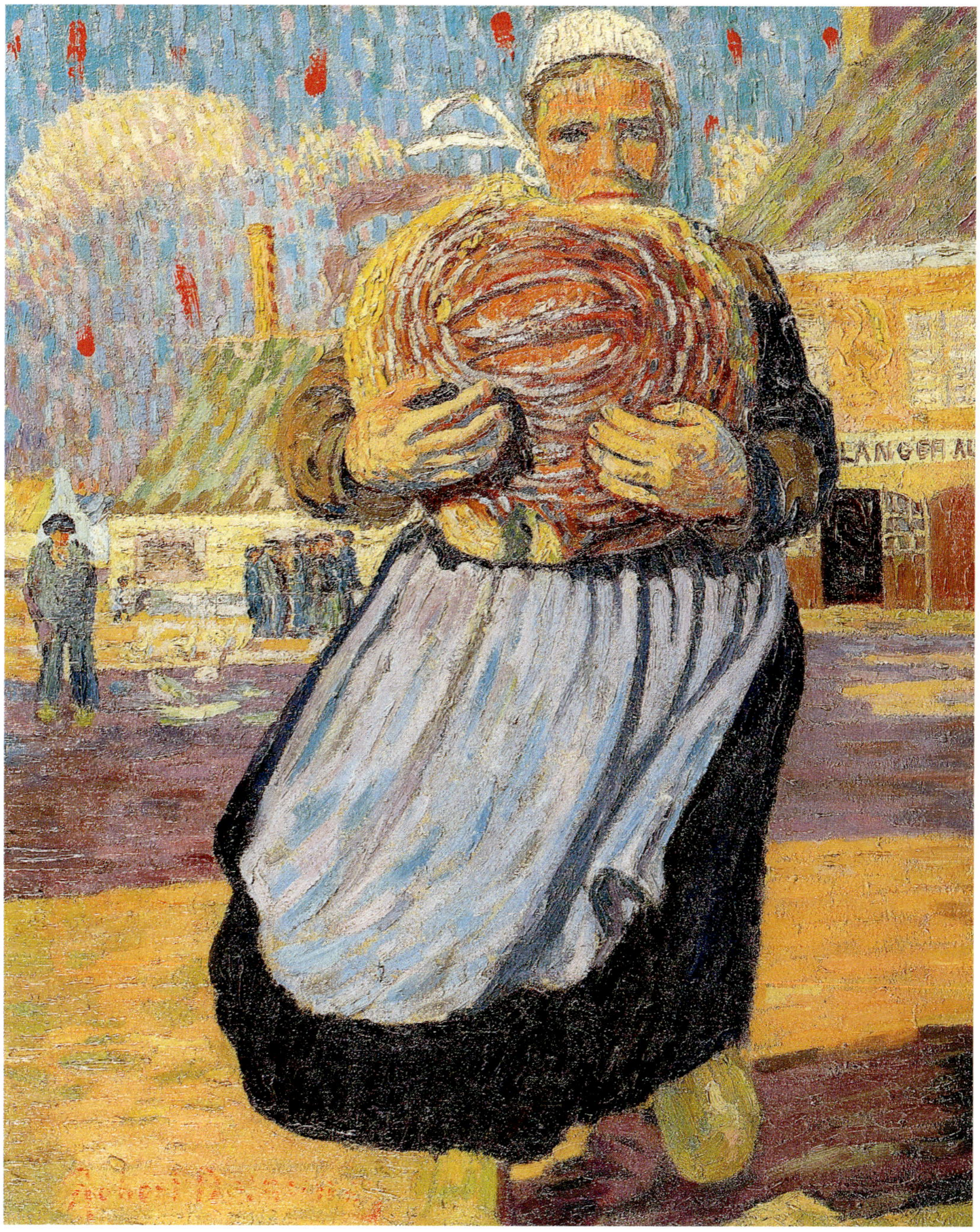

N° 51
Robert Delaunay
La Porteuse de pain ou la Femme au pain
1906
Huile sur toile, H. 110 - L. 70
Collection Josefowitz

168. *La Fête en Bretagne*, 1905, musée des Beaux-Arts, Rennes, *Tour de Penmarc'h*, musée de Brest, *Marché breton*, Musée national d'Art moderne, Paris.
169. Musée national d'Art moderne, Paris.

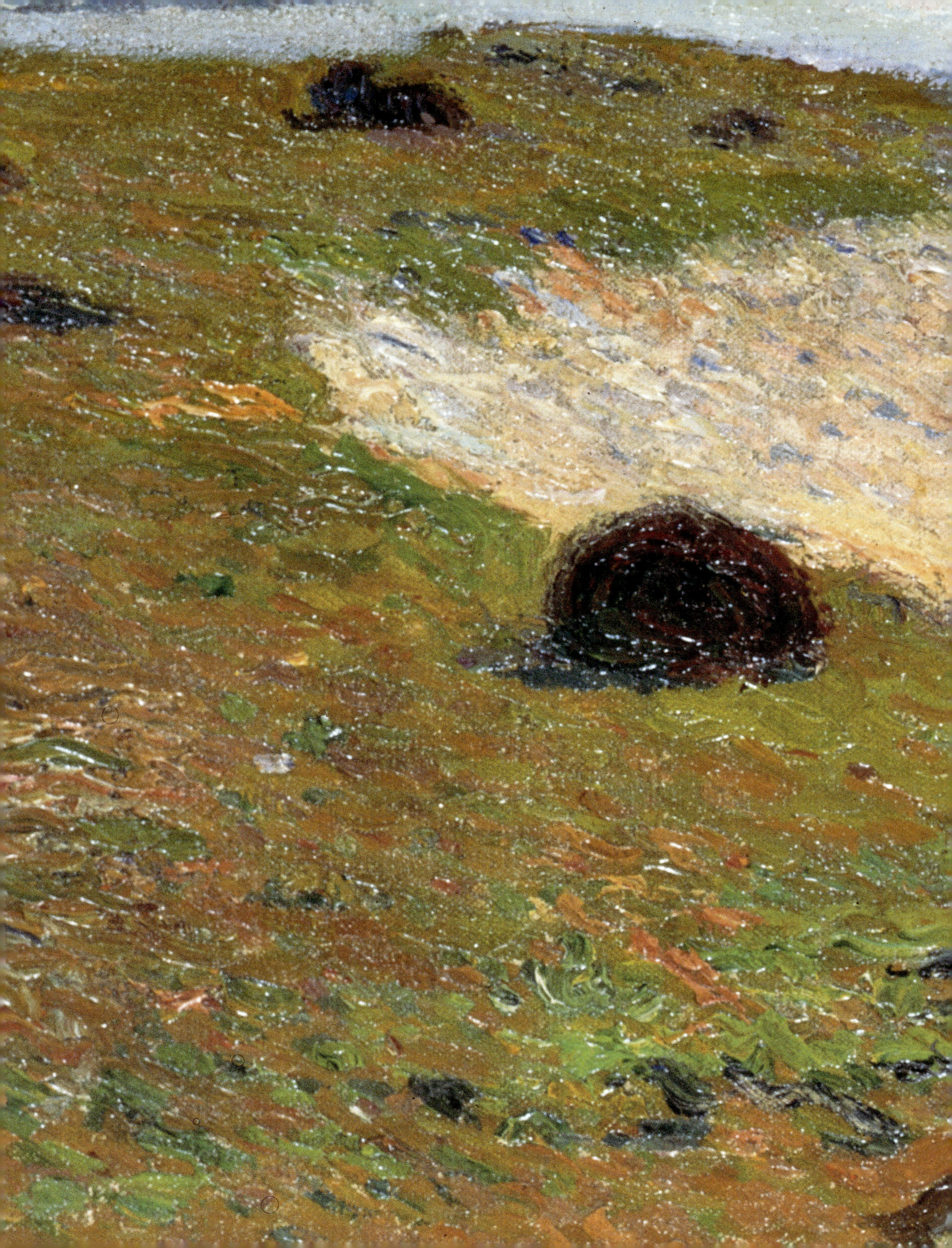

Chapitre 8

Les derniers reflets de l'impressionnisme

N° 53
Henri Martin
Le Brûlage du goémon (détail)
Vers 1900-1930
Collection particulière

La plupart des « impressionnistes historiques » n'ont pas connu la Bretagne, en raison de leurs origines ou satisfaits qu'ils sont de l'Ile-de-France ou de la Normandie. Mais quelques-uns de leurs amis, aujourd'hui un peu oubliés, ont parcouru les côtes bretonnes. Ainsi le pastelliste Pierre Prins, grand ami de Manet, est à Pont-Aven en 1888, au Pouldu chaque année de 1896 à 1900. Un ami fidèle de Pissarro, le paysagiste Jacinthe Pozier, passe les hivers à Pont-Aven. Un ami de Renoir, le Roumain Nicolas Grigoresco, effectue en 1876 un long voyage en Bretagne qui le mène à Vitré et à Dinan où il peint les ruelles moyenâgeuses. Sa peinture, alors dans le genre de l'Ecole de Barbizon, s'éclaircit progressivement. Grigoresco s'affirme comme un digne suiveur des impressionnistes et le chef de file de la peinture roumaine moderne.

Une génération plus tard, la mode est à la peinture claire, un compromis entre naturalisme et impressionnisme. Les paysagistes en usent et en abusent, exploitant certains thèmes toujours appréciés comme les marines, les scènes de port ou de rivière.

En Bretagne, à l'opposé des Cottet ou Simon qui s'attachent à exprimer les caractères du pays, les nouveaux paysagistes sont légion. On peut citer le Nantais Emile Dezaunay, un ami de Maufra, parfois associé à l'Ecole de Pont-Aven, Antoine Guillemet ou Edmond-Marie Petitjean[170] qui fréquentent Saint-Malo, Léon Giran-Max à Saint-Briac ou Emmanuel de La Villéon à Saint-Jacut. A Belle-Ile, l'impressionnisme se prolonge : de nombreux peintres font le voyage sur les pas de Monet, pour rencontrer Russel ou Poly, toujours prêt à raconter le séjour « héroïque » du maître de Giverny. Pierre Prins y est venu en 1899, André Wilder, paysagiste impressionniste, influencé par Monet, peint à Belle-Ile, d'une manière proche de celle de Moret.

Henri Martin, le décorateur impressionniste

L'apprentissage d'Henri Martin (Toulouse, 1860-Labastide-du-Vert, 1943) et le début de son œuvre sont tout à fait traditionnels. Il faut attendre un voyage en Italie en 1885 et la rencontre de Ségantini pour que son œuvre évolue, d'autant plus que son ami intime Aman-Jean est un proche de Seurat. Henri Martin s'intéresse rapidement aux théories divisionnistes et évolue radicalement. En 1889, il expose des œuvres dans lesquelles il utilise des touches hachées et parallèles, ce qui lui vaut des sarcasmes venant tout autant du

170. A ne pas confondre avec le néo-impressionniste Hippolyte Petitjean.

N° 52
Henri Martin
Marine bretonne
Vers 1900-1930
Huile sur toile, H. 80 - L. 79
Musée des Beaux-Arts, Quimper

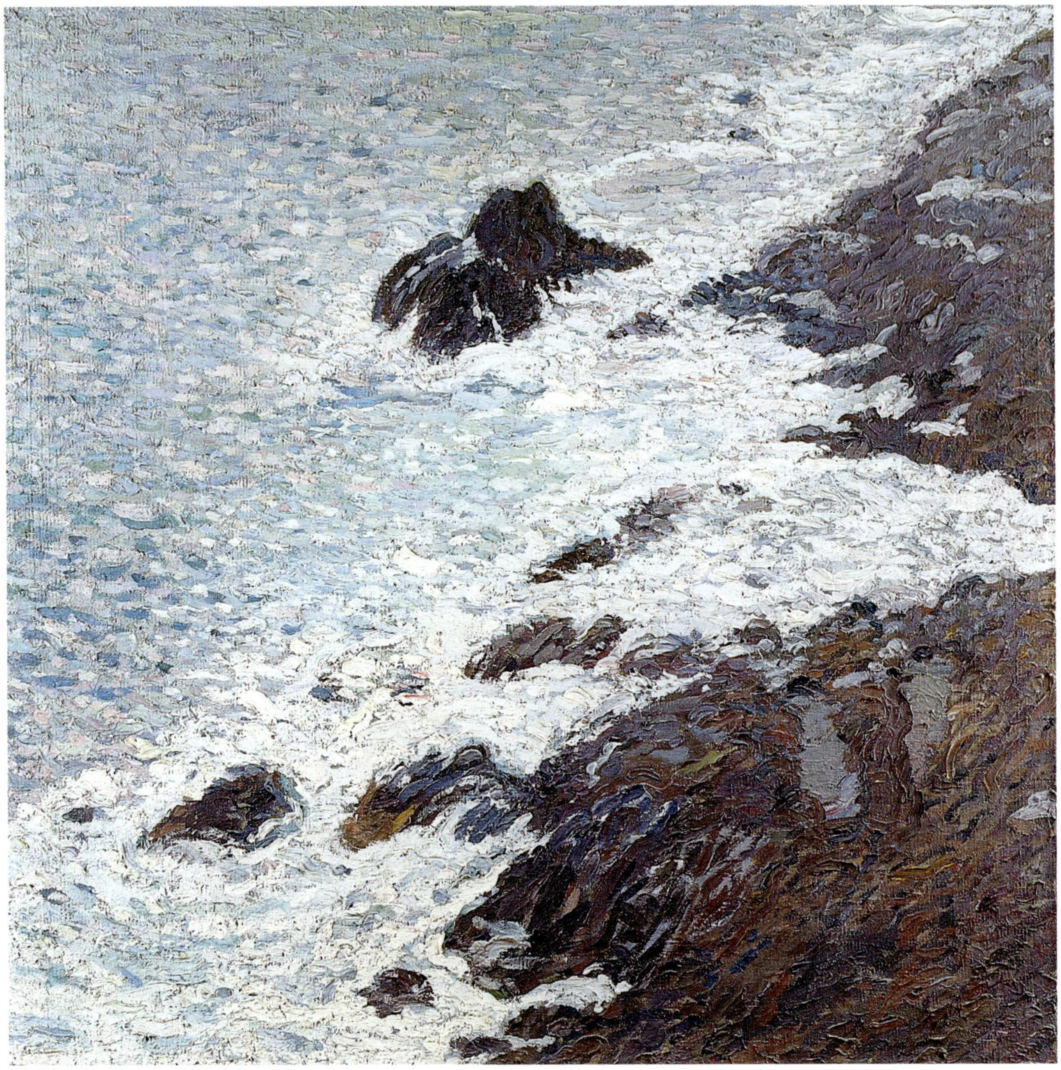

milieu académique que des novateurs, qui suspectent d'opportunisme sa conversion à la technique nouvelle. Mais il démontre par la suite sa capacité à décomposer les tons et à exprimer les vibrations de la lumière. Il se révèle un décorateur de grand talent, un spécialiste d'allégories poétiques qu'il traduit à travers un néo-impressionnisme apaisé. Son très grand succès suscite de très nombreuses commandes publiques et privées qui ne l'empêchent pas de voyager.

Entre Venise et Collioure, Henri Martin est venu à plusieurs reprises en Bretagne, sans doute entre 1900 et 1930. La chronologie n'est pas bien établie. On sait qu'il a séjourné pour l'essentiel sur la côte nord à Porspoder, Argenton et Ploumanach. Il a peint des effets de brume, des vues de rochers et de grève, le rivage à marée basse, le ramassage et le brûlage du goémon, quelques falaises abruptes. Le plus souvent, l'homme est totalement exclu de telles représentations. Les compositions sont savamment équilibrées. La série des falaises, peintes suivant des conditions atmosphériques différentes, est une exception. Comme dans les représentations des falaises du Roussillon, le peintre joue avec talent des obliques, des relations

N° 53
Henri Martin
Le Brûlage du goémon
Vers 1900-1930
Huile sur toile, H. 52 - L. 102
Collection particulière

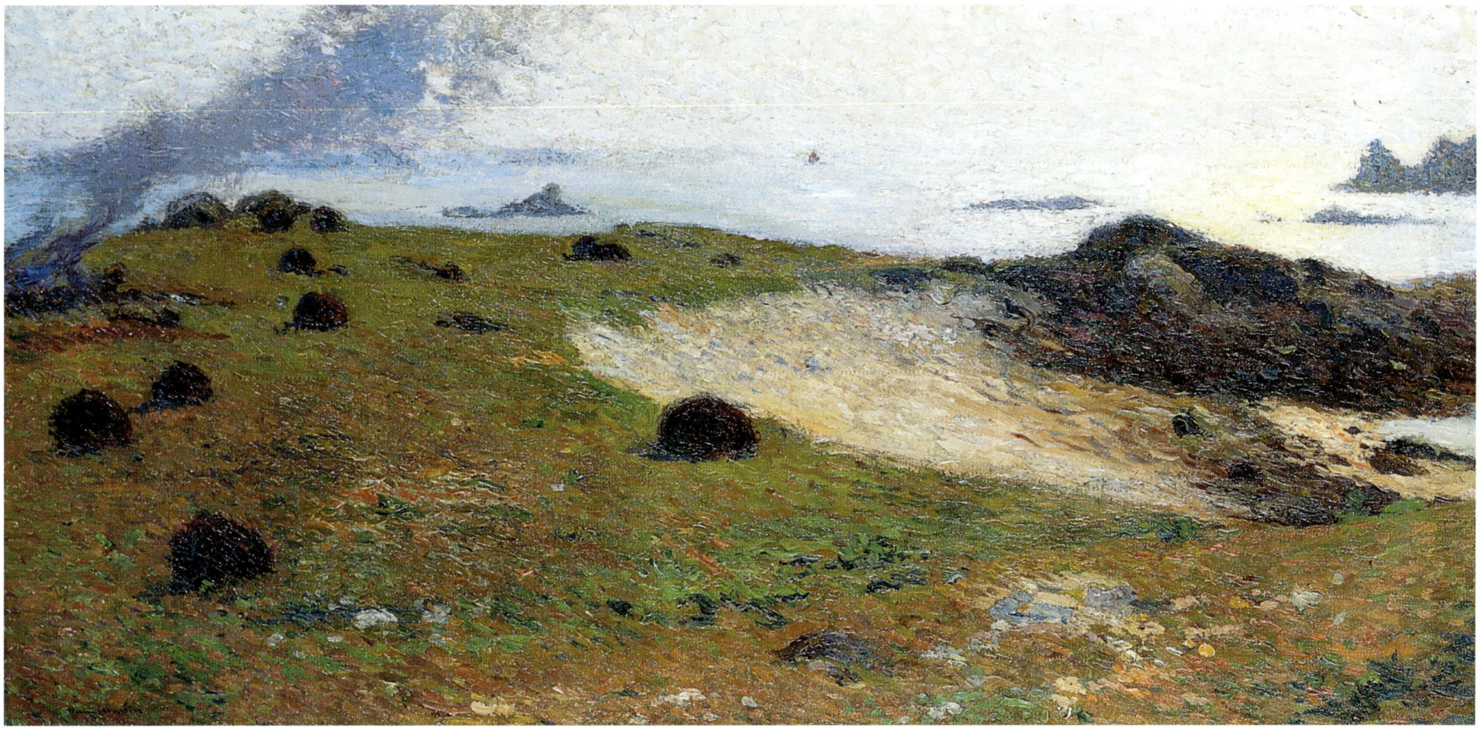

entre les pleins et les vides et des oppositions de valeur, du cadrage japonisant, de la vue plongeante. Mais la mer est calme et le peintre ne se bat pas, comme Monet, avec des éléments déchaînés.

Henri Le Sidaner, le chantre de Quimperlé

Henri Le Sidaner (Port-Louis, île Maurice, 1862-Paris, 1939) est élève de Cabanel à l'Ecole des Beaux-Arts à partir de 1884, mais il abandonne bien vite l'atelier pour peindre en plein air à Etaples. La plupart des œuvres des premières années sont détruites par le peintre, insatisfait. Vers 1896, il trouve les sujets et la technique qui lui conviennent, un style personnel, associant néo-impressionnisme et symbolisme, jouant sur des effets lumineux savants, exprimant avec poésie des atmosphères souvent étranges. Les thèmes correspondent à sa sensibilité : reflets des maisons et des ponts sur l'eau immobile des canaux, demi-jours,

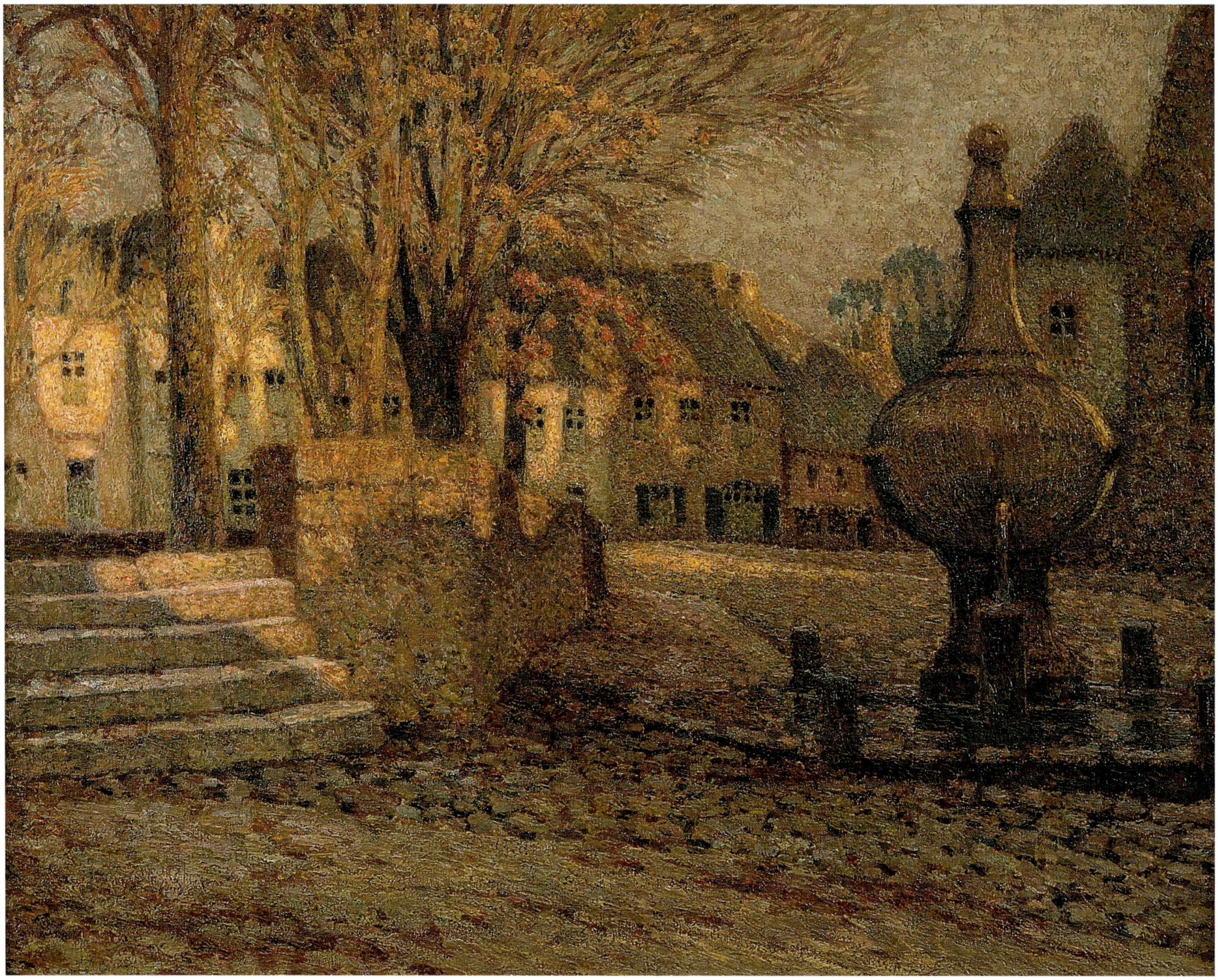

N° 54
Henri Le Sidaner
La Place à Pontrieux
1914
Huile sur toile, H. 81 - L. 101
Musée d'Art et d'Histoire Marcel-Dessal, Dreux

contre-jours, effets de lune, effets de neige, églises ou maisons anciennes évoquant une atmosphère médiévale, reflets sur les bassins de Versailles, fleurs grimpantes sur la façade de la maison de Gerberoy, etc. Les personnages disparaissent des paysages. La palette se limite à un camaïeu gris-bleu et blanc nacré suivant des touches juxtaposées, rompu par quelques taches de couleurs vives.

Celui que Gabriel Mourey appelle « le peintre-poète » peint en particulier des séries de vues de Bruges, de Beauvais, de Chartres, de Versailles, de Nemours, de Gisors ou de Gerberoy où il aménage une propriété à partir de 1904. Le succès est au rendez-vous. Henri Le Sidaner, qui vend toute sa production à la célèbre galerie Georges Petit, est l'un des peintres les plus réputés en Europe avant guerre, comme en témoigne la salle entière qui lui est réservée à la Biennale de Venise de 1914.

En 1911, il est à Clisson. En 1913, il peint à Tréguier, Pontrieux, Dinan, Landerneau et Pont-Aven[171]. En 1918, il peint Quimperlé et y revient l'année suivante puis en 1922[172]. La ville, au confluent de l'Isole et de l'Ellé, lui a beaucoup plu car il lui consacre pas moins de trente œuvres. Certaines œuvres sont exécutées ultérieurement de mémoire en atelier. Après Quimperlé, c'est au Croisic qu'il peint le plus d'œuvres durant son séjour de 1923. Les derniers séjours bretons datent de 1934 et 1935. L'artiste passe par Nantes en 1934 et 1935. Durant l'entre-deux-guerres, Henri Le Sidaner est l'un des artistes les plus appréciés des milieux officiels ; l'impressionnisme s'académise : il est élu en 1930 à l'Académie des Beaux-Arts.

Constantin Kousnetzoff, un impressionniste russe

L'apprentissage du peintre russe Constantin Kousnetzoff (Jolnino, Russie, 1863-Paris, 1936) s'effectue d'une manière traditionnelle à Paris dans les ateliers de Cormon et d'Humbert à partir de 1897.

Comme de nombreux artistes, il découvre la Bretagne en 1900 en se rendant dans le port de Concarneau, bien connu dans les ateliers parisiens. Ce choix est d'autant plus justifié que le peintre vient chercher un sujet pittoresque pour un tableau destiné au salon. Sur place, Kousnetzoff multiplie les études et s'aide de la photographie afin de réunir ce qui lui permettra d'élaborer son œuvre en atelier à Paris. Cette peinture, intitulée *Pêcheurs à Concarneau*, sera d'ailleurs présentée au salon de 1902.

Ce n'est que plus tard, en 1904, que le peintre découvre l'impressionnisme. Il sera totalement marqué par son admiration pour Monet. Il revient régulièrement en Bretagne de 1905 jusqu'en 1929, effectuant de très longs séjours, essentiellement sur la côte nord. Sa passion pour la pêche n'est pas étrangère à ce choix. En 1906, il s'installe avec sa famille à Saint-Lunaire dans la propriété de Georgina Manor. Les deux années suivantes, il séjourne à Saint-Cast et peint les sites célèbres que sont le fort La Latte et le cap Fréhel. Suivant l'esprit impressionniste, il peint le même site suivant plusieurs éclairages, à différents moments de la jour-

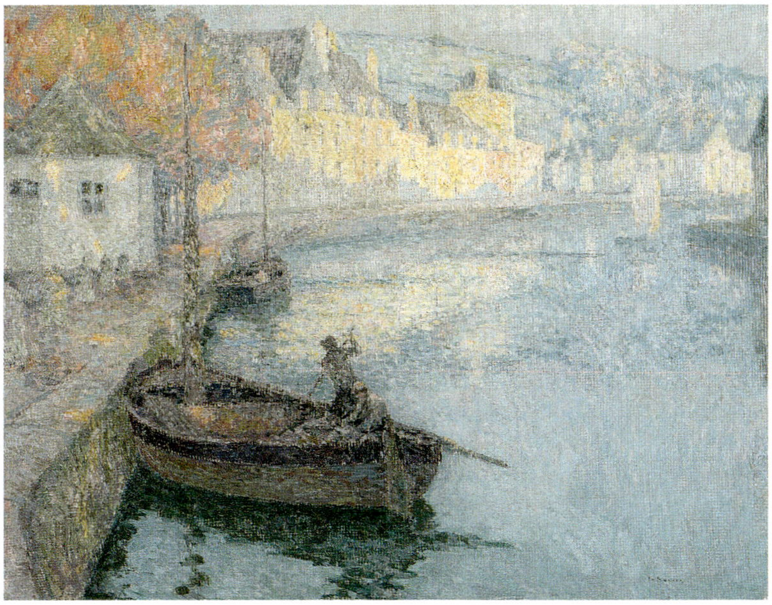

Ill. 35
Henri Le Sidaner
Clair matin à Quimperlé
1923
Huile sur toile, H. 73 - L. 92
Musée Marmottan, Paris

171. On peut citer dans les collections publiques : *Le Port, Landerneau*, 1914, California Palace of the Legion of Honor, San Francisco ; *La Place, Pontrieux*, 1914, musée d'Art et d'Histoire, Dreux ; *Le Pont, Pont-Aven*, 1913, Singer Museum, Laren.
172. On peut citer dans les collections publiques : *La Roulotte, clair de lune*, Quimperlé, 1920, The Phillips Collection, Washington ; *Clair matin, Quimperlé*, 1923, musée Marmottan, Paris.

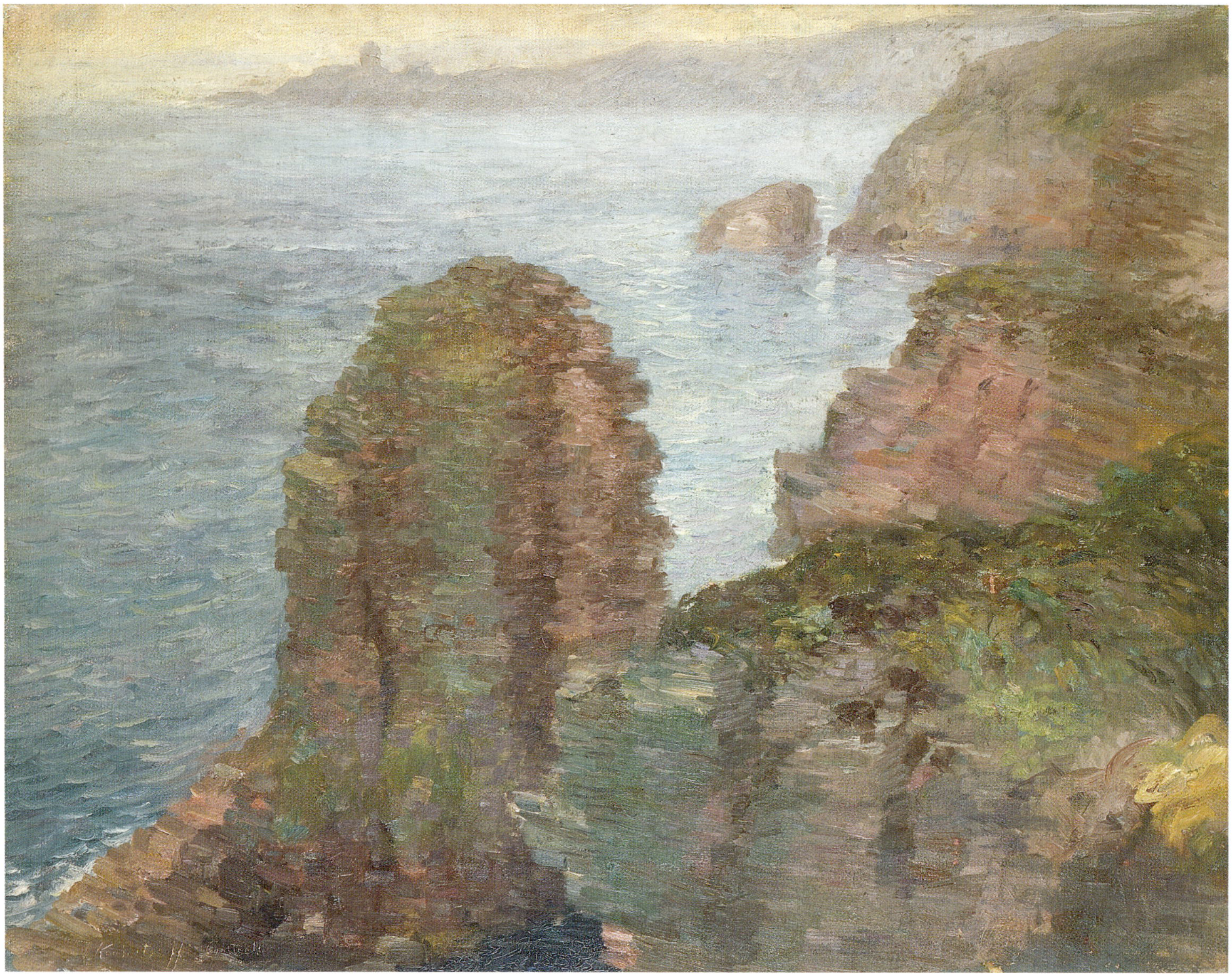

N° 55
Constantin Kousnetzoff
Rochers au Cap Fréhel, éclairage du matin
1908
Huile sur toile, H. 81 - L. 100
Collection particulière

née. Les variations de l'ombre et de la lumière sur les falaises et le niveau de la mer suivant la marée sont prétextes à analyser et représenter avec sensibilité et finesse sa perception de la nature. Avec sa famille, il s'installe au Val-André à partir de 1911 et ne reviendra dorénavant que rarement à Paris. Il peint de nombreuses marines devant l'îlot du Verdelet. Comme il l'a fait à Etretat en 1910, il tient à faire le pèlerinage sur les pas de Monet à Belle-Ile. En 1913, il se fixe à Kervilahouen, le « village des peintres » et y peint une dizaine de marines ayant pour sujets les aiguilles de Port-Coton ou la grotte de l'Apothicairerie. Il s'installe à Sauzon en 1923 pour des vacances familiales. En 1919, il séjourne à Saint-Cast puis les étés suivants à Saint-Lunaire, à Kerfany, à l'embouchure de l'Aven puis à Binic. En 1926, 1927 et 1929, il est de nouveau au Val-André pour ses derniers séjours bretons.

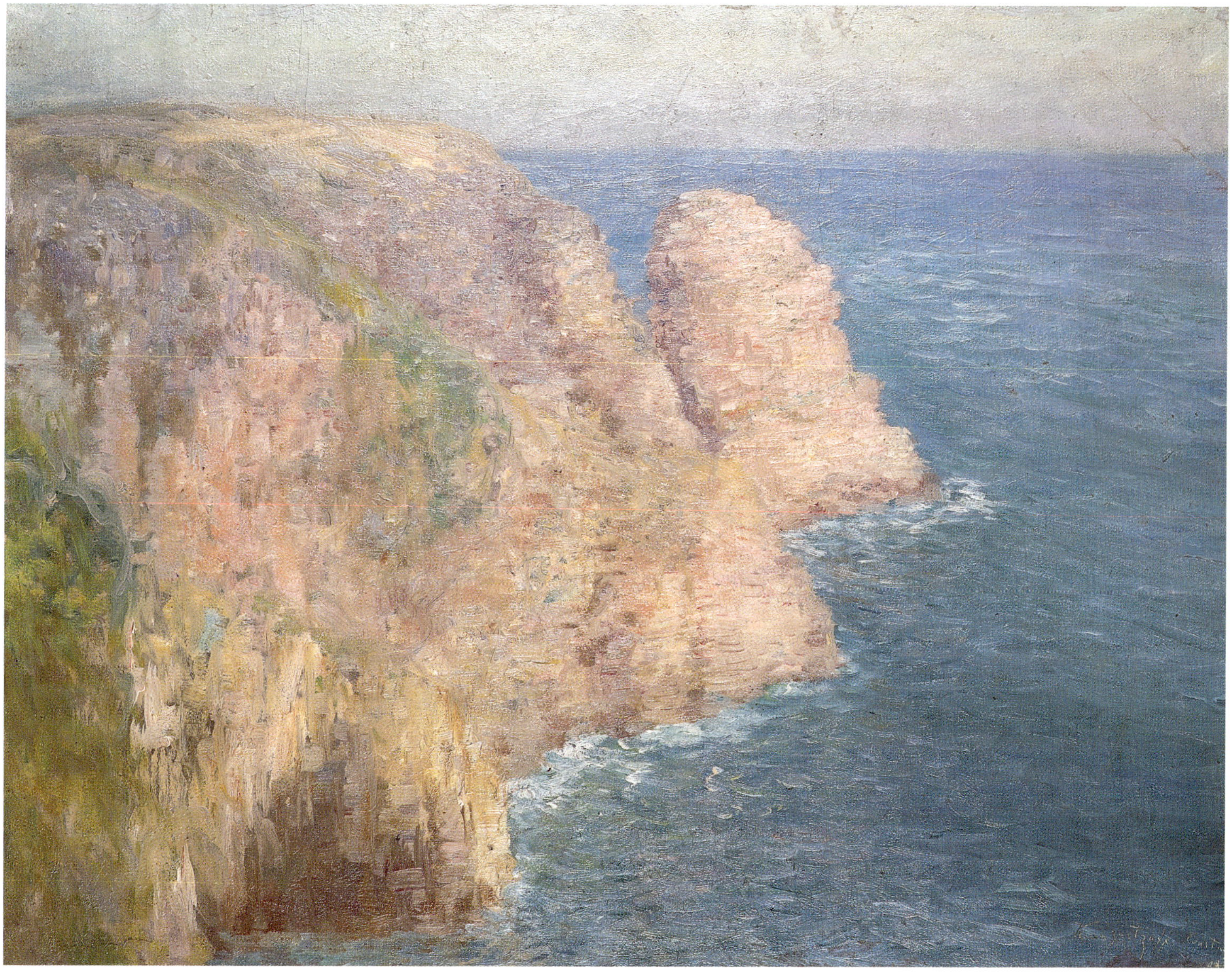

N° 56
Constantin Kousnetzoff
Rochers au Cap Fréhel, éclairage du soir
1908
Huile sur toile, H. 81 - L. 100
Collection particulière

Ainsi, plus de quarante ans après la dernière exposition des impressionnistes, cette peinture est toujours vivante en Bretagne. On pourrait s'en étonner mais il ne faut pas oublier l'importante influence de Monet sur toutes les générations, car il ne meurt qu'en 1926. De plus, le succès des paysages impressionnistes ne fait qu'augmenter, les jeunes artistes du début du XXe siècle étant considérés comme une « seconde génération impressionniste ».

Mais, pendant ces années-là, il y avait également en Bretagne des peintres comme Tanguy, Picasso, Lapicque, Hélion, Bazaine, Tal-Coat, Vasarely ou Ben Nicholson qui démontrent la vitalité de l'attraction, sans cesse renouvelée, exercée par la Bretagne sur les peintres.

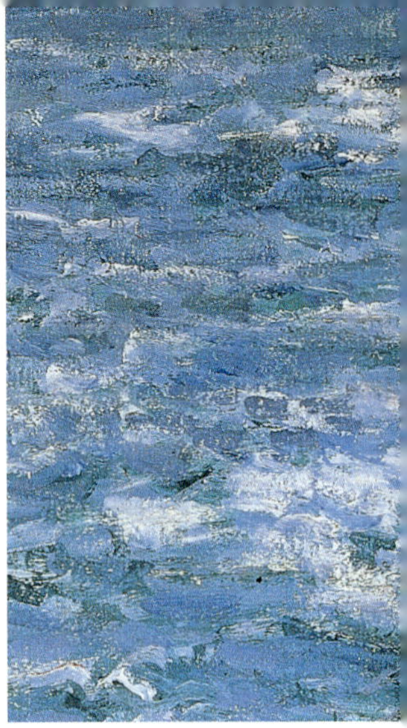

Chronologie

1824	Premier voyage d'Isabey.
1829	Premier voyage de Corot.
1847	Premier voyage de Jongkind.
1855	Boudin découvre la Bretagne (région de Quimper).
1856	Boudin en Bretagne (Quimper).
1857	Boudin en Bretagne (Quimper, Rumengol, Sainte-Anne-la-Palud, Douarnenez, Brest).
1858	Boudin en Bretagne (Quimper, Sainte-Anne-la-Palud). Il rencontre Monet au Havre et l'entraîne à peindre sur le motif.
1859	Le premier tableau de Boudin exposé au Salon de Paris a pour thème le pardon de Sainte-Anne-la-Palud.
1860	Boudin en Bretagne (Quimper). Vers 1860 Monet, Pissarro, Guillaumin, Cézanne, Renoir, Bazille et Sisley se rencontrent à l'Académie Suisse.
1861	Whistler dans les environs de Perros-Guirec.
1862	Monet, Renoir, Sisley et Bazille travaillent ensemble dans l'atelier de Gleyre.
1863	Le train atteint Quimper. Napoléon III autorise l'ouverture du Salon des Refusés où est exposé, entre autres, *Le Déjeuner sur l'herbe* de Manet, jugé scandaleux.
1864	Boudin en Bretagne (Sainte-Anne-la-Palud).
1865	Boudin en Bretagne (dans la région de Hanvec, Le Faou, d'où est originaire son épouse). Berthe et Edma Morisot dans la région de Saint-Malo - Dinard. Chevreul publie *Des couleurs et leurs applications aux arts industriels à l'aide du cercle chromatique.* L'*Olympia* de Manet fait scandale au Salon.
1866	Berthe Morisot voyage avec sa sœur Edma en Bretagne (Douarnenez, Quimperlé, région de Pont-Aven) [?] Manet et Renoir sont refusés au Salon. Avec Monet, Degas et Bazille, ils se réunissent au café Guerbois.
1867	Le train atteint Brest. Berthe Morisot rend visite à Quimperlé à sa sœur Yves. Daubigny dans le pays bigouden. Boudin en Bretagne (région de Landerneau au Faou). Renoir, Sisley, Bazille et Monet signent une pétition réclamant l'ouverture d'un nouveau Salon des Refusés. Charles Blanc publie sa *Grammaire des arts et du dessin.* Monet peint en plein air sur les plages de Normandie.
1868	Boudin en Bretagne (région de Landerneau au Faou, premier séjour à Portrieux).
1869	Berthe Morisot voyage à Brest puis rend visite à Lorient à sa sœur Edma. Boudin en Bretagne (région de Landerneau, Le Faou, Portrieux). *La Pie* et les *Femmes au jardin* de Monet sont refusées au Salon. Avec Renoir, il prend pour modèle La Grenouillère, une guinguette des bords de Seine près de Bougival.
1870	Boudin en Bretagne (région de Landerneau au Faou, Portrieux et Saint-Brieuc). Monet s'exile à Londres où il rencontre, par l'intermédiaire de Daubigny, le marchand Durand-Ruel et découvre, avec Pissarro, l'œuvre de Turner.
1871	Boudin en Bretagne (région de Brest au Faou, Portrieux). Monet en Hollande.
1872	Boudin en Bretagne (région de Landerneau au Faou, Portrieux et Paimpol). Monet peint *Impression, soleil levant* qui donnera son nom à l'impressionnisme.
1873	Boudin en Bretagne (région de Brest au Faou, Bénodet [?], région de Saint-Brieuc à Paimpol).
1874	Boudin en Bretagne (région de Brest au Faou, Portrieux). Première exposition du groupe des impressionnistes.
1875	Sargent à Saint-Enogat puis à Saint-Malo.
1876	Seconde exposition du groupe des impressionnistes à la galerie Durand-Ruel.
1877	Sargent à Cancale. Boudin en Bretagne (Le Faou). Troisième exposition du groupe des impressionnistes.
1878	Boudin en Bretagne (Camaret).
1879	Boudin en Bretagne (Portrieux, Camaret, Brest). Quatrième exposition du groupe des impressionnistes.
1879-1880	Services militaires de Seurat à Brest et de Luce à Guingamp.
1880	Boudin en Bretagne (Portrieux, Camaret [?], Brest [?]). Cinquième exposition du groupe des impressionnistes.
1881	Sixième exposition du groupe des impressionnistes. Delavallée découvre Pont-Aven.
1882	Septième exposition du groupe des impressionnistes chez Durand-Ruel.
1883	Sargent à Paramé et Saint-Enogat. Mort de Manet. Boudin en Bretagne (Brest [?]).

1884	Salon des Indépendants : Seurat y présente *Une baignade (Asnières)*. Création de la Société des artistes indépendants. Signac, Seurat, Angrand, Cross et Dubois-Pillet se rencontrent. Première exposition du groupe des XX à Bruxelles. Premier séjour de Signac à Saint-Briac.
1885	Deuxième séjour de Signac à Saint-Briac.
1886	Huitième exposition des impressionnistes. Félix Fénéon, *Les Impressionnistes en 1886*. Mi-juillet : Gauguin à Pont-Aven. Fin juillet : Schuffenecker le rejoint puis se rend à Concarneau. Après Cancale (mi-mai) et Saint-Briac (9 juin - 17 juillet), Bernard fait le tour de la Bretagne à pied, rencontre à Concarneau Schuffenecker (mi-août) [?] et va voir Gauguin à Pont-Aven. 12 septembre-25 décembre : Monet à Belle-Ile. Début août - septembre : Renoir à Saint-Briac. Premier séjour de Russel à Belle-Ile.
1887	Boudin en Bretagne (Douarnenez [?], Quimper [?]). Emile Bernard termine à Asnières ses toiles du périple breton et les expose. Elles sont remarquées par Signac qui l'invite. Mais les deux peintres ne s'entendent pas. Delavallée s'initie au divisionnisme à Marlotte auprès de Pissarro.
1888	Juin-septembre Signac à Portrieux. A Pont-Aven, Gauguin et Bernard inventent le « synthétisme » qui deviendra l'esthétique de l'Ecole de Pont-Aven. Chamaillard et Moret rencontrent Gauguin.
1889	Van Rysselberghe à Roscoff. Signac publie « D'Eugène Delacroix aux Néo-impressionnistes ».
1890	Signac sur la Côte d'Emeraude (Saint-Briac, Saint-Cast, Lancieux, Saint-Lunaire). Maufra et Loiseau rencontrent Gauguin.
1891	Mort de Seurat. Signac à Concarneau. Boudin en Bretagne (Brest [?], Camaret [?]).
1892	Mars Signac quitte Concarneau afin de rejoindre en bateau Saint-Tropez. Renoir en juillet-août et septembre à Pornic puis en octobre à Pont-Aven. Guillaumin découvre la Bretagne en séjournant au Val-André.
1893	Août Renoir à Pont-Aven. Boudin en Bretagne (Brest [?], Camaret [?], Quiberon [?]). Luce à Camaret.
1894	Berthe Morisot séjourne à Saint-Quay-Portrieux puis effectue le tour de la péninsule. Mort de Caillebotte. Durand-Ruel conclut un accord avec Maufra.
1895	8 août-4 octobre Renoir à Pont-Aven puis à Tréboul. Boudin en Bretagne (Douarnenez). Guillaumin à Belle-Ile. Mort de Berthe Morisot. Durand-Ruel commence à acquérir des Moret. Premier séjour en Bretagne de Matisse.
1896	Matisse à Belle Ile. Loiseau conclut un accord avec Durand-Ruel.
1897	Dernier séjour de Boudin en Bretagne (Le Croisic, Saint-Nazaire, Nantes, Batz, Quiberon, Pont-Aven, Raz de Sein, Douarnenez, Brest). Hassam à Pont-Aven Signac au Mont-Saint-Michel. Dernier séjour de Matisse à Belle-Ile. Le legs Caillebotte est exposé au musée du Luxembourg.
1899	Puy au Pouldu.
1900	Guillaumin à Saint-Malo. Kousnetzoff découvre la Bretagne à Concarneau.
1900-1902 ?	Anna Boch en Bretagne.
1901	Puy à Belle-Ile.
1902	Guillaumin au Val-André.
1904	Loiseau au cap Fréhel.
1904	Van Rysselberghe à Morgat. Delaunay à Penmarc'h.
1905	Delaunay à Penmarc'h. La « cage aux fauves » au Salon d'automne.
1907	Guillaumin au Val-André. Premier séjour de Prendergast à Saint-Malo
1909	Russel abandonne Belle-Ile.
1912	Guillaumin au Val-André.
1914	Luce à Lézardrieux.
1918	Le Sidaner découvre Quimperlé.
1919	Mort de Renoir.
1920-1925	Loiseau à Pont-Aven
1923-1929	Signac navigue de port en port le long des côtes bretonnes.
1926	Mort de Monet.

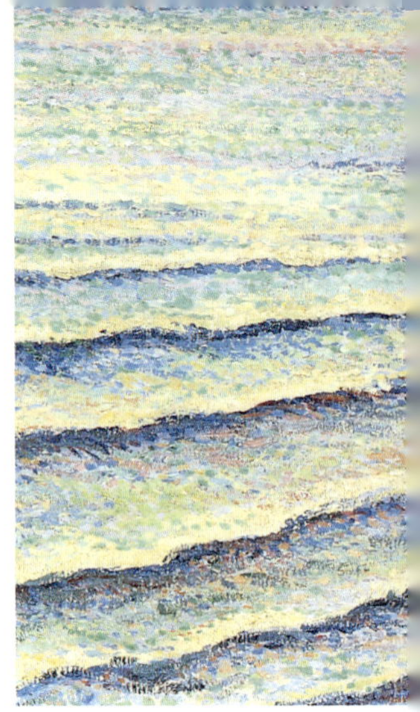

Bibliographie sommaire

Barnes A. et de Mazia V., *The Art of Renoir*, The Barnes Foundation Press, Merion, 1959

Bataille M.-L., Wildenstein G., *Berthe Morisot, Catalogue raisonné des peintures*, Les Beaux-Arts, Paris, 1961

Belbéoch H., *Sauzon, le regard des peintres*, Plonévez-Porzay, 1990

Belbéoch H. et Clifford F., *Belle-Ile-en-Art*, Plonévez-Porzay, 1991

Belbéoch H., *Douarnenez, « au bonheur des peintres »*, éditions Palantines, Quimper, 1992

Belbéoch H., *Les Peintres de Concarneau*, éditions Palantines, Quimper, 1993

Belbéoch H. et Le Bihan R., *100 peintres en Bretagne*, éditions Palantines, Quimper, 1995

Bernard E., *Souvenirs inédits sur l'artiste peintre Paul Gauguin et ses compagnons lors de leur séjour à Pont-Aven et au Pouldu*, Le Nouvelliste du Morbihan, Lorient, 1939

Bihr J.-P., *Regards d'Emeraude*, Saint-Jacut-de-la-Mer, 1988

Bouin-Luce J., Bazetoux D., *Maximilien Luce, Catalogue raisonné*, Edition JBL, Paris, 1986

Cachin F., *Paul Signac*, La Bibliothèque des Arts, Paris, 1971

Cachin F., *Gauguin*, Flammarion, Paris, 1988

Cariou A. et Yonnet D., *Le Finistère des peintres*, Editions Ouest-France, Rennes, 1993

Cariou A., *Les Peintres de Pont-Aven*, Editions Ouest-France, Rennes, 1994

Cazeau P., *Maximilien Luce*, La Bibliothèque des Arts, Lausanne, Paris, 1982

Clairet A., Montalant D., Rouart Y., *Berthe Morisot, Catalogue raisonné de l'œuvre peint*, Collection le Catalogue, NRS éditions, Montolivet, 1977

Chassé C., *Gauguin et le groupe de Pont-Aven*, Floury, Paris, 1921

Chassé C., *Gauguin et son temps*, La Bibliothèque des Arts, Lausanne-Paris, 1955

Courtade S. et Chapuis E., *La Bretagne vue par les peintres*, édition Vilo, Lausanne, 1987

Daulte F., *Catalogue raisonné de l'œuvre peint de Renoir, I, figures, 1869-90*, Edition Durand-Ruel, Lausanne, 1971

Delafond M. et Genet-Bondeville C., *Berthe Morisot ou l'audace raisonnée, Fondation Denis et Annie Rouart*, La Bibliothèque des Arts, Lausanne, 1997

Delouche D., *Peintres de la Bretagne, découverte d'une province*, Rennes, 1977

Delouche D., *Les Peintres de la Bretagne avant Gauguin*, Lille, 1978

Delouche D., « Monet à Belle-Ile », dans *Bulletin des amis du musée de Rennes*, 1980

Delouche D., *Eugène Boudin et la Bretagne*, Ursa, Baillé, 1987

Delouche D., « John Singer Sargent : un jeune peintre américain à Cancale » dans *Artistes étrangers à Pont-Aven, Concarneau et autres lieux de Bretagne, Arts de l'Ouest*, PUR, Rennes, 1889

Delouche D., *Monet à Belle-Ile*, Le Chasse-Marée/ArMen, 1992

Delouche D., *Gauguin et la Bretagne*, Apogée, Rennes, 1996

Durand-Ruel Godfroy C., *Correspondance de Renoir et de Durand-Ruel*, La Bibliothèque des Arts, Lausanne, 1995

Duroc J., *Camaret, cité d'artistes*, Ursa/Le Chasse-Marée, Baillé, 1988

Farinaux-Le Sidaner Y., *Le Sidaner*, édition André Sauret, 1989

Fénéon F., *Les Impressionnistes en 1886*, édition de La Vogue, Paris, 1886

Fezzi E., Henry J., *Renoir, tout l'œuvre peint 1869-1983*, Flammarion, Paris, 1985

Gachet P., *Lettres impressionnistes*, Paris, 1957

Geoffroy G., *Claude Monet, sa vie, son œuvre*, réédition Macula, Paris, 1980

Gray C., *Armand Guillaumin*, Genève, 1991

Hellebranth R. et Burdin A., *Alcide Le Beau*, Edition Matute, Paris, 1988

Jaworska W., *Gauguin et le groupe de Pont-Aven*, Ides et Calendes, Paris, 1971

Kerlo L. et Le Bihan R., *Peintres de la Côte d'Emeraude*, Le Chasse Marée-ArMen, Douarnenez, 1998

Laurentin A., *Ferdinand du Puigaudeau, tome 1*, édition Thierry Salvador, Paris, 1989

Le Bihan O., « Chamaillard et le groupe de Pont-Aven » dans *Bulletin des amis du musée de Rennes*, 1978

Le Bihan O., « Ernest de Chamaillard, peintre paysagiste et impressionniste », dans *Après Pont-Aven, Arts de l'Ouest*, Rennes, 1979

Le Paul J. et Le Paul C.-G., *L'Impressionnisme dans l'Ecole de Pont-Aven*, La Bibliothèque des Arts, Lausanne-Paris, 1983

Le Paul C.-G. et Dudensing G., « Gauguin et Schuffenecker », dans *Bulletin des amis des musées de Rennes*, 1978

Luthi J.-J., *Emile Bernard, catalogue raisonné de l'œuvre peint*, Paris, 1982

Manet J., *Journal, 1893-99*, édition Sala, Paris, 1987

Merlhès V., *Correspondance de Paul Gauguin, 1873-1888*, Fondation Singer-Polignac, Paris, 1984

Merlhès V., *De Bretagne en Polynésie, Paul Gauguin, pages inédites*, Avant et après, Tahiti, 1995

Ormond R. et Kilmurray E., *John Singer Sargent, The early Portraits*, Yale University Press New Haven et Londres, 1998

Porro R., *Claude-Emile Schuffenecker*, Combeaufontaine, 1992

Rewald J., *Histoire de l'impressionnisme*, Paris, 1955

Rewald J., *Le Post-impressionnisme*, Paris, 1961
Rouart D., *Correspondance de Berthe Morisot*, Edition Quatre Chemins Editart, Paris, 1950
Schmit R., *Eugène Boudin, catalogue de l'œuvre*, Paris, 1973, et supplément 1984
Sellin D., « 1897, Childe Hassam, un impressionniste américain à Pont-Aven », dans *Artistes étrangers à Pont-Aven et Concarneau, Arts de l'Ouest*, PUR Rennes, 1989
Serret G. et Fabiani D., *Armand Guillaumin, catalogue raisonné*, édition Mayer, Paris, 1971
Signac P., *D'Eugène Delacroix au néo-impressionnisme*, édition Hermann, 1899
Sutter J., *Les Néo-impressionnistes*, La Bibliothèque des Arts, Paris, 1970
Tual L., *Mlle Julia*, Concarneau, 1928
Venturi L., *Archives de l'impressionnisme*, Edition Durand-Ruel, Paris-New York, 1939
Vivier-Branthomme M., « John Peter Russel à Belle-Isle », dans *Artistes étrangers à Pont-Aven et Concarneau, Arts de l'Ouest*, PUR Rennes, 1989
Vivier-Branthomme M., « Constantin Kousnetzoff : séjours en Bretagne », dans *Artistes étrangers à Pont-Aven et Concarneau, Arts de l'Ouest*, PUR Rennes, 1989
Vivier-Branthomme M., *Constantin Kousnetzoff, un peintre russe en France*, Saint-Brieuc, 1992
Wildenstein D., *Monet, vie et œuvre ; Claude Monet, biographie et catalogue*, Lausanne, Paris, 1974-1979, réédition Taschen, Cologne et Wildenstein Institute, Paris, 1996
Wildenstein G. et Cogniat R., *Paul Gauguin 1*, édition des Beaux-Arts, Paris, 1964

Catalogues d'exposition

1963-1964, Paris, musée du Louvre, *Signac*
1964, Rennes, musée des Beaux-Arts, *Eugène Boudin en Bretagne*
1976-1977, University of Maryland Art Gallery, University Art Museum, Austin, Des Moines Art Center, Colombus Gallery of Fine Arts, Herbert F. Johnson Museum of Art, New York, *Maurice Prendergast*
1978, Pont-Aven, musée, *Le mouvement impressionniste dans l'Ecole de Pont-Aven*
1980, Paris, Grand Palais, *Hommage à Claude Monet*
1985, Quimper, musée des Beaux-Arts, *Eugène Boudin en Cornouaille*
1985-1986 Londres, Hayward Gallery, Boston, Museum of Fine Arts, Paris, Grand Palais, *Renoir*
1986, Paris, galerie Didier Imbert, *Gustave Loiseau*
1987, Pont-Aven, musée, *Constantin Kousnetzoff*
1987-1988, Washington, National Gallery of Art, Kimbell Art Museum et Mount Holyoke College Art Museum, *Berthe Morisot, impressionnist*, Hudson Hills Press, New York, 1987
1988, Paris, musée d'Orsay, *Van Gogh à Paris*
1988-1989, Washington, National Gallery of Art, Boston, The Art Institute, Paris, Grand Palais, *Gauguin*
1990, Mannheim, Städtische Kunsthalle, Amsterdam, Van Gogh Museum, *Emile Bernard, un pionnier de l'art moderne*
1991, Pont-Aven, musée, *Victor-Joseph Roux-Champion*
1991-1992, Paris, Grand Palais, New York, The Metropolitan Museum of Art, *Seurat*
1992, Kyoto, The Museum of Kyoto, Saga, Prefectoral Art Museum, Kurashiki, City Art Museum, Yamagata, Museum of Art, Gifu, The Museum of Fine Art, *Gauguin et les peintres de la Bretagne*
1992, Newcastle-upon-Tyne, Laing Art Gallery, *Painting in Brittany Gauguin and his friends*
1992, Gasny, Giverny, Musée américain, *Impressions de toujours, les peintres américains en France 1865-1915*
1993, Gand, musée des Beaux-Arts, *Théo Van Rysselberghe*
1993-1994, Paris, musée d'Orsay, *De Cézanne à Matisse, chefs-d'œuvre de la Fondation Barnes*
1994, Morlaix, musée des Jacobins, *Les peintres de Belle-Ile-en-Mer sur les pas de Gauguin*
1994, Pontoise, musée, *Hommage à Anna et Eugène Boch*
1994-95, Paris, Grand Palais, New York, The Metropolitan Museum of Art, *Impressionnisme - Les origines 1859-1869*
1995, Morlaix, musée des Jacobins, *Un fauve en Bretagne, Jean Puy*
1996, Quimper, musée des Beaux-Arts, *Maxime Maufra, les années de Pont-Aven et du Pouldu*
1996, Mexico, Museo del Palacio de Bellas Artes, *Gauguin y la escuela de Pont-Aven*
1996-1997, Pont-Aven, musée, Saint-Germain-en-Laye, musée départemental du Prieuré-Maurice-Denis, *Schuffenecker*
1997, Münster, Landesmuseum, Grenoble, musée d'Art, Weimar, Kunstsammlungen, *Signac et la libération de la couleur*
1997-1998, Morlaix, musée des Jacobins, Vannes, musée de la Cohue, *John Peter Russel, un impressionniste australien*
1997-1998, Cologne, Wallraf-Richartz-Museum, Lausanne, Fondation de l'Hermitage, *Pointillisme, sur les traces de Seurat*
1998, Quimper, musée des Beaux-Arts, *Henry Moret, un paysagiste de l'Ecole de Pont-Aven*
1998-1999, Pont-Aven, musée, Morlaix, musée des Jacobins, *Du Puigaudeau*
1998-1999, Londres, Tate Gallery, Washington, National Gallery of Art, Boston, Museum of Fine Arts, *Sargent*

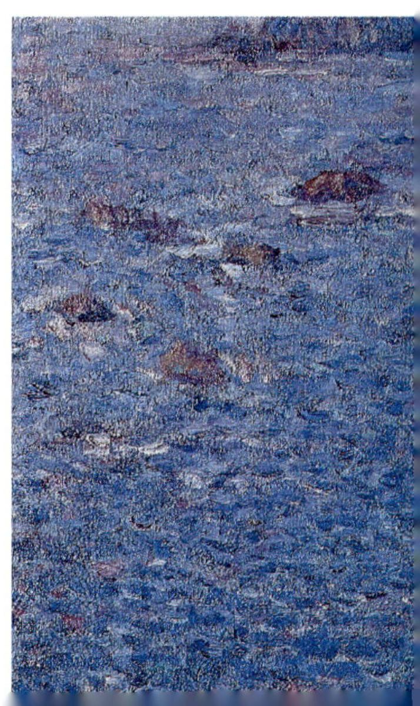

Œuvres exposées

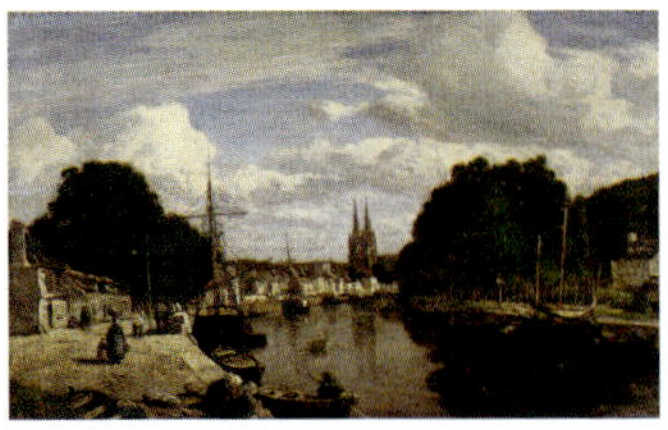

N° 1
Eugène Boudin
Vue du port de Quimper, prise de l'aval
1858
Huile sur bois, H. 40 - L. 61
Musée des Beaux-Arts, Quimper

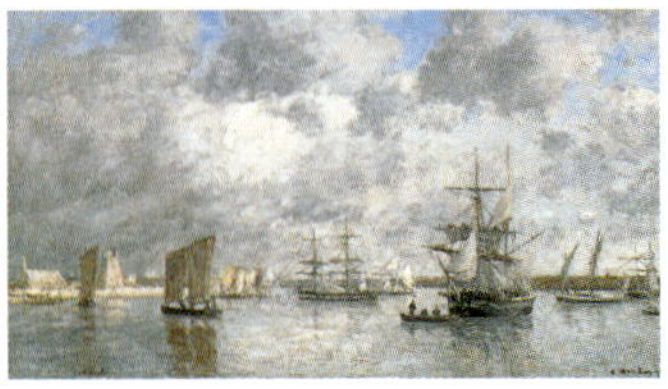

N° 2
Eugène Boudin
Port de Camaret
1872
Huile sur toile, H. 55,5 - L. 89,5
Musée d'Orsay, Paris

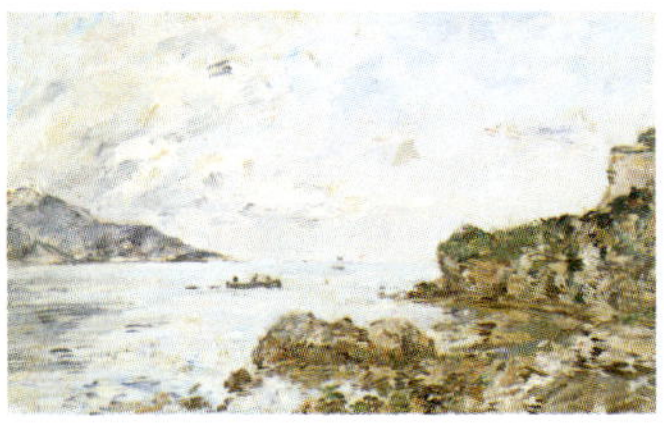

N° 3
Eugène Boudin
Crique en Bretagne
Vers 1897
Huile sur toile, H. 36 - L. 57
Musée Malraux, Le Havre

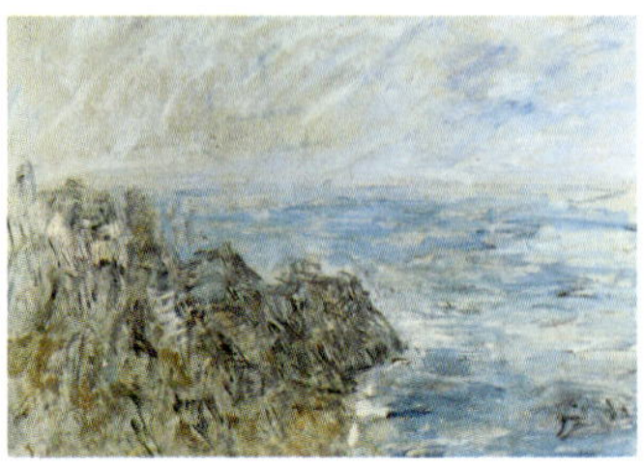

N° 4
Eugène Boudin
Bretagne, falaises à Douarnenez
Vers 1897
Huile sur toile, H. 64 - L. 90
Musée Malraux, Le Havre

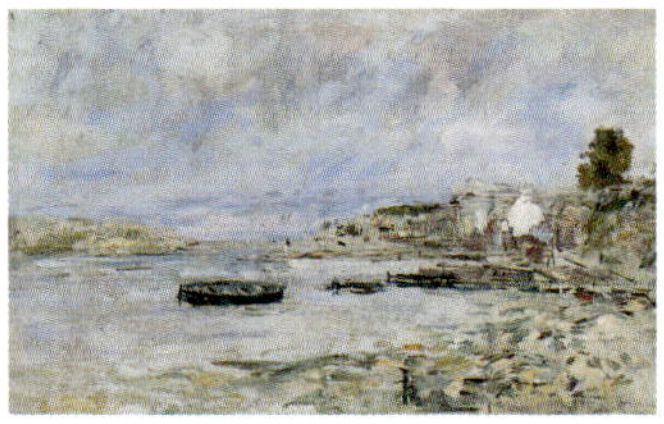

N° 5
Eugène Boudin
Les Barques à Douarnenez
Vers 1897
Huile sur toile, H. 36 - L. 58
Musée Malraux, Le Havre

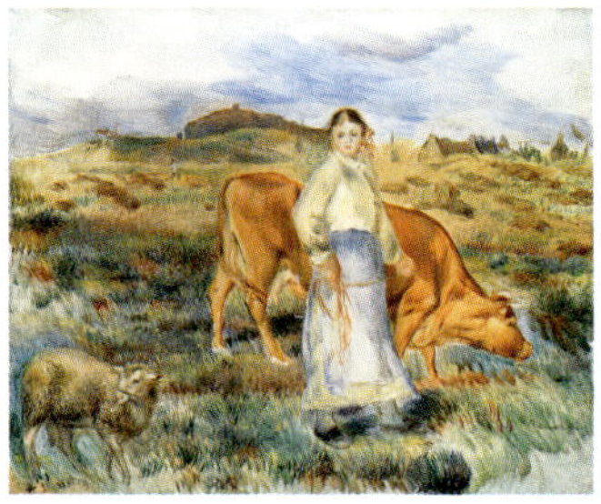

N° 6
Auguste Renoir
La Jeune gardienne de vache
1886
Huile sur toile, H. 54 - L. 65
Fitzwilliam Museum, Cambridge

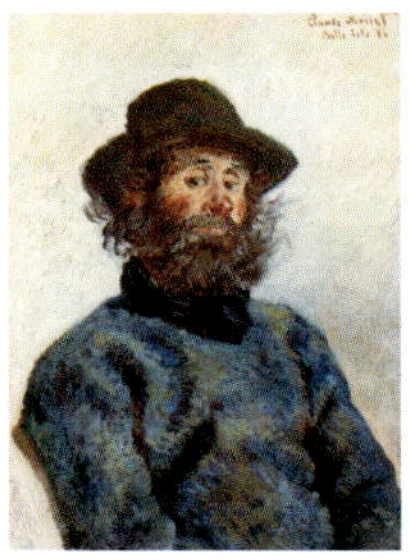

N° 7
Claude Monet
Portrait de Poly
1886
Huile sur toile, H. 74 - L. 53
Musée Marmottan, Paris

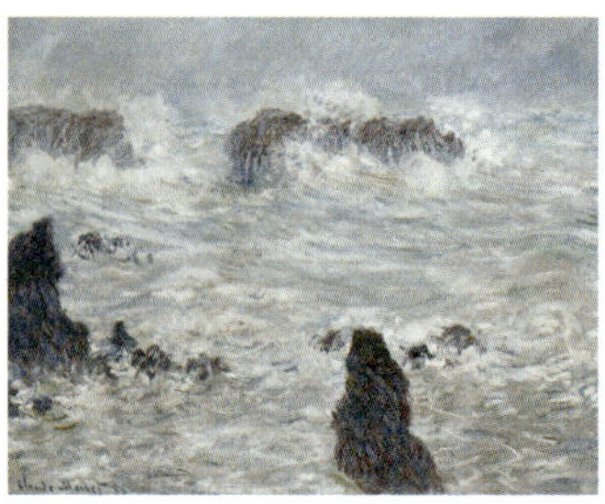

N° 8
Claude Monet
Tempête, côte de Belle-Ile
1886
Huile sur toile, H. 65 - L. 81
Musée d'Orsay, Paris

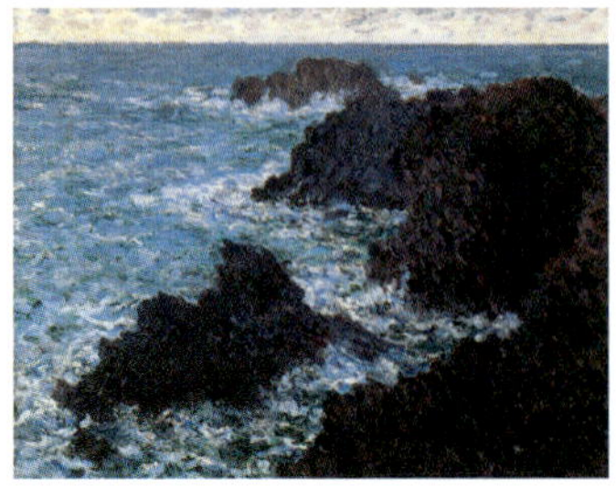

N° 9
Claude Monet
Les Rochers de Belle-Ile, la Côte sauvage
1886
Huile sur toile, H. 65 - L. 81
Musée d'Orsay, Paris

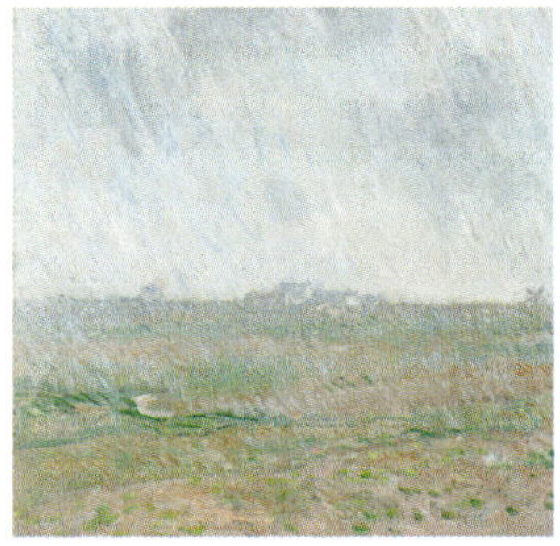

N° 10
Claude Monet
Pluie à Belle-Ile
1886
Huile sur toile, H. 60 - L. 60
Musée des Jacobins, Morlaix

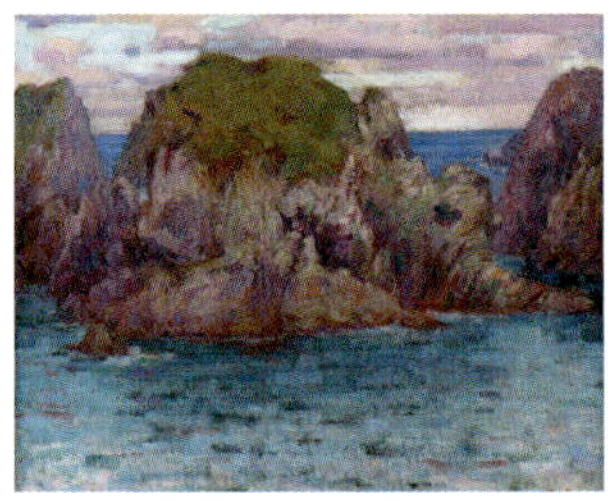

N° 11
Armand Guillaumin
Rochers sur la côte bretonne (Goulphar, Belle-Ile)
Vers 1895
Huile sur toile, H. 61 - L. 73
Musée des Beaux-Arts, Guéret

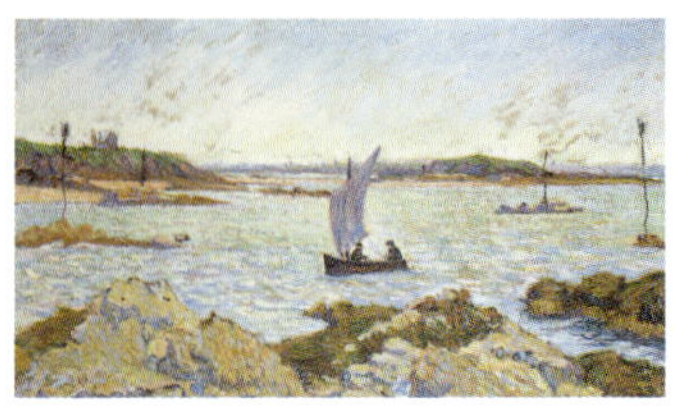

N° 12
Paul Signac
Les Balises à Saint-Briac
1885
Huile sur toile, H. 50 - L. 79
Collection particulière

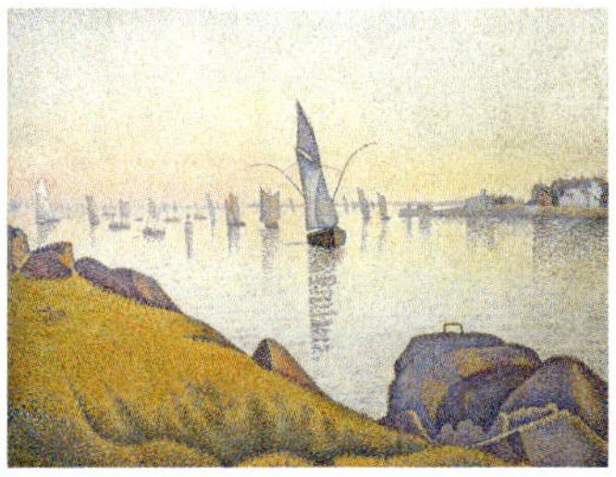

N° 13
Paul Signac
Concarneau, calme du soir, opus 220
1891
Huile sur toile, H. 65 - L. 81
The Metropolitan Museum of Art, New York,
Robert Lehman Collection

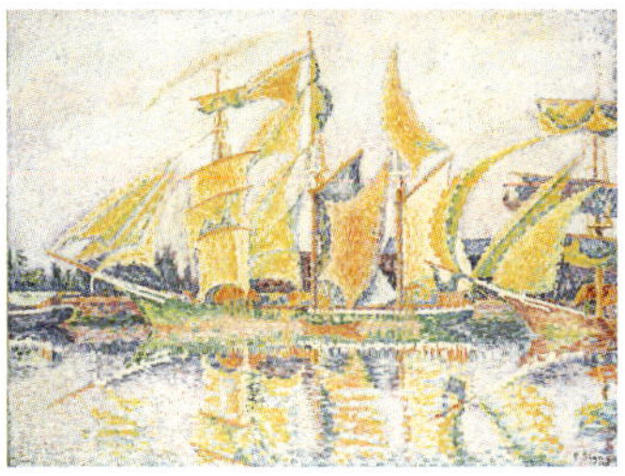

N° 14
Paul Signac
Trois mâts jaunes
1931
Huile sur toile, H. 73 - L. 92
Collection particulière

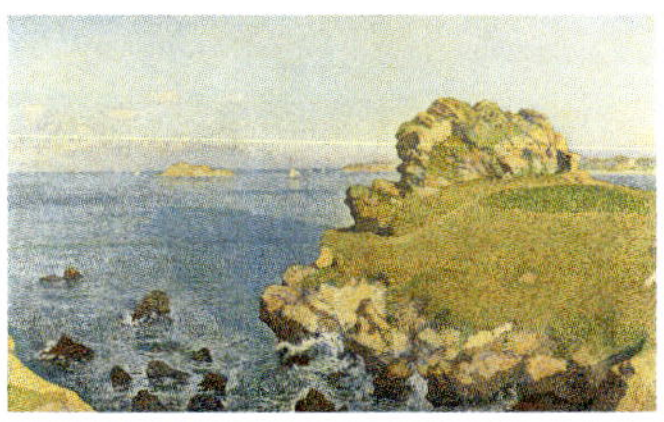

N° 15
Théo Van Rysselberghe
La Pointe de Per Kiridec, Roscoff
1889
Huile sur toile, H. 68 - L. 106
Rijksmuseum Kröller-Müller, Otterlo

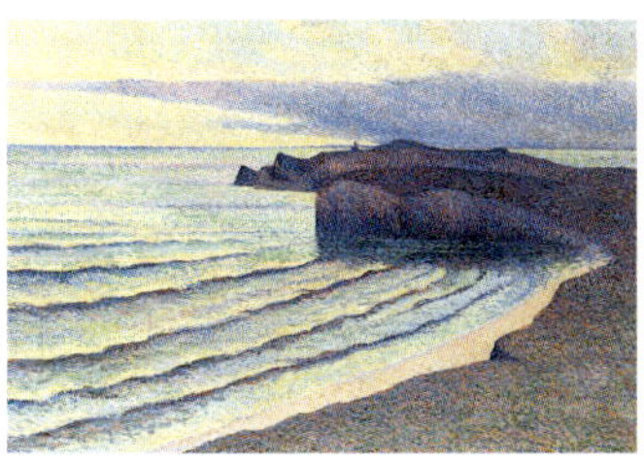

N° 16
Maximilien Luce
Bord de mer (ou La Pointe du Toulinguet)
1893
Huile sur toile, H. 65 - L. 92
Musée du Petit-Palais, Genève

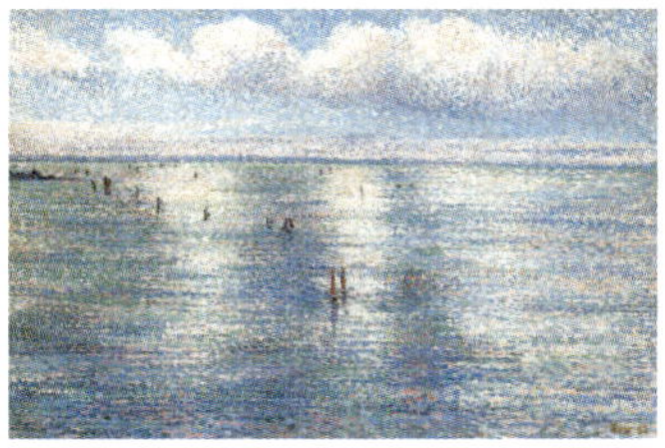

N° 17
Maximilien Luce
Camaret, bateaux de pêche au large
1893
Huile sur toile, H. 50 - L. 75
Gemeentemuseum Den Haag, La Haye, Pays-Bas

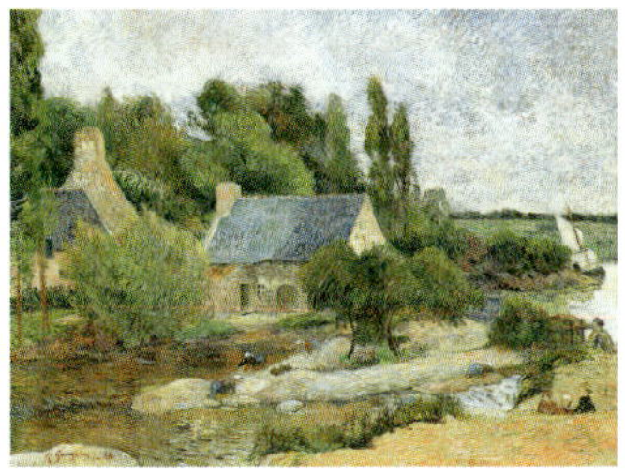

N° 18
Paul Gauguin
Les Lavandières à Pont-Aven
1886
Huile sur toile, H. 71 - L. 90
Musée d'Orsay, Paris

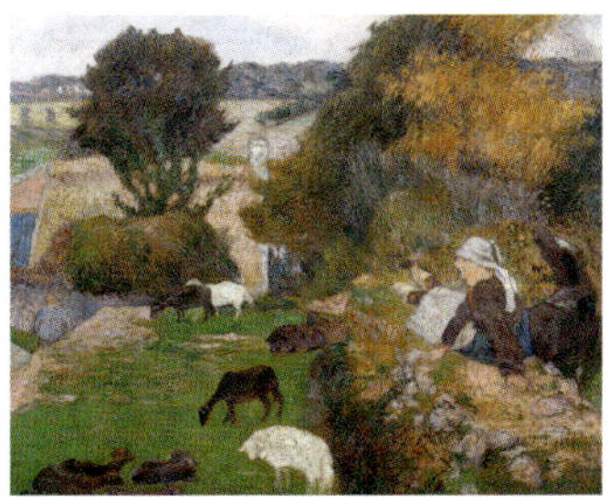

N° 19
Paul Gauguin
La Bergère bretonne
1886
Huile sur toile, H. 60,4 - L. 73,3
Laing Art Gallery, Newcastle-upon-Tyne
(Tyne and Wear Museums)

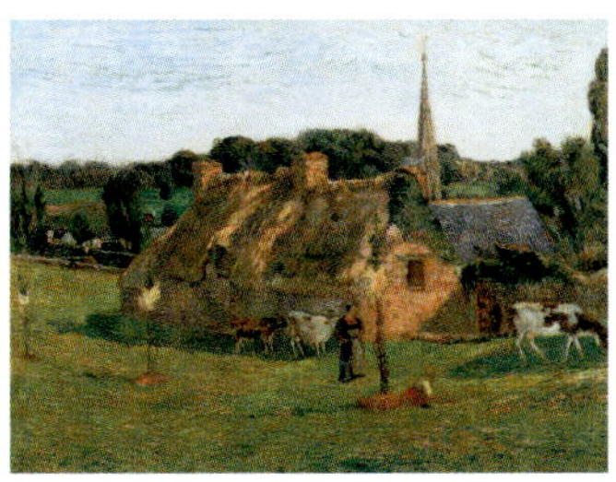

N° 20
Paul Gauguin
Les Chaumières dans le champ
Le Derout-Lollichon, Pont-Aven
1886
Huile sur toile, H. 73 - L. 92
Collection Josefowitz

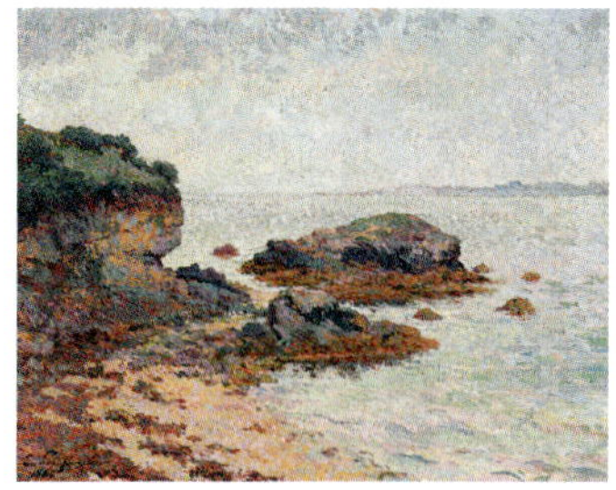

N° 21
Claude-Emile Schuffenecker
Côte rocheuse en Bretagne
1886
Huile sur toile, H. 50 - L. 61
Musée des Beaux-Arts, Quimper

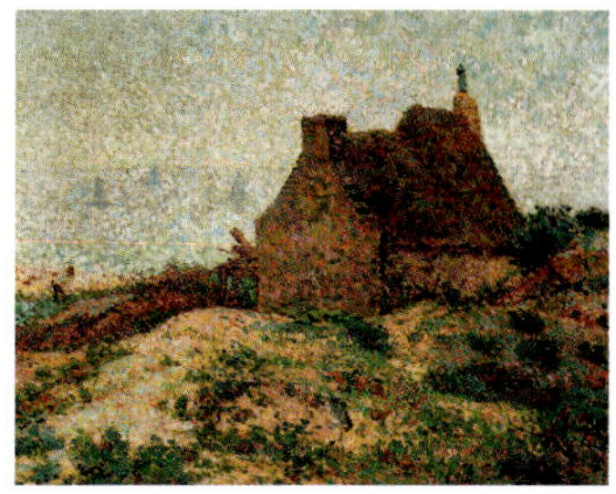

N° 22
Claude-Emile Schuffenecker
Maison au bord de la mer
1886
Huile sur toile, H. 50,5 - L. 61,6
Collection Walter F. Brown

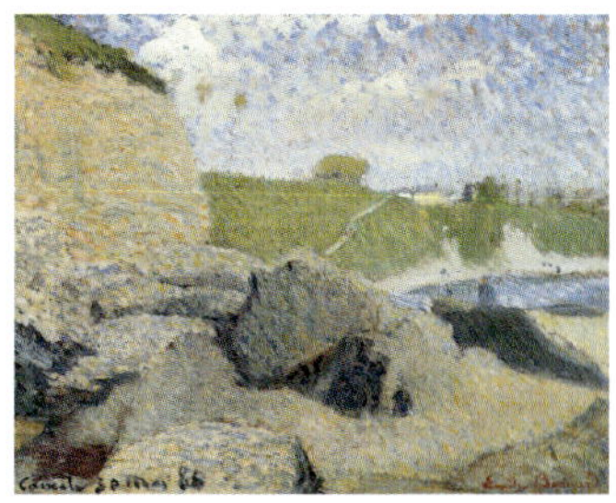

N° 23
Emile Bernard
La Plage de Cancale
1886
Huile sur toile, H. 45,5 - L. 55,5
Musée du Petit-Palais, Genève

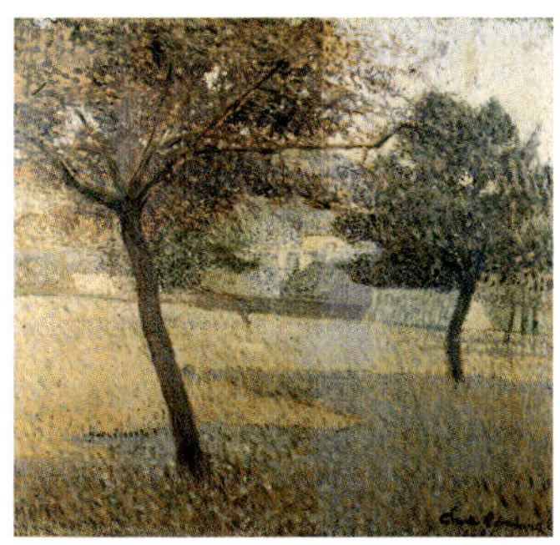

N° 24
Emile Bernard
Août, verger à Pont-Aven
1886
Huile sur bois, H. 52 - L. 52
Collection particulière

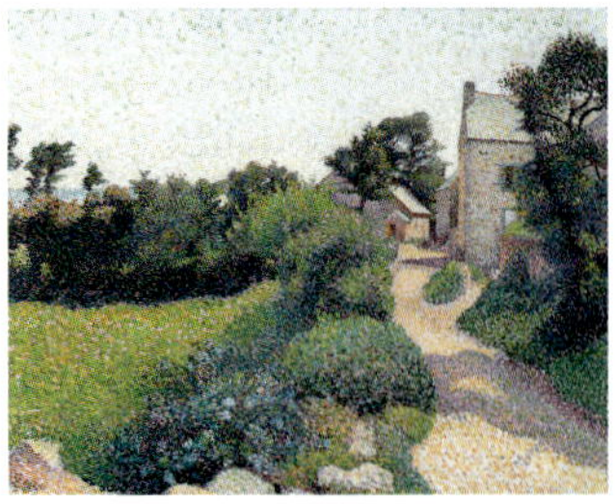

N° 25
Henri Delavallée
La Rue au soleil à Port-Manech
Vers 1887
Huile sur toile, H. 45,7 - L. 55,2
Indianapolis Museum of Art, The Holliday Collection

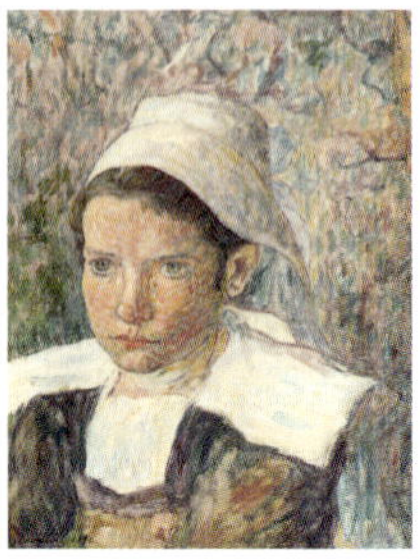

N° 26
Henri Delavallée
Jeune Fille de Pont-Aven
1892
Huile sur toile, H. 46 - L. 38
Musée des Beaux-Arts, Brest

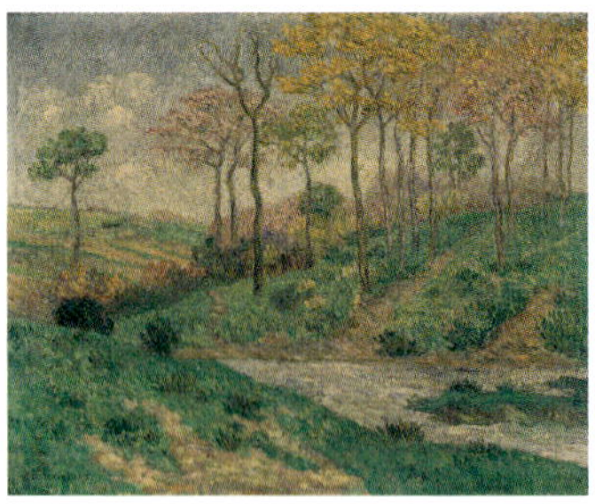

N° 27
Ernest Ponthier de Chamaillard
Rivière dans la vallée
1894
Huile sur toile, H. 50 - L. 61
Collection particulière

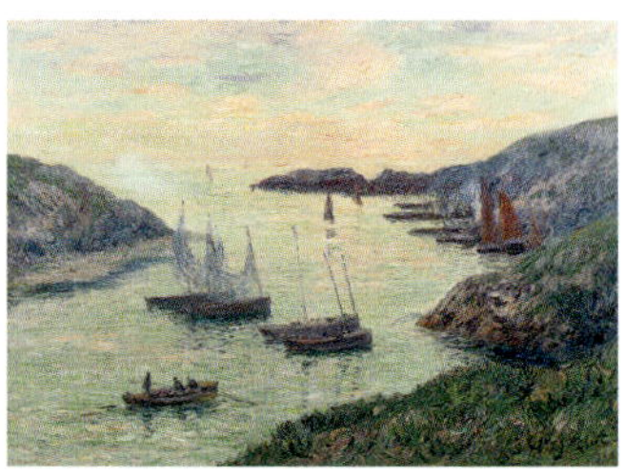

N° 28
Henry Moret
Barques et bateaux dans la baie de Clohars-Carnoët
1903
Huile sur toile, H. 60,5 - L. 81
Collection particulière

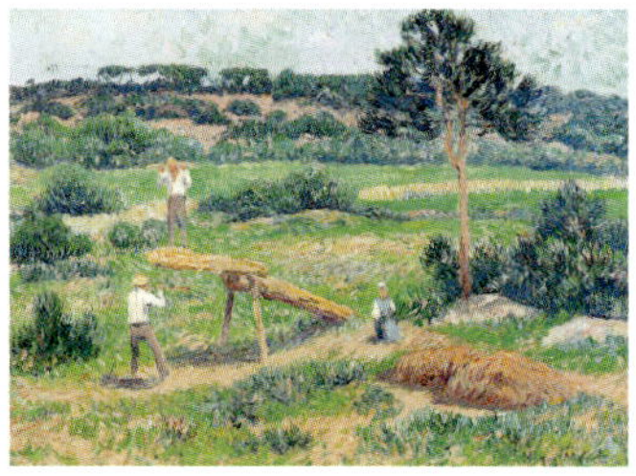

N° 29
Henry Moret
Les Scieurs de long
1912
Huile sur toile, H. 46 - L. 61
Collection particulière

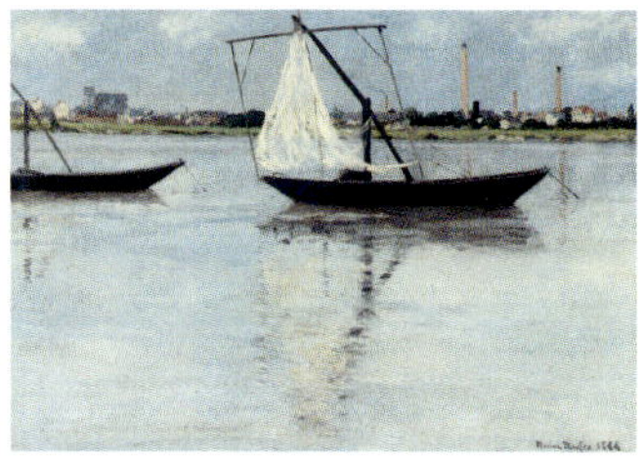

N° 30
Maxime Maufra
La Prairie d'Amont
1888
Huile sur toile, H. 79 - L. 110,9
Musée des Beaux-Arts, Nantes

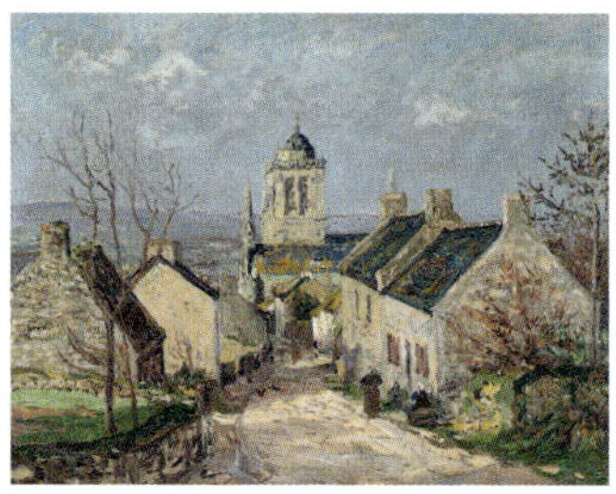

N° 31
Maxime Maufra
Locronan, la rue descendante
1906
Huile sur toile, H. 65,5 - L. 85
Musée des Beaux-Arts, Quimper

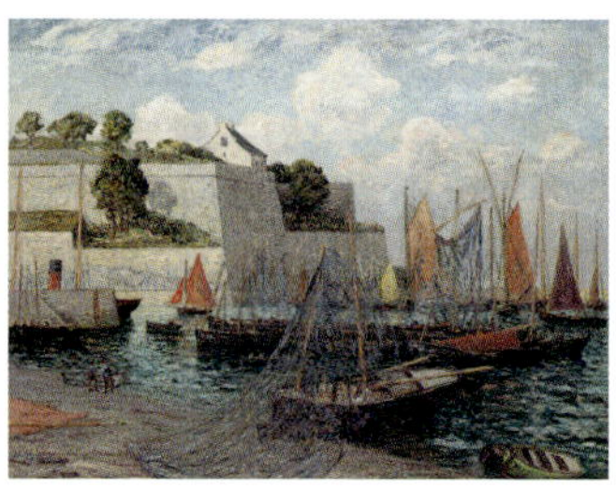

N° 32
Maxime Maufra
Le Port du Palais à Belle-Ile
1910
Huile sur toile, H. 115 - L. 146,5
Musée des Beaux-Arts, Quimper

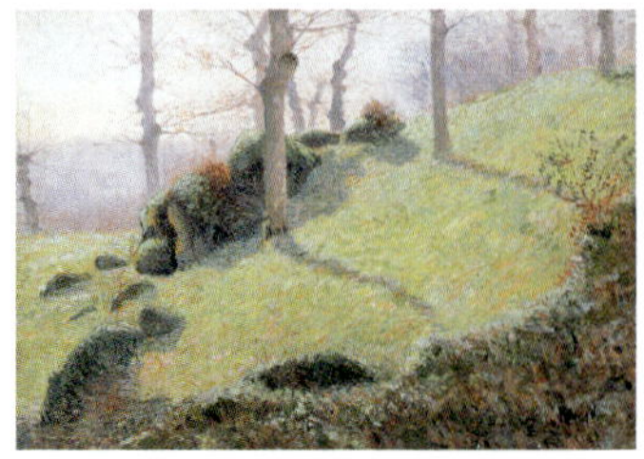

N° 33
Gustave Loiseau
Les Roches vertes
Vers 1893
Huile sur toile, H. 54 - L. 73
Musée du Petit-Palais, Genève

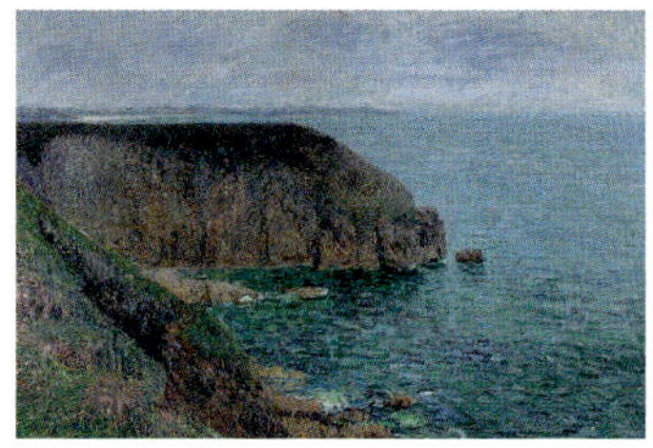

N° 34
Gustave Loiseau
La Pointe du Jas au cap Fréhel
1904
Huile sur toile, H. 65 - L. 92
Musée des Beaux-Arts, Rennes

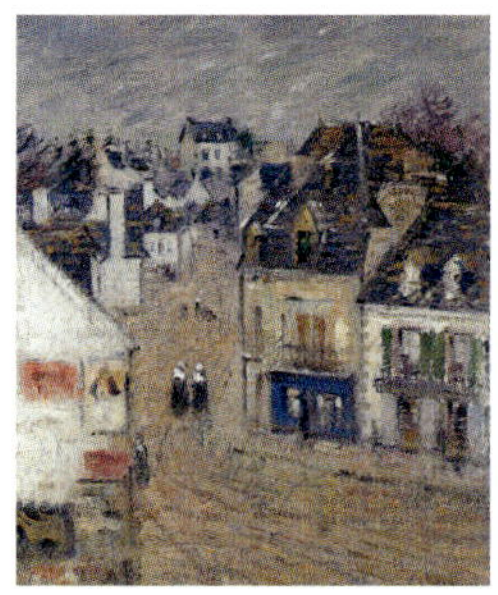

N° 35
Gustave Loiseau
Rue du Presbytère à Pont-Aven
Vers 1922-1927
Huile sur toile, H. 61,5 - L. 50,5
Collection particulière

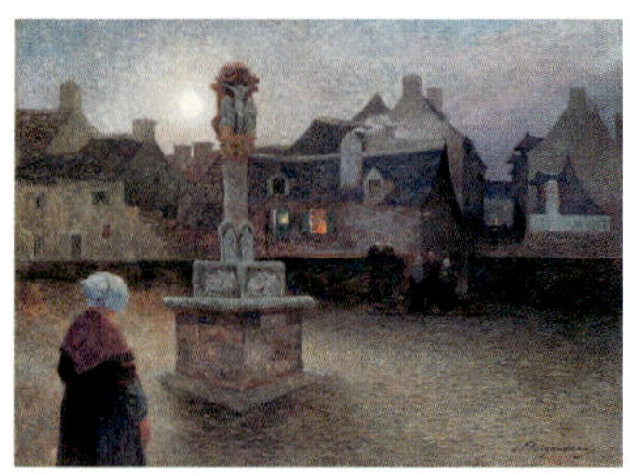

N° 36
Ferdinand du Puigaudeau
Le Calvaire de Rochefort-en-Terre ou l'Office du soir
Vers 1894-1895
Huile sur toile, H. 49 - L. 61
Musée des Jacobins, Morlaix

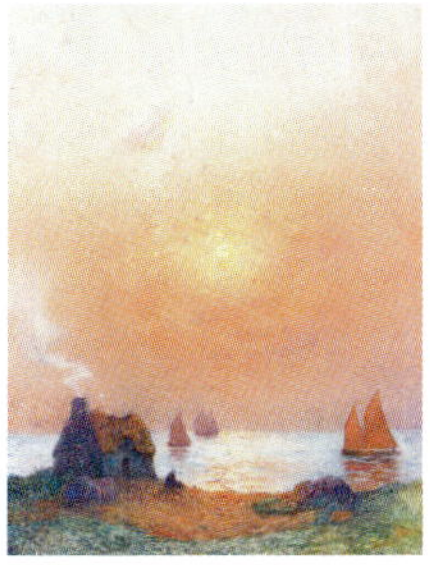

N° 37
Ferdinand du Puigaudeau
Paysage à la chaumière
1921
Huile sur toile, H. 81,5 - L. 60,5
Musée des Beaux-Arts, Quimper

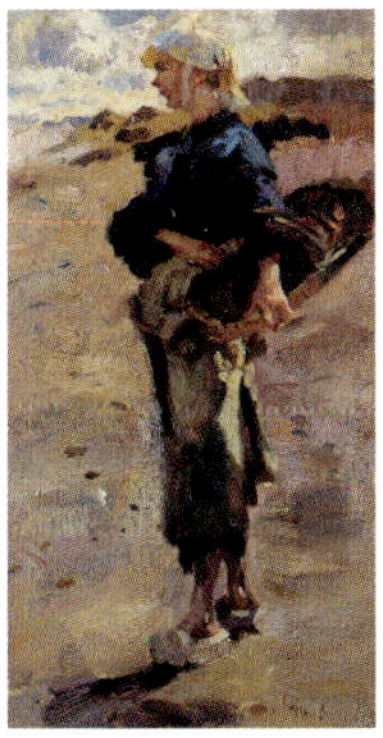

N° 38
John Singer Sargent
Etude de pêcheuse d'huître
1877
Huile sur bois, H. 40,5 - L. 20,5
Collection particulière

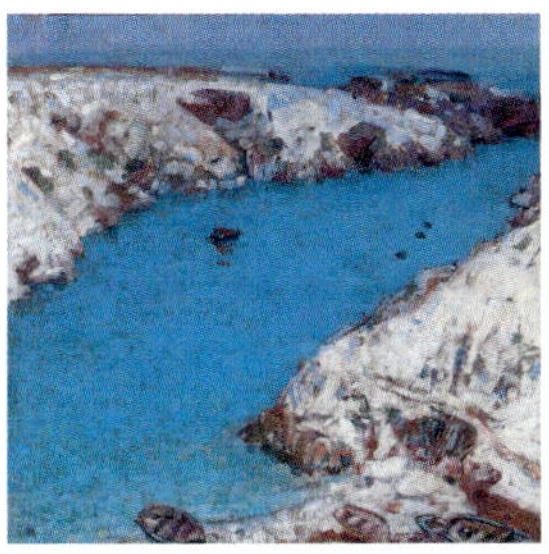

N° 39
John Peter Russel
Le Port de Goulphar sous la neige
1898
Huile sur toile, H. 63,5 - L. 81,5
Musée des Jacobins, Morlaix

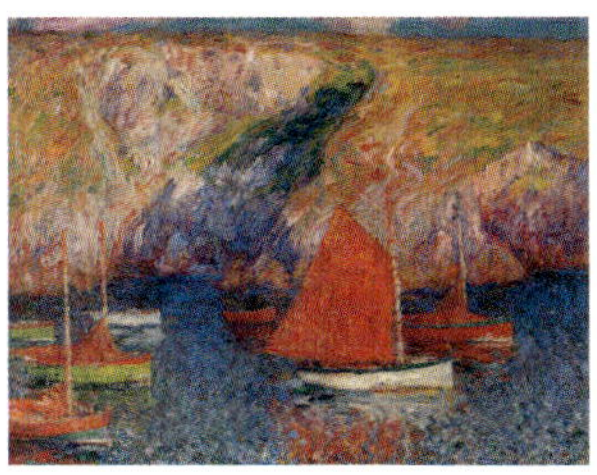

N° 40
John Peter Russel
La Voile rouge, port de Goulphar
Vers 1900
Huile sur toile, H. 65 - L. 80
Musée des Jacobins, Morlaix

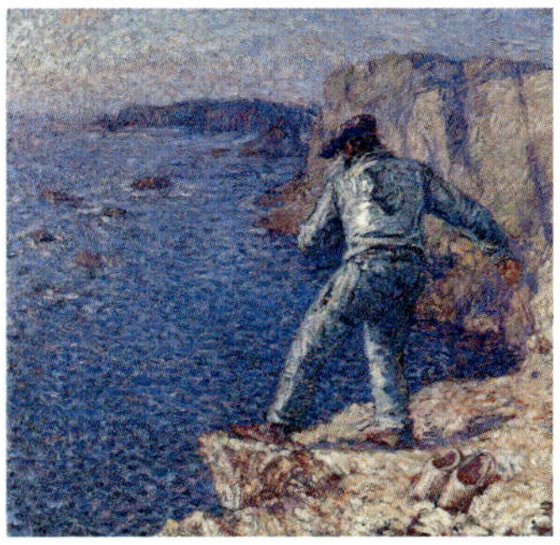

N° 41
John Peter Russel
Pêcheur en bleu
Vers 1904-06
Huile sur toile, H.81,5 - L.82
Musée des Jacobins, Morlaix

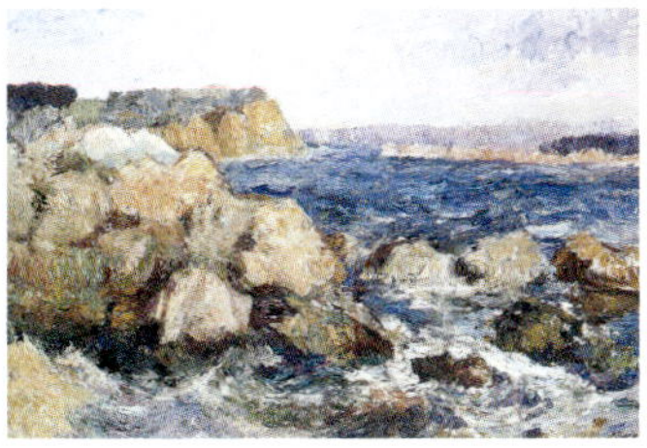

N° 42
Anna Boch
Côte de Bretagne
Vers 1900-1902
Huile sur toile, H. 70 - L. 100
Collection particulière

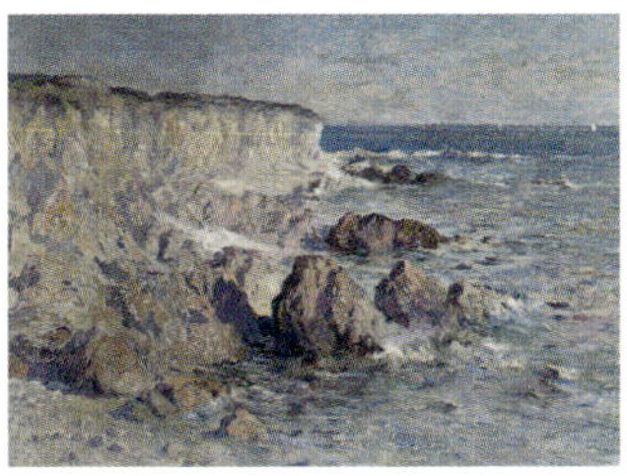

N° 43
Anna Boch
Côte de Bretagne
Vers 1900-1902
Huile sur toile, H. 108 - L. 146,5
Musées royaux des Beaux-Arts de Belgique, Bruxelles

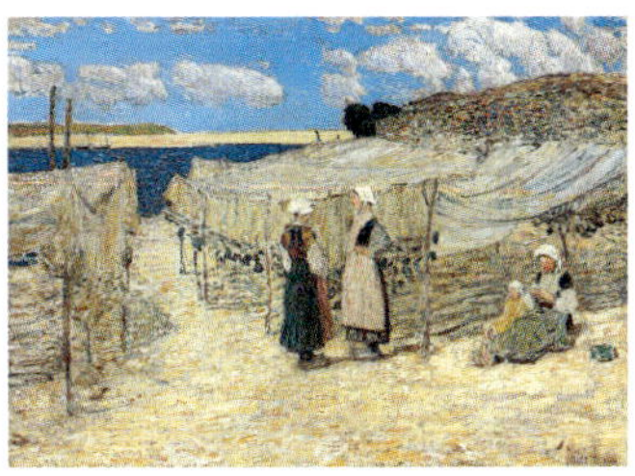

N° 44
Childe Hassam
Bretonnes réparant les filets, Le Pouldu
1897
Huile sur toile, H. 44,5 - L. 60
Collection Josefowitz

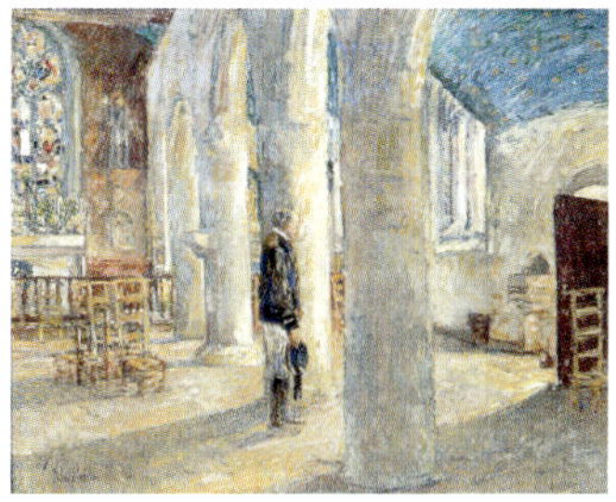

N° 45
Childe Hassam
Intérieur d'église en Bretagne, Trémalo, Pont-Aven
1897
Huile sur toile, H. 49,5 - L. 57,5
Collection George G. Matthews

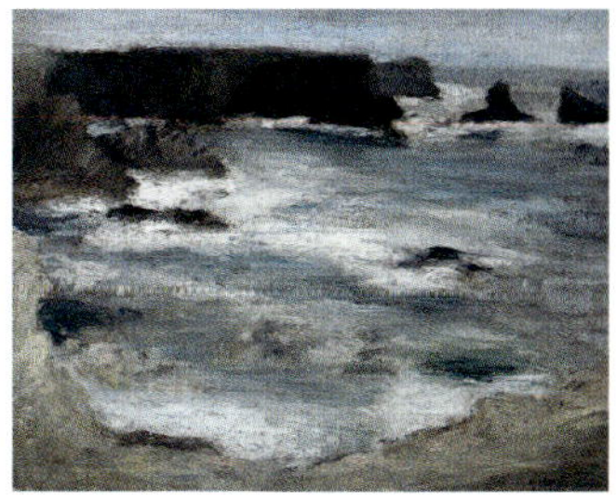

N° 46
Henri Matisse
Belle-Ile-en-Mer, pochade
1896
Huile sur toile, H. 57 - L. 70
Collection particulière

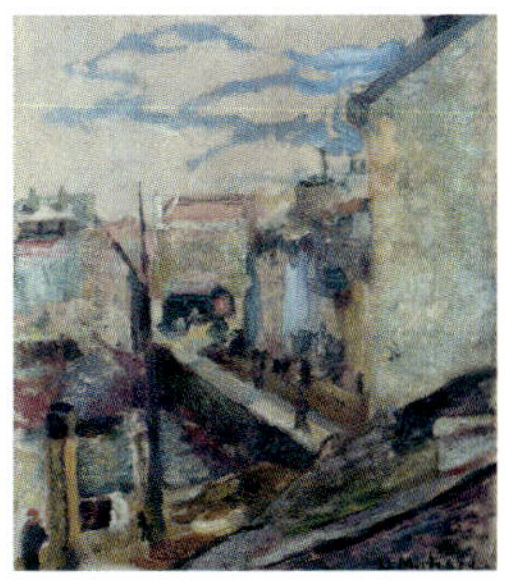

N° 47
Henri Matisse
Belle-Ile
1896
Huile sur toile, H. 46 - L. 38
Musée des Beaux-Arts, Bordeaux

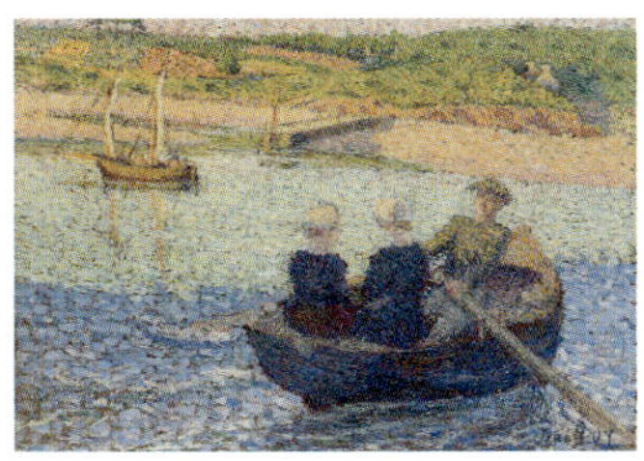

N° 48
Jean Puy
La Barre du Belon
1899
Huile sur toile, H. 38 - L. 46
Collection particulière

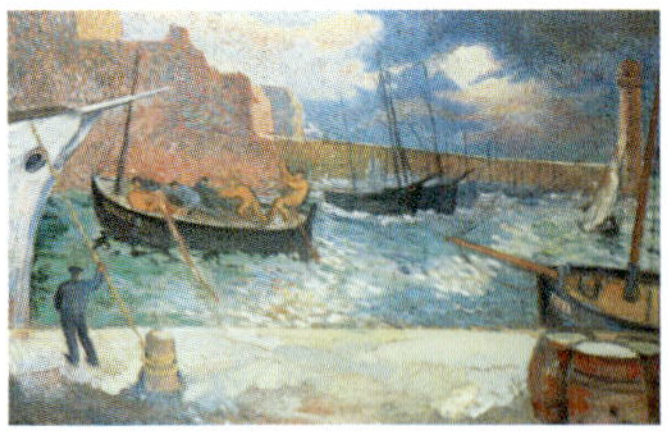

N° 49
Jean Puy
Tempête à Belle-Ile-en-Mer
1901
Huile sur toile, H. 100 - L. 150
Musée du Petit-Palais, Genève

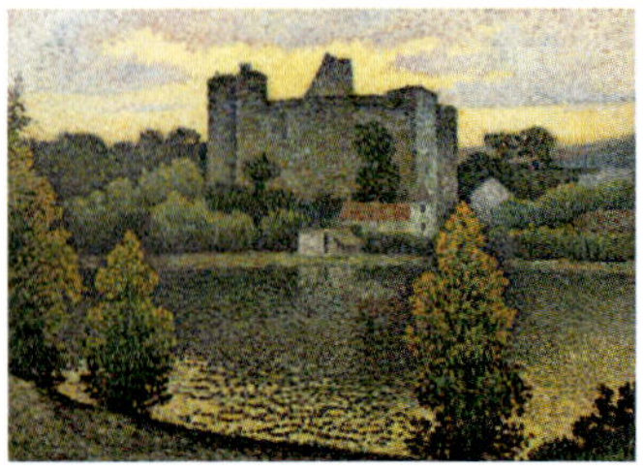

N° 50
Jean Metzinger
Le Château de Clisson
1905
Huile sur toile, H. 54 - L. 73
Musée des Beaux-Arts, Nantes

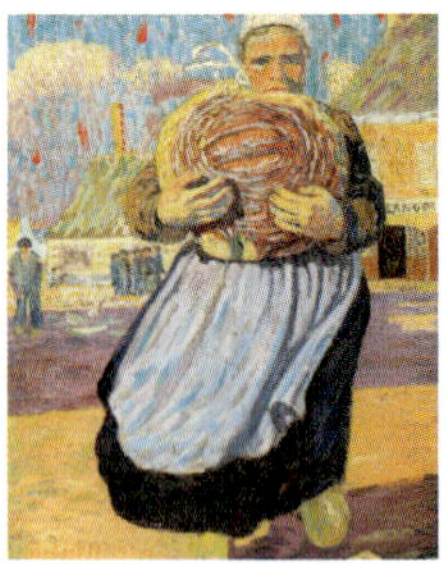

N° 51
Robert Delaunay
La Porteuse de pain ou la Femme au pain
1906
Huile sur toile, H. 110 - L. 70
Collection Josefowitz

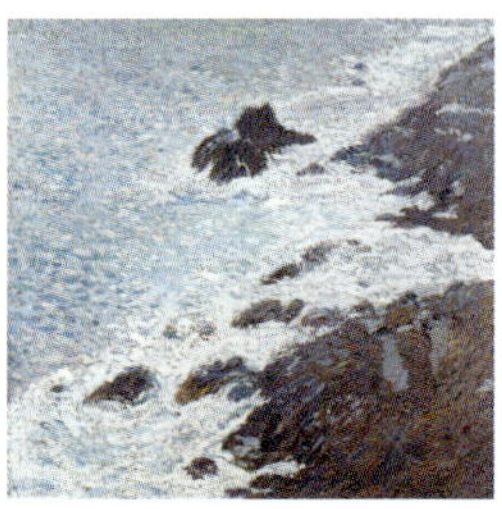

N° 52
Henri Martin
Marine bretonne
Vers 1900-1930
Huile sur toile, H. 80 - L. 79
Musée des Beaux-Arts, Quimper

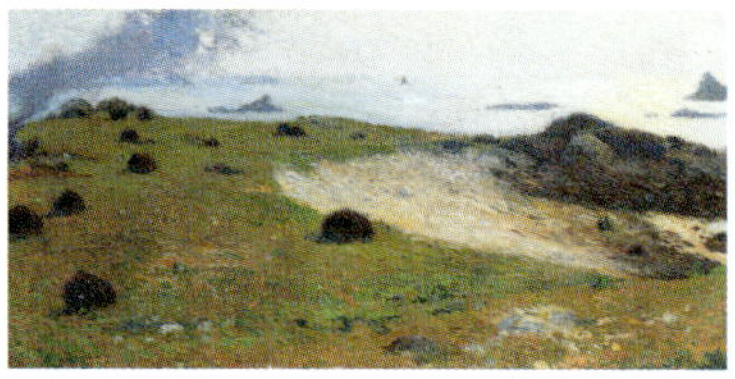

N° 53
Henri Martin
Le Brûlage du goémon
Vers 1900-1930
Huile sur toile, H. 52 - L. 102
Collection particulière

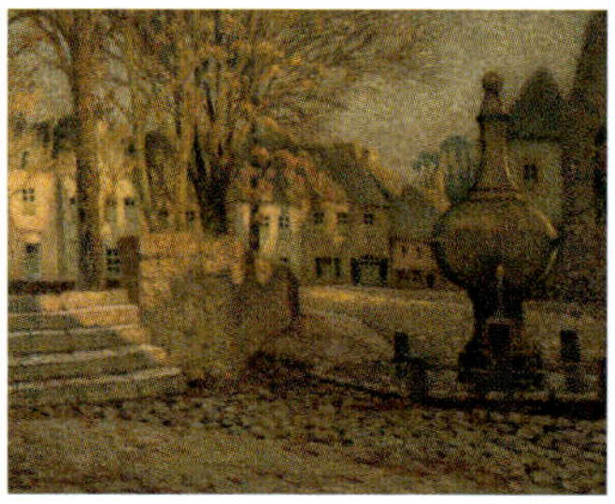

N° 54
Henri Le Sidaner
La Place à Pontrieux
1914
Huile sur toile, H. 81 - L. 101
Musée d'Art et d'Histoire Marcel-Dessal, Dreux

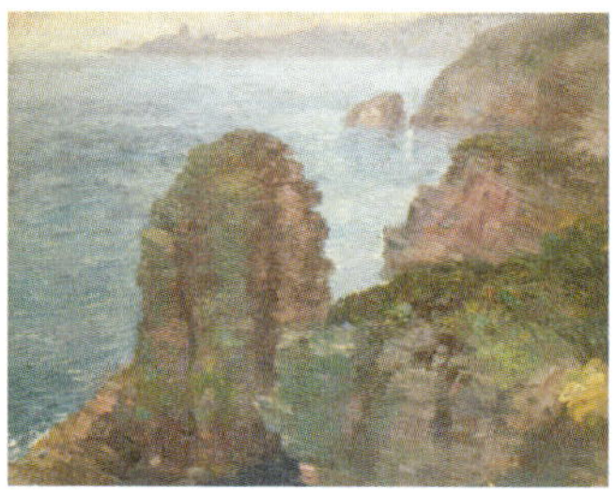

N° 55
Constantin Kousnetzoff
Rochers au Cap Fréhel, éclairage du matin
1908
Huile sur toile, H. 81 - L. 100
Collection particulière

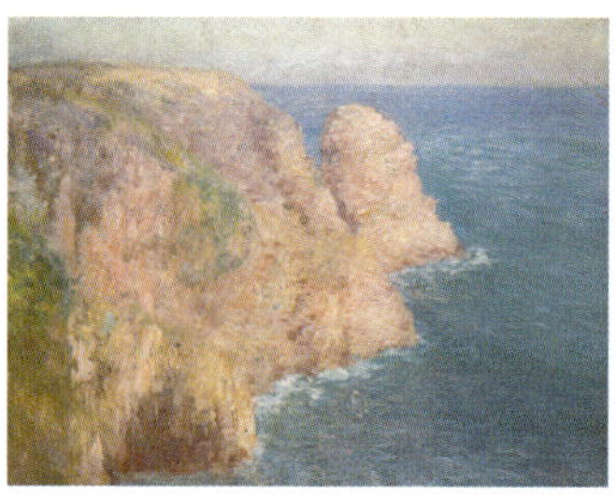

N° 56
Constantin Kousnetzoff
Rochers au Cap Fréhel, éclairage du soir
1908
Huile sur toile, H. 81 - L. 100
Collection particulière

Remerciements

L'exposition, et l'ouvrage qui l'accompagne, n'auraient pu se faire sans les prêts généreux de collections publiques et privées et sans de nombreuses collaborations. Que tous soient remerciés.

Bordeaux, musée des Beaux-Arts
Brest, musée des Beaux-Arts
Bruxelles, Musées royaux des Beaux-Arts de Belgique
Cambridge, Fitzwilliam Museum
Dreux, musée d'Art et d'Histoire Marcel-Dessal
Genève, musée du Petit-Palais
Guéret, musée des Beaux-Arts
Indianapolis, Indianapolis Museum of Art, The Holliday Collection
La Haye, Gemeentemuseum Den Haag, Pays-Bas
Le Havre, musée Malraux
Morlaix, musée des Jacobins
Nantes, musée des Beaux-Arts
Newcastle-upon-Tyne, Laing Art Gallery
New York, The Metropolitan Museum of Art,
Robert Lehman Collection
Otterlo, Rijksmuseum Kröller-Müller
Paris, musée Marmottan
Paris, musée d'Orsay
Quimper, musée des Beaux-Arts
Rennes, musée des Beaux-Arts
Collection Josefowitz
Collection Walter F. Brown
Collection George G. Matthews
Hirschl and Adler Galleries, New York
Les collectionneurs qui ont souhaité conserver l'anonymat

ainsi que :

Jean Aubert, Banque française, Paris, Sandra Barghini, Denise Bazetoux, Henri Belbéoch, Jean-Pierre Bihr, Irène Bizot, Marcel Burel, Kathleen M. Burnside, Vincent Christofoli, Françoise Cohen, Marie Dubloc-Lavandier, Christophe Duvivier, David Fleming, Anne Freiling, Anne French, Françoise Garcia, professeur Claude Ghez, Oscar Ghez (†), Caroline Godfroy Durand-Ruel, Anne Guillou, docteur Laure Harscoët-Maire, Arnaud d'Hauterives, de l'Institut, Patrick Jourdan, Laurence B. Kanter, Léon Kerlo, Elen Lee, Fred Leeman, René Le Bihan, Suzanne Limouzi, Henri Loyrette, Rebekah Marshall, Caroline Mathieu, docteur Onno Mensink, Philippe de Montebello, Jane Munro, Catherine Puget, Sarah Richardson, Francis Ribemont, Charlotte Riou, Duncan Robinson, Vincent Rousseau, Ketta Rozenn, Laurent Salomé, Werner Spiess, Etude Tajan, Thérèse Thomas, docteur Evert J. Van Straaten, Eliane de Wilde, Lisa Yeung, le service de documentation et la bibliothèque du musée d'Orsay, le centre de documentation du musée de Pont-Aven, la bibliothèque du musée des Beaux-Arts de Rennes et le personnel du musée des Beaux-Arts de Quimper, en particulier Karine Bonnaud.

Crédit des illustrations

Fitzwilliam Museum, Cambridge : n° 6. Gemeentemuseum Den Haag, La Haye, Pays-Bas : n° 17, ill. 3. Musée des Beaux-Arts de Quimper : Ill.1 (photo Luc Robin), ill. 4 (photo Luc Robin), ill. 5 (photo Luc Robin), ill. 6 (photo Luc Robin), n°1 (photo Luc Robin), n° 21 (photo Luc Robin), n° 31 (photo Luc Robin), n° 32 (photo Luc Robin), n° 37 (photo Luc Robin), n° 52 (photo Luc Robin). Département des arts graphiques, musée du Louvre, Paris : ill. 2. Wadworth Atheneum, Hartford : ill. 7. Musée des Beaux-Arts, Reims : ill. 8 et ill. 18. Musée d'Orsay, Paris : n° 2, n° 8, n° 9, n°18, ill. 22. Musée des Beaux-Arts, Lille : ill.9. Musée Malraux, Le Havre : n° 3, n° 4 (photo archives du musée des Beaux-Arts de Quimper) et n° 5 (photo archives du musée des Beaux-Arts de Quimper). Ailsa Mellon Bruce Collection, National Gallery of Art, Washington : ill. 10. Musée Marmottan, Paris : ill. 11, ill. 12, ill. 35, n° 7. Fondation Barnes, Merion : ill. 13 et ill. 32. Collections particulières : ill. 14, ill. 16, ill. 17, ill. 20, ill. 21, ill. 23, ill. 25, ill. 26, ill. 28, ill. 30, ill. 33, n° 12 (photo archives catalogue raisonné Signac), n° 14 (photo Jacqueline Hyde, Paris), n° 24 (photo archives du musée de Pont-Aven), n° 27 (photo archives du musée de Pont-Aven), n° 28 (photo archives du musée de Pont-Aven), n° 29 (photo Le Maigre, Carhaix), n° 35 (archives musée de Pont-Aven, photo Luc Robin, Quimper), n° 38 (photo Luc Robin, Quimper), n° 42, n° 46 © succession H. Matisse, n° 48 (photo Georges Dufieu, Feurs), n° 53 (photo archives Etude Tajan, photo Lauprète Baraja), n° 55 (archives ArMen, photo Cavan) et n° 56 (archives ArMen, photo Cavan). Archives Durand-Ruel : ill. 15. Musée des Jacobins, Morlaix : n° 10, n° 36, n° 39, n° 40 et n° 41. Musée des Beaux-Arts, Guéret : n°11. Metropolitan Museum of Art, New York, Robert Lehman Collection : n° 13. The Fine Arts Museum of San Francisco : ill. 19. Rijksmuseum Kröller-Muller, Otterlo : n° 15. Musée du Petit-Palais, Genève : n° 16, (photo du musée), n° 23 (photo du musée), n° 33 (photo du musée) et n° 49 (photo du musée). The Springfield Art Museum, Springfield, James Philip Gray Collection : ill. 24. Laing Art Gallery, Newcastle-upon-Tyne (Tyne and Wear Museums) : n° 19 (photo du musée). Bayerische Staatsgemäldesammlungen, Neue Pinakothek, Artotek, Munich : ill. 27. Collection Josefowitz : n° 20, n° 44 et n° 51. Collection Walter F. Brown : n° 22. Indianapolis Museum of Art, the Holliday Collection : ill. 27. Musée des Beaux-Arts, Brest : n° 26. Musée des Beaux-Arts, Rennes, photo Louis Deschamps : n° 34. Musée des Beaux-Arts, Nantes, n° 30 (photo A.G.) et n° 50 (photo Patrick Jean). Musées royaux des Beaux-Arts de Belgique, Bruxelles : n° 43 (photo du musée). Corcoran Gallery of Art, Washington : ill. 29. Collection Hirschl and Adler Galleries, New York : ill 31. Collection George G. Matthews : n° 45. Musée des Beaux-Arts, Bordeaux, © succession H. Matisse : n° 47. Muséu de Arte, Sào Paulo,© succession H. Matisse : ill. 34. Musée d'Art et d'Histoire Marcel-Dessal, Dreux : n° 54.

En couverture et page 6
Théo Van Rysselberghe
La Pointe de Per Kiridec, Roscoff
1889
Rijksmuseum Kröller-Müller, Otterlo

Photogravure
Scann'Ouest photogravure, Cesson-Sévigné (35)

Conception graphique et mise en pages
Laurence Morvan

Cet ouvrage a été achevé d'imprimer
par l'imprimerie Mame à Tours (37)
I.S.B.N. 2.7373.2533.1
Dépôt légal : juin 1999
N° d'éditeur : 3921.01.06.06.99

MAME

Cet ouvrage est édité à l'occasion de la présentation
au musée des Beaux-Arts de Quimper
du 26 juin au 4 octobre 1999
de l'exposition
Impressionnistes et néo-impressionnistes en Bretagne.